上海市教委科研创新重点项目（14ZS142）资助
上海市公共管理一流学科项目资助
上海市Ⅰ类高原学科公共管理学科资助

Urban
城市政治
Politics
正义的供给与权利的捍卫

姚尚建 著

北京大学出版社
PEKING UNIVERSITY PRESS

图书在版编目(CIP)数据

城市政治:正义的供给与权利的捍卫/姚尚建著.—北京:北京大学出版社,2015.10

ISBN 978-7-301-26397-6

Ⅰ.①城… Ⅱ.①姚… Ⅲ.①城市学—政治学—研究 Ⅳ.①D0

中国版本图书馆 CIP 数据核字(2015)第 244640 号

书　　　名	城市政治——正义的供给与权利的捍卫 Chengshi Zhengzhi——Zhengyi de Gongji yu Quanli de Hanwei
著作责任者	姚尚建　著
责任编辑	尹　璐　王业龙
标准书号	ISBN 978-7-301-26397-6
出版发行	北京大学出版社
地　　　址	北京市海淀区成府路 205 号　100871
网　　　址	http://www.pup.cn
电子信箱	sdyy_2005@126.com
新浪微博	@北京大学出版社
电　　　话	邮购部 62752015　发行部 62750672　编辑部 021-62071998
印　刷　者	三河市北燕印装有限公司
经　销　者	新华书店
	965 毫米×1300 毫米　16 开本　15.5 印张　201 千字 2015 年 10 月第 1 版　2018 年 1 月第 2 次印刷
定　　　价	42.00 元

未经许可,不得以任何方式复制或抄袭本书之部分或全部内容。
版权所有,侵权必究
举报电话: 010-62752024　电子信箱: fd@pup.pku.edu.cn
图书如有印装质量问题,请与出版部联系,电话: 010-62756370

目 录

导 论 | 城市政治研究的中国立场 /001

第一章 　第一节　城市的历史发生 /014
城市兴起： 　第二节　城市问题的表现与趋势 /029
历史与空间 　第三节　城市政治学的全面介入 /041
　　　　　　　第四节　现代城市政治研究中的空间转换 /050
　　　　　　　本章小结 /058

第二章 　第一节　城市权力的基本逻辑 /060
城市权力： 第二节　城市增长中的权力变迁 /071
冲突与批判 第三节　城市权力的逻辑批判 /087
　　　　　　　本章小结 /100

第三章 　第一节　城市权利：历史维度与规范解释 /102
城市权利： 第二节　城市化进程中的权利冲突 /121
发现与捍卫 第三节　城市化进程中的权利平衡 /136
　　　　　　　本章小结 /148

第四章
城市结构：冲突与融合

第一节　城市主体意识的觉醒 / 150

第二节　城市与国家：外部政治关系的变迁 / 163

第三节　市场与社会：城市内部结构的调整 / 175

本章小结 / 190

第五章
城市过程：控制与参与

第一节　城市规划中的政治嵌入 / 191

第二节　城市过程中的政治控制 / 204

第三节　全球体系中的城市治理 / 218

本章小结 / 226

余　论 / 228
面向城市发展的政治理论

主要参考文献 / 230

后　记 / 242

导论
城市政治研究的中国立场

城市政治学是政治学的分支学科,当然也是一门独立的课程。它的研究对象是城市的政治。① 然而,相对于城市社会学与城市经济学等学科来说,城市政治学尤其是中国的城市政治学并没有给出鲜明的学术立场。我们认为,中国城市政治学在直面城市化的进程中,既要观照城市自身发展与治理的问题,更要在城市与政治体系的双向发展中论证中国城市的权力平衡、空间重建、权利保护与正义供给。

一、宏观城市政治:城市形成中的权力变迁

中国传统上是个拥有悠久农业社会传统的国家。但是自从改革开放以来,中国的城市化进程就伴随着农民的大规模流动而迅速启动。这种人口的流动改变了中国的社会结构,也改变了中国的政治关系与权力结构。

1. 城市政治关系的变迁

在中国,城市的角色意味着政治权力所在,从军镇到市井,中国的城市遵循着政治化与商业化共生的逻辑。从历史上看,中国的城市并没有自我生长的经历,农业帝国的政治权力纵向分布,阻碍了城市的独立生长,从而形成了城市对于农村的总体性依附;在城市内部,从早期

---

① 参见许崇德主编:《城市政治学》,北京:光明日报出版社1988年版,第1页。

城市坊市分离的管理中,我们可以鲜明地看到政治权力对于市场权力的束缚。只是到了唐代以后,这种格局才逐步破坏,城市的市场力量才突破政治权力的束缚;从现状看,中国城市还有明显的等级结构,当代中国城市的政治分类主要有直辖市、副省级市、地级市、县级市四个层次,在同一政区,形成了下级城市依附于上级城市的权力格局。

城市的大规模兴起,造就了空前广泛的就业机会,吸引了大批移民和农村人口。在19世纪的美国,向城市流动迅速取代向西部农村流动,成为人口流向的主要趋势。1910年,全美4200万城市居民中约有1100万是1880年后由农村流入城市的;在1860年至1890年城市所增加的人口中,有54%以上是外来移民。① 而在中国,现代意义上的市场体制发轫于20世纪90年代。市场要素的流动也伴随着人口的流动,并冲击着传统的严密的户籍制度。根据2010年全国第六次人口普查的数据,在乡镇一级,有55,500,125人离开自己的户籍所在地,其中13,565,590人离开本省;在城市中,这个数据则分别是170,464,678和58,023,884。② 同样,大规模的人口流动加速了中国城市化进程,在2011年,中国城市化率突破50%,意味着一半以上的中国人在城市生活。

大规模的人口流动瓦解了中国传统的政治结构,也颠覆了基于土地与户籍之上的传统政治关系。在以往的政治体系中,城市治理与乡村治理并不交融,城市以优先原则凌驾于乡村政治结构之上,这种优先既体现在选举制度上的不平等,也体现在就业、教育、医疗等公共服务机会的巨大差异上。

2. 传统城市政治权力的边界

20世纪50年代以来,我国建立了城乡分离的计划经济体制,中国

---

① 参见王旭:《美国城市史》,北京:中国社会科学出版社2000年版,第54页。
② 参见《全国按户口登记地、年龄、性别分的户口登记地在外乡镇街道的人口(镇)》,国家统计局:http://www.stats.gov.cn/tjsj/pcsj/rkpc/6rp/indexch.htm,访问日期:2013年9月22日。

的计划经济体制是在赶超的压力下确立的,曾对社会主义建设发挥了重大作用,但同时造成两个方面的重大影响:一是导致中国的社会经济结构严重失调,城市化水平一直徘徊在17%左右,资本对劳动的替代受到限制,农业发展受阻;二是市场制度不存在,价格扭曲导致行为扭曲。① 因此,计划经济体制排斥了市场,也形成了城市与农村的空间分离——城市与乡村是一个对立统一的社会空间范畴,城市的进化,意味着传统乡村的退化,从城市诞生以来,这种对立和统一就一直存在。20世纪80年代法国率先实现"农民的终结",显现出这一范畴的演化结果。② 我们认为,正是计划经济背后的国家力量,造就了城市与农村的空间分离。

市场的崛起消弭了计划经济背后的政治权力,城乡割据的空间格局因此被打破,从而形成巨大的移民浪潮与社会代价。从世界范围看,自由主义的市场体系有可能带来城市治理的巨大问题,在第三世界的移民浪潮中,"城市成为象征,从过度拥挤的乡村地区吸引了大量的移民流,特别是年轻人,其结果只是发现乡村贫困被城市贫困所替代。可以确信,经济发展在新政府中具有最高的国家优先权,只是它跟不上城市人口增长的步伐。"③在中国,由于城市权力而非市场权力的传统优势,城市政府依然有权力遏制这种城市贫困的出现,但是这种权力的行使仍然可能突破城市发展的权力边界;正如毛寿龙教授所强调的那样,"理论上来讲,城市应该是自由、平等和开放的,以市场为基础的城市治理是基于不动产的多中心的治理,而不是对人进行身份制管理的单一中心的治理。市场开放性城市实行以市场为基础的治理,权力开放性城市因权力而开放,但也容易因权力而封闭。以权力为基础的城市治

---

① 参见张永丽、景文超:《中国已跨越第一个刘易斯转折点——试论中国的人口转变、结构转型与刘易斯转折点》,载《调研世界》2012年12期。
② 参见张鸿雁:《城市进化论——中国城市化进程中的社会问题与治理创新》,南京:东南大学出版社2011年版,第3页。
③ 〔美〕布赖恩·贝利:《比较城市化——20世纪的不同道路》,顾朝林等译,北京:商务印书馆2010年版,第90—91页。

理,面对高房价和拥堵,会从单中心的角度来界定城市问题,并采取越来越多的限制性的政策;这种治理会引起很多策略性行为,并需要新一轮的严格管制。而以市场为基础的城市治理,面对高房价和拥堵,会从多中心的角度来界定问题,并尽可能减少限制性措施,避免策略行为,尽可能通过居住者的多中心的选择和自我调整来解决城市管理中遇到的种种问题。"①

3. 现代城市权力的多维突破

城市传统政治的纵横结构正在遭遇巨大压力。从纵向上看,我国四个层次的城市等级正在遭遇挑战。一些城市政治等级开始上升,如副省级的重庆市于1997年升格为直辖市,一些经济较强的地级市如江苏省苏州市,上级政府也开始给这些城市的主官以政治升迁的机会,以获得部分行使副省级市的政治权力。同样的逻辑,一些县级市如青海省格尔木市则升格为副地级市,从而打开了升格为地级市的政治通道,而排除在城市政府以外的浙江省苍南县龙港镇同样打开了通向副县级市的政治通道。

从横向权力结构看,城市的发展受到周边诸多要素的影响,其中最重要的就是周围农业社会的生产水平往往决定着城市的规模:"在农业生产率很低的古代社会,城市的规模越大,其周围就越需要广阔的农耕村落,反过来说,周围农村的广阔程度当然也就规定了城市的规模。"②但是由于城市的蔓延,农村地区的政府权力对于城市权力的抵制日益消退,城市权力借助于市管县体制吞噬了农村的土地和诸多自然及社会资源,日益突破传统城乡分治中的权力平衡。

但是,无论是纵向政治权力的突破,还是横向地方权力关系的重构,都同时面临着多元主义的冲击。在西方的城市治理中,城市的权力

---

① 毛寿龙:《权力、市场与城市治理》,载《理论视野》2011年第6期。
② 〔日〕大渊宽、森冈仁:《经济人口学》,张真宁等译,北京:北京经济学院出版社1989年版,第15页。

存在着多重性,"多元论者认为,城市权力分散在多个团体或个人的集合体中,各个群体都有自己的权力中心,地方官员也有自己的独立地位;官员要向选民负责,所以选民也有权力,他们以投票来控制政治家。"①同样在中国,城市权力也有多元化的趋势,这种趋势既体现在政府体系之中,也体现在政府之外的市场和社会之中;值得注意的是,中国的城市政治权力还弥漫于城乡之间,由于城乡合治的特点,虽然城市拥有凌驾于农村的政治地位,但是城市官员有可能由农村官员升迁而来,因此政治权力既存在于城市官员之中,也可能存在于农村官员之中;同时,一些城市市场和社会力量正在逐步形成,并开始对城市政府的公共政策施以影响。

二、中观城市政治:城市演变中的结构调整

从 11 世纪起,随着农业生产的发展、人口的增加和商业活动的扩张,在意大利海滨地区及中北部兴起了许多繁荣的工商业城市,如比萨、热那亚、威尼斯、米兰、帕维亚、帕多瓦、佛罗伦萨、锡耶纳等,许多城市还变成了自治的政治共同体②,因此,城市过程其实就是公民自我管理城市的过程。但是,与西方城市自治的历史不同,中国的城市政治伴随着权力结构的调整,逐步实现城市与公民的结合。当代中国城市大规模的出现来自近 30 年来的改革开放,在这一快速城市化的过程中,也呈现了政治结构的重组。如果把中国的城市发育推向新中国成立初期,那么中国城市化过程主要体现在以下几个阶段:

第一阶段:地区行署与城乡分治。"行署,是行政督察专员公署的简称,它是省的派出机构,在某地区内代行政府职能,管辖区内若干个

---

① 何艳玲:《城市的政治逻辑:国外城市权力结构研究述评》,载《中山大学学报》(社会科学版)2008 年第 5 期。
② 参见刘耀春:《意大利城市政治体制与权力空间的演变(1000—1600)》,载《中国社会科学》2013 年第 5 期。

县(市)。"①1982年通过的《中华人民共和国地方各级人民代表大会和地方各级人民政府组织法》第42条第1款规定:"省、自治区的人民政府在必要的时候,经国务院批准,可以设立若干行政公署,作为它的派出机关。"而2004年该法修正后规定,省、自治区的人民政府在必要的时候,经国务院批准,可以设立若干派出机关,但不再出现"行政公署"字样,说明了这一机关的过渡性特征。随着省政府的权力下放,行署的权力在扩大。自1992年起,行署已有对县市一级的行政长官(包括县、市委书记)的直接任免权;而且行署还能支配地区财政。因为拥有了人权和财权,行署越发趋向一级实体政府②。

作为省级政府的派出机关,行署对于城市(县级)的管理并不存在法律意义上的合法性困境。但是可以看出的是,这种管理本身并没有把城市与农村的管理加以制度上的区别。例如1997年,山东省菏泽地区就辖9个县市,253个乡镇办事处,全区总面积12153平方公里,人口825万。③ 2010年,新疆喀什地区下辖1个市和11个县,即喀什市、疏附县、疏勒县、英吉沙县、岳普湖县、伽师县、莎车县、泽普县、叶城县、麦盖提县、巴楚县、塔什库尔干塔吉克自治县。喀什市是喀什地区行署所在地,是喀什地区的政治、经济、文化中心,也是新疆唯一的中国历史文化名城。④

应该指出的是,作为地方政府的不同种类,甚至由于城市发展的初步性,这一时期的城市往往与第二、三产业联系在一起,从而实现工商业对于农业发展的支持与补充。由于县级市的政府结构与普通县级政府相比并无本质差异,因此,这一时期的城市治理仍然属于仅仅体现产业分工的城乡合治型。从政治权力看,地区并不设立人民代表大会,但

---

① 江荣海等:《行署管理》,北京:中国广播电视出版社1995年版,第80页。
② 参见江荣海等:《行署管理》,北京:中国广播电视出版社1995年版,第257页。
③ 参见聂炳华、王恩献主编:《中心镇:小城镇建设的新趋势——山东中心镇建设的实践探索》,济南:山东人民出版社1998年版,第91页。
④ 参见喀什政府信息网:http://www.kashi.gov.cn/Item/8750.aspx,访问日期:2013年10月13日。

设立人大工作委员会,是省、自治区人民代表大会常务委员会的派出机构,受其领导,向其负责并报告工作,并负责联系本辖区内人大代表联络工作。同时,地区设立政协机构。县级市的人大工作接受地区人大工作委员会的指导,并依法行使政治权力。

第二阶段:市管县体制中的城乡合治。为了解决城乡分治,以中心城市带动区域发展,1982年,中共中央(1982)51号文件向全国发出了改革地区体制、实行市管县体制的指示,当年首先在江苏试点,1983年开始在全国试行,这就是近30年来全国普遍实施的"市管理县体制",而地区行署改设为市政府则成为这一体制转换中的重要内容。

地区行署管理县与城市政府管理县有着较大差异,前者以省级政府的名义进行管理,在这种管理中,行署作为省级政府的派出机关,对所辖县市进行管理。而后者仅仅以自身的名义,对县进行管理,并代管县级市。如1994年7月1日,经国务院批准,撤销河南省南阳地区和县级南阳市、南阳县,设立地级南阳市和县级卧龙、宛城区。南阳市辖原南阳地区的桐柏县、方城县、淅川县、镇平县、唐河县、南召县、内乡县、新野县、社旗县、西峡县和新设的宛城区、卧龙区;原南阳地区的邓州市由省直辖,一个月后,河南省政府又通知邓州市由南阳市代管,事实上形成了市管理市的局面。

"'市管县'的实质是,一方面把一级城市政府变为辖县的一般政府,另一方面又将派出机关地区行政公署转变为省、县之间的一级政权。"[①]此外,与行署管理县不同,城乡合治中的市管理县(市)体制强化了政治权力结构的连贯性,地方人大逐级选举产生上级人大,并产生不同层级的政府,贯彻了人民主权的基本原则,也保证了城乡产业结构的统一。但是,"地级市的最大问题是地级政区的存在是否合理。地级市的大量设立,把虚的省级政府派出之'地区'坐实为一级政区,不仅与《宪法》精神不符,而且政区在省与县之间增加了一级,与行政区划精

---

① 卓越等:《行政发展研究》,福州:福建人民出版社2000年版,第135页。

简、高效原则背道而驰。"①同样,市管县体制也限制所辖县市的政治和经济自主性,一些县域的经济发达乡镇被划入地级市区域,从而形成了新的权力冲突。

第三阶段:省直管县与城乡分治。市管县体制暴露的问题既体现为合法性危机,也体现为创新性不足。在城市管理农村的过程中,由于仍然延续了城乡合治的基本思路,中心城市辐射效果受到普遍质疑。而在一些城市发展比较落后的区域,中心城市尚未形成,因此,也无法实现市带动县发展的政策初衷。在市管县体制运行不久,无论东部还是西部,越来越多的县要求恢复省管理县体制,以实现城乡分治。

2008年,中共十七届三中全会通过了《中共中央关于推进农村改革发展若干重大问题的决定》。文件中提出,推进省直接管理县(市)财政体制改革,优先将农业大县纳入改革范围。有条件的地方可依法探索省直接管理县(市)的体制。2009年,财政部财预〔2009〕78号文件《关于推进省直接管理县财政改革的意见》中指出,改革的总体目标是,2012年底前,力争全国除民族自治地区外全面推进省直接管理县财政改革。但是至今,这一目标未能成为现实。

即便进程缓慢,一些省级政府纷纷出台相应的规定,如山东省在2009年确定了20个县(市)进行试点,明确在财政收入划分上,按照收入属地划分原则,现行体制规定的中央和省级收入分享范围和比例不变,但设区市不再参与分享直管县(市)的税收收入和各项非税收入,包括设区市在直管县(市)境内保留企业的收入。不仅是财政体制的调整,在各省进行的试点中,城市政府也不再对县(市)政府的人事等其他方面的工作进行直接管理,县(市)政府直接向省级政府汇报工作,并逐步实现与地级市的权力脱钩。

城乡分治的权力安排与地区行署管理县市有所不同,在城市化的进程中,一些县已经改市,一些县辖区域甚至一些县市全部区域已经并

---

① 刘君德等:《中外行政区划比较研究》,上海:华东师范大学出版社2002年版,第243页。

入地级市的区域,因此,省直接管理县(市)既总体上减少了县级政区的规模,也摆脱了城市政府的管理负担,因此有助于中心城市的功能逐步恢复。但是也不排除另外一种可能,一些地级市由于担心财政权力的上收,会加大对于县市政府的财政控制,如福建省福州市自2012年1月1日起,就开始直接管理福清、长乐、闽侯、连江等四县(市)财政体制。

城市不再仅仅作为类似建筑群的集合,更是人群的聚合。中国正在进行的城市权力关系调整、城乡分治的宪法回归使城市政府重新面临城市发展与政治发展的双重责任,而城市发展与政治发展的双重结合正在城市具体的治理过程中得以体现。

三、微观城市政治:空间优化中的权力平衡

"城市是一种地域现象,又是一种社会组织。城市的功能需要人类的社会活动去实现,因而城市功能空间与社会空间存在着对应关系。这种关系主要是由城市人口分布或居住分布得以体现。城市内部社会异质性和社会空间分化是城市研究的基本内容。"[1]在城市的空间优化中,维持政治权力的平衡成为城市政治学的基本任务。

1. 城市治理中的纵向权力冲突

从我国政治权力结构来看,中国的政治体系遵循着严密的金字塔规则,"宏观纵向分工主要解决的问题是国家的行政区划(行政等级隶属关系和地域范围的界定准则)的确定,它规定的是不同层级的政府组织所控制或管理的权限及其发挥作用的地域界限,目的是通过层次分工来实现政府组织管理的有效性问题。"[2]因此在中国的城市治理中,不同的城市的差别主要体现在政治地位的差异上:既有省级的城市,也有

---

[1] 王均等:《从人口分布看近代北京城市社会空间特征》,载《城市史研究(第17—18辑)》2000年Z1期。
[2] 教军章等:《公共行政组织论》,哈尔滨:黑龙江人民出版社2005年版,第307页。

副省级市、地级市和县级市。这些城市政府居于不同的政治位阶之中,并根据中央或上级政府的权力分配的结果行使不同的治理权限。

纵向权力结构的强化意味着政治约束的集权化趋势,在城市未来的发展中,纵向城市政治放权可能成为常态,体现为中央政府向直辖市政府的放权;体现为省级政府向省辖市、直辖市向市辖区政府的放权;体现为省辖市政府向市辖区、县级市政府的放权;体现为县级市、市辖区政府向街道和社区的放权。同时,不同政治位阶中的城市的差异性有可能逐步弱化,经济强市的概念有可能成为城市发展的重要目标,而这一目标又极大挑战了秩序优先的全国性治理原则,从而形成了城市治理方式中的内在张力。

2. 社会崛起中的横向权力冲突

除了政治权力的纵向冲突,也同时存在着横向的权力冲突,即国家与社会的权力冲突:"古希腊行业协会的缺失证明了普通民众的强大而不是他们的软弱,反映了他们相对较高的劳动地位而不是他们低下的社会地位……雅典的劳动公民不需要中世纪行业协会所提供的那种法律保护,因为他们有城邦和公民身份的保护。"①

今天的中国城市治理已经完全不同于雅典,自20世纪90年代以来,中国市场经济体制开始建立,城市治理中的社会崛起已经成为政府单边治理需要加以合作的力量。截至2012年底,全国共有各类社区服务机构20.0万个,社区服务机构覆盖率29.5%;其中,社区服务指导中心809个,社区服务中心15497个,比上年增加1106个,社区服务站87931个,比上年增加31775个,其他社区专项服务设施9.6万个,比上年增加0.6万个。城市社区服务中心(站)覆盖率72.5%。城镇便民、利民服务网点39.7万个。社区志愿服务组织9.3万个。② 因此,在城

---

① 〔加拿大〕艾伦·梅克森斯·伍德主编:《民主反对资本主义——重建历史唯物主义》,吕薇洲、刘海霞、邢文增译,重庆:重庆出版社2007年版,第161页。
② 参见《民政部发布2012年社会服务发展统计公报》,中国社会组织网:http://www.chinanpo. gov. cn/2201/66026/yjzlkindex. html,访问日期:2013年10月20日。

市的公共生活中,由于人们的散居化,无论公共教育还是公共医疗等,公共需求多在社区得以实现,从而首先形成了城市权力与社区权力的冲击。

除了社会力量,市场力量在城市治理中也起着十分重要的作用。在城市治理中,诸如物业、私立学校和医院等市场力量逐步进驻,形成了物品供给中的竞争机制,丰富了城市社区的服务,分解了政府的责任,也与社会力量一起,形成了横向的权力冲突。

横向的权力冲突削弱了城市政府在城市治理中的核心权力地位,也催生了政府与社会合作即城市体制理论的形成。在这一理论看来,在城市体制模式下,政府不可能拥有绝对权力来独立制定和执行政策;同样,私部门也不能独立制定政策来促进城市发展。城市决策是复杂的关系与互动网络。[1] 在今天的中国,由于官僚制的不足与社会力量兴起的初步性,城市体制理论比多元主义及精英主义更加具有解释力。

3. 城市空间优化中的权利保护

15世纪建筑理论家阿尔贝蒂在其《建筑十论》中对政治权力与权力空间的关系作了分析和阐述。他依据政权性质将城市区分为共和国的城市、君主的城市和暴君的城市,不同类型的城市拥有不同的权力空间。而在阿尔贝蒂看来,共和国权力空间的最大特色是其开放性和公共性,营造权力空间首先考虑的是公民的需要和利益。[2]

随着中国城市化的进程加快与越来越多城市的涌现,中国的城市面临身份的转换,城市不仅仅作为地方政府而存在,也同时作为社区共同体而存在。两者的差别就在于,前者作为国家权力而存在,后者则作为社会权力而存在,洛克所提及的国家与社会两个最高权力都可以在城市之中得以充分的结合。从权力的多元属性看,城市治理应该有一

---

[1] 参见何艳玲:《城市的政治逻辑:国外城市权力结构研究述评》,载《中山大学学报》(社会科学版)2008年第5期。
[2] 参见刘耀春:《意大利城市政治体制与权力空间的演变(1000—1600)》,载《中国社会科学》2013年第5期。

个多元权力的介入过程。国家权力、市场权力与社会权力的涌入既可能提升城市公共生活的品质，也可能削弱城市作为人类生活共同体的指向作用，因此三种权力需要一个有效整合的过程。我们认为，城市首先是自由民的汇聚之地，因此城市必须遵循其一以贯之的自由精神，在这样的精神之下，城市必须重新反思自身的政治使命。

在今天，由于公民需要和利益的多元化趋势，权力的空间分布高度碎片化了，那些传统权力的象征标志有了新的内容，并在城市空间中呈现不同的表现形态："城市空间结构是各种人类活动与功能组织在城市地域上的空间投影，包括土地利用结构、经济空间结构、人口空间分布、就业空间结构、交通流动结构、社会空间结构、生活活动空间结构等。"① 城市的发展就是诸多城市空间持续优化的过程。而在中国的城市空间优化过程中，一些来自社会底层的个体被抛弃到城市生活之外，其中尤其以对农民工的限制为甚，"把数以亿万计、已迁入城市的农村人口的户籍仍留在农村，使他们在完成地域转移的同时不能相应实现身份转变，这就是改革开放以来城市化滞后发展的重要标志"②，而这样的滞后性同时损害了城市的政治使命。

城市空间优化的标准在于城市居民的权利保护，"权利是作为一种自由个人主义的表述而发展起来的……自由主义者将权利认定为严格的个人权利，但其他人却提出团体权利观念，如社会主义者支持的工会权利和民族主义者强调的民族自决权都属此类。"③在人本主义政治学崛起以来，个体权利已经无法忽视，团体权利如果不是基于个体权利，那么保护这种团体权利的效果也值得怀疑。在当代中国，或蔓延，或新兴，城市的形成仍然是一个漫长的过程，权利保护应该广泛适用于城市居民，在户籍制度尚未放开的前提下，城市的空间结构仍然是僵化的；

---

① 柴彦威：《城市空间》，北京：科学出版社2000年版，第13页。
② 王桂新：《我国城市化发展的几点思考》，载《人口研究》2012年第2期。
③ 〔英〕安德鲁·海伍德：《政治学核心概念》，吴勇译，天津：天津人民出版社2008年版，第184页。

碎片化的空间不仅分割了城市,也形成了公共生活的隔绝。因此,基于自由主义的假设,有一种能够凌驾于空间隔绝之上的权利保护最终可以消弭公共生活的隔膜,并实现城市的社会融合。

在古典政治学家看来,城市的形成不仅仅是人类创造的结果,更是人类生活的外部条件,"城邦的长成出于人类'生活'的发展,而其实际的存在却是为了'优良的生活'。早期各级社会团体都是自然地生长起来的,一切城邦既然都是这一生长过程的完成,也该是自然的产物。这又是社会团体发展的终点"①。在当代中国,城市发展与政治发展是一个问题的两个方面,人类的生活不可避免地与城市联系起来,而政治作为人类最优公共生活的保障者也无可避免地成为当代中国社会科学研究的重要命题。因此,从整体主义出发的权力分配越来越无法适应城市自由与个体发展的需要,从空间优化的角度出发来讨论个体权利的保护,从社会发展的立场来审视城市的政治使命既实现了研究方法的根本性转换,也为中国城市政治研究呈现了不同的视角。

---

① 〔古希腊〕亚里士多德:《政治学》,吴寿彭译,北京:商务印书馆1965年版,第7页。

第一章
城市兴起:历史与空间

"简单地说,城市政治学是关于次国家层次的政治学,即在比国家单位小的范围内的权威决策。例如,一名市长考虑推进城市社区参与运动应当采取怎样的政策,或者是评估当地某个重大企业迁出这一区域所带来的就业问题和收入损失等。"① 城市的历史早于政治学的历史,从知识的角度,政治学首先介入的研究对象就是城市,在当代,城市对于今天的人类生活有着十分重要的意义,城市已经成为人们居住的主要场所,而环境、交通、住房等城市问题的出现也成为当代政治学必须持续关注的命题。因此,关注城市其实就是关注人类的生活自身。

第一节 城市的历史发生

人是聚居性动物,从某种角度看,人类的历史就是一部逐渐聚居并繁衍的历史,在聚居的过程中,公共资源的权威性分配开始出现,并成为人类反思自身生活的重要内容。古典政治学产生于城市形成之后,发展于城邦兴盛之时,从发生学上形成了城市形态与政治学学术体系

---

① 〔英〕乔纳森·S.戴维斯、〔美〕戴维·L.英布罗肖主编:《城市政治学理论前沿》(第二版),何艳玲译,上海:格致出版社、上海人民出版社2013年版,第20页。

的碰撞。

一、城市的形成与人的发现

人类本身的聚居性决定了城市形成的漫长过程,美国著名城市史学家刘易斯·芒德福就指出:"要详细考察城市的起源,我们就必须首先弥补考古学者的不足之处:他们力求从最深的文化层中找到他们认为能以表明古代城市结构秩序的一些隐隐约约的平面规划。我们如果要鉴别城市,那就必须追溯到其最早的形态,不论这些形态在时间、空间和文化上距离已被发现的第一批人类文化丘有多么遥远。须知,远在城市产生之前就已经有了小村落、圣祠和村镇;而在村庄之前则早已有了宿营地、贮物场、洞穴及石冢;而在所有这些形式产生之前,则早已有了某些社会生活倾向——这显然是人类同许多其他动物物种所共有的倾向。"[①]

1. 城市不是什么? 一种比较激烈的观点是这样批评城市的:城市于地球就如同人体的癌症:它一方面向环境排放大量的致癌毒素,另一方面自身也成为地球生命系统的恶性肿瘤。城市是人类第二存在模式的产物,是人们求名求利的一个重要场所。[②]

事实上对于城市的批判并不伴随着城市产生的始终。城市不是人类社会的异化产物,在亚里士多德的"人天生是城邦的动物"那里,城市赋予人之所以为人的全部意义。而现代社会对于城市的批判则来自城市在工业化初期形成的诸如交通拥挤、环境污染、社会隔膜等城市问题。这些冠之以"城市病"的指控既不能否定城市发生的历史必然性,也不能否认城市发展的当代必然性。

在今天的工业化进程中,城市的负外部性有着必然的逻辑。前文

[①] 〔美〕刘易斯·芒福德:《城市发展史——起源、演变和前景》,宋俊岭、倪文彦译,北京:中国建筑工业出版社 2005 年版,第 3 页。

[②] See Wang Yebin, *General Balance Theory*, Salt Lake City: Academic Press Corporation C, 2003, p.328.

所说的城市问题大致可分为三类：一是城市人口膨胀所引发的人居环境问题；二是传统经济发展方式所带来的生态环境严重恶化、自然资源和能源过度消耗问题；三是信息不对称及科学预测手段缺乏从而导致的城市管理规划的不合理不科学问题。① 而仅仅把这些人类社会发展中的所有问题与城市进行捆绑并不公平，也无助于这些问题的解决。

2. 城市的历史主义视角

无独有偶，兰帕德（Lampard）把人类历史划分为两个纪元：第一时期是"原始的都市化"（primordial urbanization），时间从公元前15000年到前4000年之间，这一时期除了游牧式农业活动之外，还有集体组织形式；第二时期是"确定都市化"（definitive urbanization），始于公元前4000年。第二时期又分为两个阶段：以公元前1700年为界，之前，城市为腹地的中心，之后为工业化城市的兴起。②

这种历史视角的分析方法在后来城市科学的研究中也广泛使用。在城市化的研究中，越来越多的学者认为世界范围内的城市化经历了四个阶段，即早期城市化阶段、城市化阶段、郊区城市化阶段和逆城市化阶段。③ 本书采用王放的分类，即把城市化分为城市化、郊区化、逆城市化和再城市化等四个阶段。④ 这种历史性视角解释了世界范围内的城市变迁，但是这种宏大叙事的方式却淹没了城市中的人的主体地位，因为城市的历史是自由的人类寻求自我治理的历史。

刘易斯的认识开始于人类与动物生存方式的社会学分野，从而揭示了人类与动物的差异性，"从人类永久性聚落的发展过程中，我们可以看出，人类也有类同于其他社会性物种的动物性需求；但是，即使是

---

① 参见唐建荣等：《智慧南京——城市发展新模式》，南京：南京师范大学出版社2011年版，第7页。
② 参见 Michael Savage, Alan Warde：《都市社会学》，孙青山译，台北：五南图书出版股份有限公司2004年版，第43页。
③ 参见谭仲池主编：《城市发展新论》，北京：中国经济出版社2006年版，第67页。
④ 参见王放：《中国城市化与可持续发展》，北京：科学出版社2000年版，第55—60页。

最原始的城市起源形式也要比单纯的动物性需求丰富得多。"①人的主体性实践活动创造了城市,城市作为人类重要的文明成果具有形态上的意义。但是,人类创造城市只是人类自我治理的起点,在亚里士多德等古典政治学家那里,城市的起源来自人性的差异性,人和动物的不同在于人对于正义的追求,而城邦正好满足了这样的追求:"人类所不同于其他动物的特性就在于他对善恶和是否合乎正义以及其他类似观念的辨认……而家庭和城邦的结合正是这类义理的结合。"②

3. 城市的浪漫主义视角

城市的浪漫主义与工业革命的巨大成就紧密相连,自18世纪法国大革命以来,大量的中产阶级在欧洲城市中获得了较高的政治地位;尽管成长中的中产阶级因为革新而繁荣壮大,底层阶级人民的生活依旧贫困。为了养家糊口,穷人们不得不长时间在工厂的恶劣条件下工作。这些人当中很多人是由于农业技术的进步和圈地法而被迫离开土地的农村劳动者。但是,即使最穷的英国公民通常也能找到工作,享受工业革命带来的好处。③

由于生产力的解放,城市中的许多问题诸如疾病、卫生等暴露出来,城市意味着肮脏、混乱和痛苦,在18世纪上半叶,在英国纺织中心利兹,未成年人死亡率、工业事故和疾病共同发难,使居民的平均寿命只有19岁,同期的利物浦人的正常寿命不超过15岁。④ 而城市浪漫主义者认为,如果这些问题属于城市发展初期的必然代价的话,那么城市的发展与工业的发展足以解决这些问题。因此,基于对科学管理与工业革命的信任,城市的问题多被视为城市发展中的问题而非城市自身的问题。

---

① 〔美〕刘易斯·芒福德:《城市发展史——起源、演变和前景》,宋俊岭、倪文彦译,北京:中国建筑工业出版社2005年版,第2页。
② 〔古希腊〕亚里士多德:《政治学》,吴寿彭译,北京:商务印书馆1965年版,第8页。
③ 参见美国时代—生活图书公司编著:《欧罗巴的浪漫时代:欧洲》,刘生等译,济南:山东画报出版社2003年版,第9页。
④ 同上书,第154页。

4. 城市的现实主义视角

人类的公共生活同时存在于城市与乡村,而二者有本质不同:第一,城市是以从事非农业活动的人口为主的居民点,在产业结构上不同于乡村;第二,城市一般聚居有较多的人口,在规模上区别于乡村;第三,城市具有上下水、电灯、电话、广场、街道、影剧院、博物馆等市政设施和公共设施,在物质构成上不同于乡村;第四,城市一般是工业、商业、交通、文教的集中地,是一定地域的政治、经济、文化的中心,在职能上区别于乡村。[①]

世界范围的城市多与工业革命有关,工业革命使得大量人口涌向城市,并开始完全不同于农业社会的生活与工作方式。由于人口的集聚效应,大量的公共设施与公共投资都集中于城市,这些设施既包括街道、厂区,也包括医院、学校等。城市由于人口的大量集聚也产生了一些负面效应,交通、环境、治安等问题都与这种新型的公共生活形态有关。

二、城市的多重要素

城市由哪些因素组成,既是城市科学的议题,也是城市政治学的议题。在埃及的象形文字里,城市已经被表述为一个圆形或者椭圆形的封闭圈,圈内的十字交叉路把城市分割为四份。[②] 宾夕法尼亚大学资深教授 E. N. 培根(Edmund N. Bacon)在《城市设计》一书中认为:"城市设计主要考虑建筑周围或建筑之间的空间,包括相应的要素,如风景或地形所形成的三维空间的规划布局和设计。"在该书中他提出理解(appreciation)、表现(presentation)和实现(realization)三个城市设计的基本环

---

① 参见许学强、周一星、宁越敏编著:《城市地理学》第二版,北京:高等教育出版社 2009 年版,第 20 页。
② 参见〔美〕刘易斯·芒福德:《城市发展史——起源、演变和前景》,刘俊岭、倪文彦译,北京:中国建筑工业出版社 2005 年版,第 86 页。

节。① 从政治学的视角,这三种要素同样可以给我们以理论上的启发。

1. 城市的一般要素:人口、住房与街区

在人口学家看来,城市兴起的意义不亚于农业革命与工业革命,"所谓文明,其原意本是城市化,正是在城市诞生后人类才从未开化阶段向文明阶段迈进了一步。从这个意义上说,公元前 4000 年的城市建立,在人类历史上是农业革命以后的第二个重要的转折点,是值得称之为城市革命的。"②

城市一定伴随着人口的激增。这种人口的增加或与产业结构有关,或与人口的自由选择有关。但是总体上看,世界性的人口向城市汇聚,通常与就业机会、自我发展有关。"继 1851 年英国城市化水平率先超过 50%后,德国、法国的城市化水平也在不到 100 年的时间内上升到 50%以上。1900 年世界城市人口比重从 5.1%提高到了 13.3%。在 19 世纪的 100 年里,随着工业化的突飞猛进,世界人口增长了 70%。城市人口增加了 340%。20 世纪前 50 年世界人口增加了 52%,城市人口增加了 230%。1950 年全球的城市人口比重提高到 29%,1980 年逼近 40%,2000 年世界城市化的平均水平已经达到 47%左右。"③

为了保障这些人口流动的稳定性,大量的住房也建设完成。韦伯指出,人们可以各种方式给城市下定义,但是所有定义的共同点仅仅是:它无论如何是一个(至少相对而言)封闭的居民点,一个"地方",不是一个或者若干个孤立的房舍。④ 早期的城市科学也认为:"城市即由房屋集合而成,其应用的目的不一;或作商店,或作货栈,或作工厂,或作办事室;还有少数是宗教的庙宇,娱乐的游艺场;然而大多数的建筑

---

① 参见丁旭:《城市设计:理论与方法》(上),杭州:浙江大学出版社 2010 年版,第 2 页。
② 〔日〕大渊宽、森冈仁:《经济人口学》,张真宁等译,北京:北京经济学院出版社 1989 年版,第 14 页。
③ 张京祥等:《体制转型与中国城市空间重构》,南京:东南大学出版社 2007 年版,第 2 页。
④ 参见〔德〕马克斯·韦伯:《经济与社会》(下卷),林荣远译,北京:商务印书馆 1997 年版,第 567 页。

还是人民的住宅。"①这种定义揭示了城市的最一般表象,也显示了城市化进程中的一个重要指标。在国外的城市中,住宅或自有,或租用,所有这些都证明了住宅对于个体及其家庭的基础性作用:"美国新建住宅大约为每年160万套……从住宅自有情况看,美国自有住宅率为68%,大约32%的家庭承租住宅;英国住宅自有率维持在60%—70%,30%以上的住宅采用租赁的消费方式;日本住宅自有率为60.2%,租赁率约34.1%。归纳起来看,住宅自有率一般占三分之二、租赁约占三分之一。"②

俄罗斯房地产分析中心娜·卡美尼娜和爱·沃林斯卡娅指出,阶级分化正在住房变化中加以体现:"住房分配领域中的社会阶层的分化与隔离的并存是一个正在增长的问题。这可以清楚地说明社会的两极分化。出售住房可能使部分人人口社会地位降低,同时产生两种现象,一种是一些人拥有很多房屋,另一些人却无家可归。"③同时,越来越多的人口汇聚城市,从而形成了完全不同于农村的空间格局,这种格局通常叫做街区。"城市的人行道,孤立来看,并不重要,其意义很抽象。只有在与建筑物以及它旁边的其他东西,或者附近的其他人行道联系起来时,它的意义才能表现出来。同样的道理也可以放在街道上,即除了承载马路中间的交通外,它还有其他的目的。街道及其人行道,城市中的主要公共区域,是一个城市的最重要的器官。"④

人口、住房与街区形成了城市的重要因素,也形成了城市发展的基本方向。总体来看,三者之间有一个先后的发展过程,涌入城市的大量

---

① W. B. Liltle:《城市科学》,吴廉铭译,上海:中华书局1939年版,第1页。
② 刘志峰主编:《城市对话:国际性大都市建设与住房探究》,北京:企业管理出版社2007年版,第22页。
③ 〔俄〕娜·卡美尼娜、爱·沃林斯卡娅:《俄国房地产市场的出现与住房问题》,载陈光庭主编:《21世纪城市与住宅发展——第六届国际住宅问题研讨会论文精选》,北京:科学技术出版社1995年版,第32页。
④ 〔加拿大〕简·雅各布斯:《美国大城市的死与生》,金衡山译,南京:译林出版社2005年版,第29页。

人口构成了住房的主要动力,而街区则成为城市生活的公共空间。

2. 城市的特殊要素

马克思和恩格斯在《德意志意识形态》中曾写道:"城市已经表明了人口、生产工具、资本、享受和需求的集中这个事实;而在乡村则是完全相反的情况:隔绝和分散。"①城市不是一个简单的地理空间,而是人类社会活动与资本运作综合作用的产物。

从城市与农村的空间分离来看,城市与乡村是一个对立统一的社会空间范畴,城市的进化,意味着传统乡村的退化。自城市诞生以来,这种对立和统一就一直存在。20世纪80年代法国率先实现"农民的终结",显现出这一范畴的演化结果。②那么,是什么样的力量实现了城市与农村的空间分离?

城市有着完全不同于农村的特征,"各国对现代城镇的定义都包含三个本质特征:产业构成、人口数量和职能。具体地说,城镇是以从事非农业活动人口为主体的居民点,在产业构成上不同于村庄;相对于村庄,城镇一般聚居更多的人口;城镇一般是工业、商业、交通和文教的集中地,是一定地域的政治、经济和文化中心。"③因此,城市总是与工业、商业、交通以及教育业的发展相关,例如在工业革命之后,现代城市如底特律等像雨后春笋般生长起来;同样,一些城市由于教育业的发展而广为人知,如剑桥。即使在中国,近代洋务运动也催生了一些城市如上海、汉口等,这些城市区别于北京这类的传统的政治城市,因此口岸的发展决定了汉口等城市的功能与规模。

当然,现代城市难以单一要素加以确定,工业、商业、旅游业等都会对一个城市的形成起着不同的作用,因此,这些不同的产业结构往往构

---

① 《马克思恩格斯选集》第1卷,北京:人民出版社1995年版,第104页。
② 参见张鸿雁:《城市进化论——中国城市化进程中的社会问题与治理创新》,南京:东南大学出版社2011年版,第3页。
③ 吴志强、李德华主编:《城市规划原理》(第四版),北京:中国建筑工业出版社2010年版,第3页。

成了不同城市的制约性要素。当然,按照马克思主义政治学的观点,这些产业的背后,依然是资本与阶级的力量,这些才是城市形成的基础性要素。

3. 城市的其他要素

什么是城市?存在不同的定义。有学者认为城市的认识应该从系统的角度出发,因此采用史密斯(Wallance F. Smith)对于城市七个方面的定义:一定的人口规模下限;必要的政治地位;较高的人口密度;非自然资源提取性职业;机械加工而成的基础设施;财富的象征;特有的生活方式。①

现代工商业发展的经济城市与传统的政治城市存在显著不同,在约翰·霍普金斯大学的罗威廉看来,洋务运动之后的汉口就已经逃脱了韦伯所假设的严厉的官僚控制,行会和其他自愿团体(如慈善会)的势力逐渐强大起来。这些团体越来越多地试图使他们的利益与更为广泛的城市群体利益一致起来,并探索各种各样的途径,通过非官方的协调,达到公共性的目标。② 因此,只要现代城市存在,就会存在城市自身的逻辑,这些市民社会力量的崛起结束了政府单边主义的传统城市治理,也为中国城市的未来发展提供了解释的视角。

但是,城市很难说仅仅是某些特征的组合,"而正是由于给城市规定的这一过于严苛的定义,才不能不引起我们深深的怀疑;密集,大众,包围成圈的城墙,这些只是城市的偶然性特征,而不是它的本质性特征,虽然后世战事的发展的确曾使城市的这些特征成为主要的、经久的城市特性,并且一直延续至今。城市不只是建筑物的群集,它更是各种密切相关并经常相互影响的各种功能的复合体——它不单是权力的集

---

① 参见王佃利、张莉萍、高原主编:《现代市政学》(第二版),北京:中国人民大学出版社2008年版,第21页。
② 参见党为:《美国新清史三十年:拒绝汉中心的中国史观的兴起与发展》,上海:上海人民出版社2012年版,第139页。

中,更是文化的归极。"①因此,在自然意义上的城市形成之后,一个社会化的城市开始引起人们的关注,这其中,社会交往以完全不同于城市的原初特征,赋予了城市以社会意义。我们知道,城市自产生以来,就是为了人类更好的公共生活而服务的,因此,在城市生活中,社会力量的崛起既是城市社会的基本规律,也说明了在城市生活中,社会问题将取代自然问题,成为城市的主要问题。

三、城市的形态及其转换

"城市是社会发展到一定阶段出现的综合体,是一种特殊的地理空间。它与乡村相对立,是一个地区甚至全国政治、经济、文化的中心,处于领导或支配的地位。"②泛化的研究揭示了东西方城市的共同特点,世界城市的起源多从农业地区开始,中国的黄河中下游流域、古埃及的尼罗河流域、古印度的恒河流域,以及美索不达米亚的两河流域都是世界文明的发源地,也是世界城市的起源地。

1. 城市的基本形态及其争论

试图对城市形态进行定义是困难的,城市形态是指城市布局的空间结构及其形式,包括城市区域内城镇布局的形式、城市用地的外部几何形态以及建筑格局。城市形态一般表现为下列几种形态:(1)不规则形城市;(2)圆心环状放射形城市;(3)放射或对角线形城市;(4)棋盘形城市。③

国外对于城市形态的研究分为多个学术流派。谷凯认为,根据不同城市形态理论所侧重的研究对象和方法的不同,城市形态研究的相关理论和方法可以分成形态分析、环境行为分析和政治经济学的方法等三类。其中,形态分析包括城市历史研究、市镇规划分析、建筑学的

---

① 〔美〕刘易斯·芒福德:《城市发展史——起源、演变和前景》,刘俊岭、倪文彦译,北京:中国建筑工业出版社2005年版,第91页。
② 马正林编著:《中国城市历史地理》,济南:山东教育出版社1998年版,第7页。
③ 参见王敏正等主编:《节约型社会辞典》,北京:中国财政经济出版社2006年版,第332页。

方法和空间形态分析等;环境行为分析关注于人的主观意愿和人的行为与环境之间的互动关系;政治经济学的方法则关注政治与经济因素以及与城市相关的组织在城市过程中的作用。此外,结构主义理论从城市结构的角度对城市形态发展作出了一系列的探索;人文主义理论强调要重新建立城市形态和人的感受之间的联系;形式主义的城市设计批评对于城市历史文化的漠视,强调城市形态的归属感和文化认同感;生态主义理论则对人工环境与自然环境的平衡和共生关系作出了系统的研究;新理性主义以整个城市为研究对象来建立城市设计的策略;新古典主义学派探讨在自由市场经济的理想竞争状态下资源配置的最优化和区位均衡。①

应该看到的是,这样的分类基本上囊括了城市形态研究的基本流派,也解释了对于城市形态基本结论的方法论起源。但是,在城市政治学的范畴里,城市形态必须是建筑群和人类生活的完美结合。城市是人群的聚居,而城市本身又相对完整。正如马克思所说:"当联合在城市中的时候,公社本身就具有了某种经济存在;城市本身的单纯存在与仅仅是众多的独立家庭不同。在这里,整体并不是由它的各个部分组成。它是一种独立的有机体。"②这种独立既表现为一种结构上的内聚性,又往往表现为功能上的系统性。在国内已有的研究中,城市形态往往首先被理解为一种空间表现形式。齐康先生在《城市环境规划设计与方法》一书中对城市形态进行如下定义:"它是构成城市所表现的发展变化着的空间形态特征,这种变化是城市这个有机体内外矛盾的结果。"③在本书中,我们更倾向于这样的定义:首先,"城市形态是体现一定价值取向、内部各种构成要素互动的具有整体性的城市形式和结构,

---

① 参见谷凯:《城市形态的理论与方法——探索全面与理性的研究框架》,载《城市规划》2001年第12期。
② 《马克思恩格斯全集》第46卷(上),北京:人民出版社1979年版,第480页。
③ 齐康:《城市环境规划设计与方法》,北京:中国建筑工业出版社1997年版,第27页。

是各种构成要素动态秩序的体现"①;其次,城市形态必须同时兼顾人的生活,服从人类公共生活和私人生活的审美和具体需要。

2. 城市形态的转换

从城市形态来看,城市自建立之时起就面临形态转换的使命:首先,城市面临从建筑聚集向人类聚居的转换;其次,城市还面临从人类聚居到建筑和人类空间互动的转换。从第一层次看,城市在强权者的刚性约束下,使人群汇聚到建筑群之中,人类成为自身作品异化的对象,建筑往往被打上强权者的烙印,并形成对人群聚集的压迫;而从第二层次看,人类自身的发现使建筑开始依附人的意志,人类的迁徙伴随着建筑的蔓延,城市蔓延开始成为建筑借助人类意志的又一轮扩张。城市的成长与蔓延从表面上看是建筑的扩张,从本质上讲仍然是人类欲望生长的表现。因此,建筑与人类的空间关系重建从根本上讲,就是城市形态的转换与重建。

此外,人类在聚居过程中建造了房屋,一系列房屋的组合形成了建筑学意义上的城市。而由于城市本身并不仅仅表现在空间的差异性,还表现为不同城市内的人群活动与空间渗透。因此,城市形态必须是建筑、空间与人的关系的重组。借助生态学的基本观点,林奇认为,良好的城市形态的指标应该包括:活力、感受、适宜、可及性、管理五个指标和效率、公平两个额外指标。② 因此,不难看出,这些指标的设定无一不在人类聚居的层面上加以思考。

从城市形成的历史上看,东西方国家人群的大量聚居都有一定的共性,然而"从美索不达米亚时代到19世纪,如今世界上几乎没有哪个都市地区不是通过密度来展示其作为大型都市的特征的。每平方公里150,000人曾经是城市密度标准,如今的富裕城市中很少能达到这一标

---

① 刘捷:《城市形态的整合》,南京:东南大学出版社2004年版,第8页。
② 参见〔美〕凯文·林奇:《城市形态》,林庆怡等译,北京:华夏出版社2001年版,第84—85页。

准,甚至达不到每平方英里25,000人"①,因此城市面临形态的转换。所谓不规则形城市、圆心环状放射城市、放射或对角线形城市和棋盘形城市等分类本身只是相对静态的判断,更多的城市无法用这样的形态分类所概括,甚至特定城市本身就同时包含多种城市形态。

从具体城市发展脉络来看,城市形态的历史线条基本是清晰的。考古发现的东西方城市大多具有军事防御的功能,城市首先体现在筑墙为城以聚集人民的功能,但是到了18世纪60年代,欧洲各国经历了工业革命的洗礼,城市发展的进程加速。到了19世纪,英、法等国家城市人口成倍增长,大都会也开始陆续出现。

3. 中国城市形态的转换

作为城市起源地之一的中国,城市在很早时期就出现在历史之中。目前,我国考古所发现的最古老的城址为龙山文化时期的城子崖城址、王城岗城址、平粮台城址等。② 在汉语中,城与市长期以来是可以分割的,汉语中的"城市"最早见于《韩非子·爱臣》:"大臣之禄虽大,不得籍威城市;党与虽众,不得臣士卒。"可见,起码在战国时期,中国的城市形态已经有了基本的确认。

虽然中国城市的最初形态难以确认,但是东西方的城市形态确实各有差异。即使到了西方工业革命时期,中国的城市依然延续农业社会的形态。在中国,早期的城市大多是政治中心,"城市是各级行政机关执行中央集权行政、法律的地方。郡、县一概没有独立的行政、司法和人事权;城市没有独立的财政,只有领取中央规定的俸禄;城市的规划、建设和管理,以及教育文化活功,都是纳入封建国家经济、社会功能体系之中。"③

马克思在《政治经济学批判》中指出城市的地点应该适应贸易的需

---

① 〔美〕R. 罗伯特·布鲁格曼:《城市蔓延简史》,吕晓惠等译,北京:中国电力出版社2009年版,第16页。
② 参见王守中:《近代山东城市变迁史》,济南:山东教育出版社2001年版,第674页。
③ 傅崇兰:《城市史话》,北京:中国大百科全书出版社2000年版,第10页。

要:"在这里,与这些乡村并存,真正的城市只是在特别适宜于对外贸易的地方才形成起来,或者只是在国家首脑及其地方总督把自己的收入(剩余产品)同劳动相交换,把收入作为劳动基金来花费的地方才形成起来。"①这一判断基本厘清了西方城市的发展动力,但这样的判断并不适合中国的城市发展。在传统中国的城市中,除了官员、商贾、军队之外,也居住着大量的农民,"中国城市是从农村派生出来的特殊的地理空间,始终与农村未能割断关系,城市居民中有相当数量就是农村人口,增大了城市的居住区,城区规模也就相应的增大。"②农业大国的城市从来就不会放弃农业之本和政治功能,有学者甚至指出:"中国历代的城,没有一个是由于工商业的发展和人口的聚集,而逐渐发展演变为城市的。"③这也似乎印证了马克思的判断:"亚洲的历史是城乡浑然一体的历史(真正的大城市,在这里,只能认为是帝王的军营,那是真正经济结构上的赘疣)"④。

4. 当代中国城市的分类

在20世纪,世界范围的城市基本定型,对于城市的分类,各国采用的标准各有所不同。国际上比较著名的分类方法有:1921年的奥罗索分类法;1943年的哈里斯城市十大职能分类法;1955年的纳尔逊分类法;1965年的马克斯韦尔分类法等。⑤ 即使方法不同,但是这些分类基本都基于城市的功能而展开。1921年,英国地理学家奥罗索以城市的专门化职能作为分类依据,最早提出了一个城市分类方案,这一方案也被认为是最具有影响的一般性描述分类法。在这个方案中,城市被划

---

① 《马克思恩格斯全集》第46卷上,北京:人民出版社1979年版,第474页。
② 马正林编著:《中国城市历史地理》,济南:山东教育出版社1998年版,第166页。
③ 傅筑夫:《中国古代城市在国民经济中的地位和作用》,载《中国经济史论丛》上,北京:三联书店1980年版,第335页。
④ 马克思:《政治经济学批判大纲(草稿)》(第三分册),刘潇然译,北京:人民出版社1963年版,第99页。
⑤ 参见顾丽梅:《治理与自治:城市政府比较研究》,上海:三联书店2006年版,第50页。

分为行政城市、防御城市、文化城市、生产城市、交通城市和娱乐城市等。① 这样的划分方式对我国的城市分类也有着宝贵的价值,下面我们主要从政治与经济两个方面来分析中国当代城市的基本类型。

首先,作为政治中心的城市。中国的城市多依赖政治力量的推动,"古代中国城市不是中世纪西欧城市那样独立的经济实体,而首先和主要是国家对乡村地方行使统治权的政治堡垒。乡村作为社会的经济基础,城市作为社会的上层建筑,处于一体性状态……城市不仅不具有任何相对独立的政治地位,反而由于其特殊的政治功能,更直接地隶属国家权力的统治。"②因此,与西方国家不同,中国的城市自产生以来就具有非常强烈的政治属性,国家的政治力量是城市形成乃至发展的重要动力。

直至今天,政治地位仍然是中国城市发展的一大特点,也在事实上影响着城市的发展。中国城市按照政治地位可分四类:直辖市,由国务院直接管辖,行政地位相当于省级,下设区和县;地级市,行政地位相当于地区或自治州一级,可设区,绝大多数领导若干个县;县级市,行政地位相当于县,下辖镇和乡,不设区;建制镇,绝大多数是县辖镇,少数建制镇归区辖或市辖。③ 其中,在实际管理中,还有14个享有副省级待遇的地级市;在中国台湾地区,还有县管辖的市。从立法体系上看,我国地级市中还有国务院批准的"较大的市",这些城市拥有地方立法权,有权在地方治理上拥有更大的自主权;也正是由于这样的逻辑,更多的城市正在争取获得中央政府的政治授权,以逐步获得地方立法权。

其次,作为经济中心的城市。在分类过程中,城市到底存在多少职能则引起观点的分歧。纳尔逊认为,假如一种经济活动在一个城市被集中到一定的数量,以致这种活动支配了这个城市的经济生活,那么这

---

① 参见周一星:《城市地理学》,北京:商务印书馆1995年版,第204页。
② 徐勇:《非均衡的中国政治:城市与乡村比较》,北京:中国广播电视出版社1992年版,第147页。
③ 参见周一星:《城市地理学》,北京:商务印书馆1995年版,第199页。

种经济活动就成为它的主导职能。因此,城市的职能分类就是按不同的主导职能来区分的。①

在20世纪90年代市场经济启动之后,中国城市的经济功能开始显得重要,在东部沿海地区,一些城市开始依托市场的发展而崛起,如浙江省苍南县的龙港镇,现辖17个社区,28个居民区,171个行政村,辖区面积172.05平方公里,总人口达50万。② 同样的案例还有浙江省台州市路桥区,作为农民自费造城实践的典型,它们的形成完全摆脱了政治权力的推动意义。

从城市职能来讨论城市的分类,这样的争论今天仍然有着重要的价值。在城市的发展史上,经济、军事都曾经成为其重要的动力;当工业化催生城市人口的增长以后,对于城市的功能的关注则基于现代城市自治的尊重。在自治市逐步扩张为大城市、特大城市乃至区域性城市之后,城市功能往往显得复杂化了,而对于城市功能的不同认识则直接影响着城市的发展与治理。

第二节 城市问题的表现与趋势

城市形态在自身的发展过程中,也必然遭遇功能性障碍甚至结构性问题,这些往往被称为城市问题或者"城市病"。有学者指出,所谓"城市病是城市生存发展过程中普遍出现的城市各种要素之间关系严重失调的现象,而且是被大多数人公认为消极的、必须尽力去解决的问题。"③事实上,城市病的形成有着不同的原因,也有着不同的解决方案。但是从城市政治学的范畴,城市问题来自城市形态转换中的社会矛盾

---

① 参见周一星:《城市地理学》,北京:商务印书馆1995年版,第208页。
② 参见龙港政务网:http://gov.cnlg.cn,访问日期:2013年11月1日。
③ 邓伟志主编:《当代"城市病"》,北京:中国青年出版社2003年版,第9页。

的凸显,也来自城市转型中的治理权力结构性变迁。

一、城市问题的一般内容:美国视角①

城市有哪些问题往往取决于我们不同的立场与视角。在20世纪30年代,美国新政造成了人口迅速向大都市集中,为了解决城市人口的失业问题,美国国家资源委员会(National Resources Committee)提交了《我们的城市:它们在国家经济中扮演的角色》(1937年)的报告。这个报告认为,美国城市问题主要集中在以下两个方面:

首先,城市发展中的社会混乱。虽然拥有种族、宗教和文化多样性的城市是许多差异极大的个体最优越的避风港,但是在这种异质性中,城市也面临着一些沉重的问题。城市的生活方式在经济上相互依赖却常常在社会上被分割开来——不同的同盟者可能形成彼此分割的团体、阶级或地方。同时,城市年轻人与高等教育机会隔绝,从而引发一系列城市中未成年人犯罪、有组织犯罪以及商业欺诈。

其次,城市发展中的治理混乱。城市社区中存在着严重的收入与财产分配不均,地方却通过提供补贴、免税或者免费场地,不加选择地吸引与当地产业不协调的企业,甚至形成整个工业格局的失衡;同时,由于不合理的土地政策,城市不平衡的发展往往伴随着难以控制的部门细分与投机行为;同样由于不合理的公共交通政策,形成了城市交通方式的混乱竞争。住房、公共卫生在欠发达地区和低收入人群中也成为尤其危险的城市问题。城市存在严重的公共财政问题,而城市的另外一个任务则是调整传统城市权利的范围,在城市治理中,政府单位机构重叠混乱,一些城市仍然面临没有系统规范的民事法律,导致不负责任的政治领导方式,对不公正以及令人置疑的行政方式的放纵。

针对这些城市问题,美国国家资源委员会的结论是:第一,提高城

---

① 本部分参考〔美〕布赖恩·贝利:《比较城市化》,顾朝林等译,北京:商务印书馆2010年版,第33—35页。

市生活的标准,改善生活水平,从取缔贫民区开始消除城市不良现象;第二,进一步了解城市状况,对工业用地进行良好规划;第三,国家和城市要齐心协力解决安全与就业问题,在建立理想城市环境方面,不是依靠大规模的人口分散,而是通过与前瞻性和良好的规划相一致的系统发展与再发展来合理地重塑城市社区和区域。

通过比较分析,我们同样可以发现,美国国家资源委员会在20世纪30年代的报告对于我们今天的城市发展依然有着重要的借鉴意义。总体上看,中国的城市化刚刚起步,但是已经暴露出不少城市问题。由于城市问题是在城市发展中形成的,因此解决城市问题仍然需要立足发展的视角。当然与美国社会遵循的个人主义略有差异的是,中国整体主义的发展方式是建立在国家意志之上的,因此,城市问题的解决有个自上而下的推进过程。

二、城市问题的基本原因

有学者指出,生存压力的扩张、人文精神的失落、犯罪行为的滋生、城市规划的失调导致了城市问题的产生。[1] 这种分析视角覆盖了工具、行为和心理。我们进一步认为,城市问题的研究必须首先厘清哪些是附着于城市之上的,哪些是附着人类社会自身的。也只有这样,才能真正解决城市问题与人类社会发展的问题。

1. 城市问题的历史原因

在思考城市问题的时候,我们往往被一系列复杂现象所困惑。从一般的分类看,城市问题似乎应该包括城市"人口爆炸"、城市交通拥挤、城市环境污染、城市就业艰难、城市贫困加剧、城市住宅拥挤、城市犯罪频发等现象,这些问题都在相当程度上引起了人们对于城市的反思。

由于城市聚居了大量的人口,在公共卫生不能得到解决的情况下,

---

[1] 邓伟志主编:《当代"城市病"》,北京:中国青年出版社2003年版。

流行病的爆发就可能成为城市的灭顶之灾。尤其是在1347—1352年，欧洲爆发"黑死病"，死亡人数高达3000万以上，主要城市如佛罗伦萨、威尼斯、伦敦等死亡人数占到城市人口的一半。当然直到今天，流行病仍然是人类城市生活的重大威胁，2003年肆虐中国的"非典"事件，就给城市的卫生状况提出了严重的警告。

2. 城市问题的技术原因

城市的发展在开始时期难以形成集聚效应，今天的大城市的发展得益于工业革命的成就。事实上，荷兰在16世纪的人口增长，主要集中在乡间和小镇中，直到1575年，阿姆斯特丹等城市的中心区才开始扩张，美国的情形也十分相似。① 纵观工业革命的发展，工业城市在世界各地如雨后春笋般兴起，并吸纳了大量的人口涌入城市，也造成了新的城市问题。

由于城市发展是一个系统变迁的过程，因此城市的问题既有历史问题的现代延伸，如人口的聚居、环境的恶化；也有现代城市的特有问题，如交通压力、住宅供应等。甚至一些技术性错误都可能产生巨大的城市灾难。2003年北美大停电，纽约、底特律、克利夫兰、渥太华、多伦多等重要城市及周边地区近5000万人口受到影响，整个经济损失大概在250亿—300亿美元之间。② 因此，城市本身已经与工业革命的成就紧密相连，在工业革命带来城市繁荣的同时，也可能毁灭城市。在工业革命的推动下，人类聚居带来的空间聚居、空气污染、交通拥挤将会逐次形成；借助于现代化的交通工具，人们开始在城市郊区建造住宅，那么这些城市中的交通、环境问题又开始向郊区蔓延。人们离开城市越住越远，但是城市的交通压力日益强化，郊区也开始承担着城市蔓延的外部性。

---

① 参见〔美〕理查德·伊尔斯、克拉伦斯·沃尔顿编著：《城市和城市问题》，古潜译，香港：今日世界出版社1977年版，第5页。
② 参见高辐：《回顾北美大停电》，http://www.chinapower.com.cn/newsarticle/1050/new1050666.asp，访问日期：2013年11月4日。

3. 城市问题的社会原因

"十九世纪末叶,机器文明把城市给破坏了,但机器文明还能够重新建设城市。而到了二十世纪后半期,机器文明却已不能再自行修复自己所引起的破坏了。"①因为在工业革命发生之后,人类对于机器的迷信掩盖了城市背后的公共生活。

从城市发生的逻辑上看,人们选择城市是为了更加便利的生活,但是,城市贫困也接踵而至。这种贫困首先在特定的阶级与种族之间得到印证,根据1979年的数据,纽约大城市区中央的布鲁克林、哈勒姆、南布朗克斯、埃塞克斯、昆斯东南部等区域中的一些黑人聚居区,虽然只有纽约大城市区域土地面积的1.35%,可是居住的黑人家庭却占纽约大城市区域黑人家庭总数的2/3。②

贫困首先与经济收入有关,在美国,判断一个家庭是否贫困的具体计算方法是这样的:如果一个家庭的全部年收入低于政府为这类家庭所制定的联邦贫困线,那么这个家庭就是贫困家庭,并且所有家庭成员都面对同样的贫困状况。如果一个人没有和其家庭成员生活在一起,那么他的收入要单独对照联邦贫困线标准,从而决定他是否属于贫困者。③ 但是城市生活的贫困不仅仅体现在经济收入的巨大差距上,更为重要的是,在经济差距的背后,是能力的退化和机会的丧失。

三、城市问题的基本变迁

"由于城市的成长,比整体人口增长率高得多,所以在这个世界上较为落后的国家,对许多尚未解决或无法解决的社会及经济问题,城市的成长愈来愈显得重要……大约自1950年始,城市化的步伐才算得上

---

① 〔日〕星野芳郎:《未来文明的原点》,毕晓辉、董守义译,哈尔滨:哈尔滨工业大学出版社1985年版,第15页。
② 参见〔英〕帕西昂主编:《当代城市的困扰和出路——世界十六个大城市的问题与规划》,王松涛、孙以芳等译,重庆:重庆出版社1989年版,第19页。
③ 参见王永红:《美国贫困问题与扶贫机制》,上海:上海人民出版社2011年版,第7页。

是快马加鞭。但这种城市化,主要仍是城市的成长,而非城市的发展。所谓城市的发展,是指一种有机而有目标的变化模式,能形成稳定的经济进展,以及更美好的生活,而不是产生不协调的苦难,或形成新的社会病态。"① 解决城市问题的前提是分析城市问题的内在逻辑,只有对城市问题进行结构性思考,才有可能为城市问题的解决寻求答案。

1. 城市问题的历史原因

在思考城市问题的时候,我们往往被一系列复杂现象所困惑。从一般的分类看,城市问题似乎应该包括城市人口爆炸、城市交通混乱、城市环境污染、城市就业艰难、城市贫困加剧、城市住宅拥挤、城市犯罪频发等现象,这些问题都在相当程度上吸引了人们对于城市的反思。

中国的城市发展仍然处于城市化建设的早期阶段,大量的人口涌入中心城市,但是在一些地区,城市的郊区化趋势已经出现。在广东省社科院院长梁桂全看来,一般城市成长特别是现代城市的成长有六个阶段,第一是基构期,也就是说形成城市的形态。一旦城市形态形成之后,就会具有虹吸效应,将外围人口与活动向城市集中。广州建城2000多年,"基构"期早已完成。第二是集聚期,即向心期,表现为外部的人口和活动向城市集中,城市由小变中、变大。第三是加速期,也称为城市化的绝对向心期。改革开放以来是广州市加速发展的绝对向心期,外来人口与活动高速聚集,城市迅速大型化。第四是双向期,也有人称为相对离心期。这个时期开始有人口往里进,也有人口往外走,开始出现郊区化的趋势。第五是扩散期,也叫绝对离心期,人口快速地向郊区扩散,出现城市郊区化现象,这个过程中往往会出现城市中心衰落。第六是再城市化,体现为城市分布的组团化,城市设施的现代化和系统化。②

---

① 〔美〕理查德·伊尔斯、克拉伦斯·沃尔顿编著:《城市和城市问题》,古潜译,香港:今日世界出版社1977年版,第68页。
② 参见梁桂全:《要非常警惕出现越秀中心城区衰落》,人民网:http://3g.163.com/news/12/0718/10/86MKPE9K00014JB6.html,访问日期:2013年11月14日。

因此，从系统思考的角度看，在不同的城市发展时期，有着不同的城市问题。从城市形成的三个要素来看，人口、住房和街区仅仅是城市形成的物理性因素，而更多的城市问题都是在城市逐步发展中形成的。因此，城市问题不会消失，只是会有所不同而已。

2. 城市问题的共时性变迁

在前文的分析中，我们已经指出，现代城市往往伴随着工业革命的进程，因此城市的问题往往体现为工业革命的负面代价。城市的扩张带来交通压力，而为了缓解交通压力，人们发明了更快、更多的交通工具，这些交通工具很快就为人流淹没；城市继续蔓延，而交通里程越来越远，形成更大的交通困境。

事实上，拥挤的城市带来的不仅仅是流行病的爆发，在城市发展史中，由于规划的缺陷，许多城市也带来诸如交通拥堵的问题。以古代罗马为例，"从公元元年开始，这个大城市的城墙之内大约就有100万人口，而城市面积只有6平方英里多点。"[1]拥挤的城市交通、住房条件恶劣等城市问题表现尤其突出。事实上从公元前100年开始，罗马城的交通拥挤现象就非常严重了，当时的执政者不得不颁布法令，禁止车辆白天在罗马城中心城区通行。[2]

除了公共交通、公共卫生等问题，城市问题还可能包括公共教育、环境污染、城市休闲等方面存在的巨大压力。从城市问题的特殊性来看，在不同的城市，城市的技术性问题也有差异，在一个港口城市，其主要问题是港口建设遭遇的市场竞争，而对于能源城市来说，其主要问题则是能源的枯竭带来的城市转型。当然，城市的功能多为交叉的，单一功能的城市事实上并不存在，因此，对于多数城市来说，城市问题其实是多重问题的交织。

---

[1] 〔美〕R.罗伯特·布鲁格曼：《城市蔓延简史》，吕晓惠等译，北京：中国电力出版社2009年版，第20页。
[2] 参见周伟林等编著：《城市社会问题经济学》，上海：复旦大学出版社2009年版，第3页。

3. 城市问题的可能趋势

事实上,城市的郊区化和分散化可能消解原有的城市问题,但是人类的历史注定要和水泥、管道、电力等相联系,因此,在可以设想的城市规划中,处理好人口聚集与资源紧张的关系仍然是城市发展中的重要命题。在不同的研究领域和研究阶段中,城市问题可能被分类进行对待。进入21世纪,伴随着工业化的进程,城市的交通问题越来越引起世界性的关注,这也在近年成为中国城市建设的主要问题。

其实在社会学看来,在社会发展中,只要存在阶层分化、权力寻租,那么不平等就会普遍存在。而在中国,"加剧的不平等从根本上来说,还表现为一个社会过程,尽管无数的个人在这一过程中经历了社会的重新分化与组合,可以把上升的不平等看做是一个人为的社会过程。在微观或个体层面,行动者指的是拥有不同特征和能力的个人,这些人寻求增加他们本人利益的机会。在宏观的或社会结构的层面,不管个人的偏好和行为如何,由于新形成的社会和经济结构使一部分人达成目标的同时却否定了另一部分人的希望,因此,不平等水平就发生了变化。这一层面上的行动者是各种社会群体或类型。这些社会群体创造和维持了不平等,并且使一些个体无论其个人特征如何,都能比其他人享有更高的收入。"[①]无论城市发展如何,根本上首先是人类共同生活的变迁,由于城市的人口集聚效应,很多社会问题都会在这个共同体中得到发生和发酵,从而成为城市的投射。

从政治经济学的角度,资本也是城市问题形成的重要因素。当资本介入城市运作时,"'城市发展'本身不仅不能消除或减少社会不公,相反它可能给社会带来更为深刻的贫富分化和社会冲突。由空间不公、住房不公以及种种社会排斥而造成的制度性、结构性的贫困,以及由全球化带来的发展国家的农业衰落、人口转移等,使得城市贫困问题

[①] 王丰:《分割与分层:改革时期中国城市的不平等》,马磊译,杭州:浙江人民出版社2013年版,第8页。

无论是在发达国家还是发展中国家都已成为难以解决的社会问题。"①

更加值得关注的是,城市问题往往并不仅仅体现在特定的负面影响上,而是停留在我们未来城市的发展之中。康斯坦丁诺·多西亚蒂斯指出:"我们的城市,如恶劣的环境等,我们谈到很多。我们也开始谈到未来的城市,但却很少触及如何兴建未来城市的问题。这其实才是问题的焦点。因为不管我们如何说目前的城市多坏——事实上的确很坏;不管我们如何梦想,或如何计划未来的城市;但除非我们能面对如何兴建未来的城市问题,否则我们必将一无所得。"②因此,与技术性问题不同,未来的城市可能将面临城市发展的价值拷问,即仍然回到城市为谁而建,城市如何建设的问题。

在直面城市未来的挑战时,有学者认为可以从两个方面来加以观察:一是经济的两难挑战,即如何迅速建立经济能力以配合快速城市化,并通过城市的人口及经济发展促进整个社会尤其是农村社区的现代化;二是社会的两难挑战,即如何创造有效的社会组织以建立起居民的社区归属感。③ 因此不难看出,从城市发展的逻辑上看,未来城市的问题仍然可能是城市建设和城市发展的问题,具体而言,体现为现代城市问题与治理问题的交织。

四、现代城市问题与公共治理的交织

事实上,城市问题既有共性问题,也有个性问题;既有城市自身的问题,也有快速城市化的问题。由于城市的快速发展,城市作为人类新的栖息地,承载着人们对于美好和公共生活的向往。因此,城市的问题本身就与公共治理交织在一起,而公共治理则有可能形成新的城

---

① 陈映芳:《城市中国的逻辑——几点反思与归纳》,载何艳玲主编:《变迁中的中国城市治理》,上海:格致出版社、上海人民出版社2013年版,第6页。
② 转引自〔美〕理查德·伊尔斯、克拉伦斯·沃尔顿编著:《城市和城市问题》,古潜译,香港:今日世界出版社1977年版,第154页。
③ 参见刘创楚、杨庆堃:《中国社会:从不变到巨变》,香港:中文大学出版社2001年版,第128页。

市问题。

1. 城市形成的历时性问题

伴随着工业革命和市民社会的崛起,现代城市开始在世界范围内普遍建立起来,世界城市化的浪潮也催生了。卡尔罗·齐波拉研究发现,人类文明史的发展过程中,有两次重要的非连续现象,都曾促进了城市的形成和发展。第一次是"农业革命",农牧业生产的剩余产品为城市中心的出现奠定了物质基础;第二次是工业革命,它直接促动了城市化进程,把世界人口越来越多地引向城市地区。因此"农业革命使城市诞生于世界,工业革命则使城市主宰了世界。"[①]在城市主宰世界以后,也给公共治理提出了世界性难题。

世界城市的发展大致经过了古代城市、中世纪城市、近代城市和现代城市四个阶段,而城市化作为一个全球性的过程,实际上起始于18世纪与19世纪之交,以18纪末英国城市的发展、兴旺和扩散为标志。从那时起,城市化首先在各主要资本主义国家迅速发展,进而扩展到世界其他地区。[②] 在不同的历史阶段,也呈现不同的城市问题。在古代城市,首要的任务是政治安全,因此如何加固城墙、抵御侵略则成为城市建设的首要问题。在城市政治安全得以保证以后,城市有了政治规则意义:天子都城"方九里,旁三门。国中九经九纬,经涂九轨。左祖右社,面朝后市。"(《周礼·考工记》)

伴随着政治城市向商业城市的过渡,正方形的中国古代城市有了新的功能。西汉的商业空前繁荣,城市都设有专供贸易的"市",长安就有东、西九市。市内商肆按行业进行排列,整齐有序,这时候城市问题则是如何防止商业因素冲击政治因素,因此在唐朝,长安城开始了坊市分离的格局。而在西方国家,商业化是城市发展的重要动力,汤普逊认

[①] 北京市社会科学研究所城市研究室选编:《国外城市科学文选》,贵阳:贵州人民出版社1984年版,第26页。
[②] 参见林广、张鸿雁:《成功与代价——中外城市化比较新论》,南京:东南大学出版社2000年版,第2、6页。

为:"就城市的发展来说,基本的共同原则是:这些城市中心起源于同一个有原动力的和积极的因素,就是贸易。"①

"离开市中心向外去,城市发展得越加变得没有目的和连续性,越加分散而无集中点,只有残存的原先的老镇还有一些早先井然有序的生活痕迹。老的邻里和教堂周围地区,这些城市的细胞,虽然还留有某些村庄的格式,但没有得到发展,已经退化。没有一双肉眼能把这么大的大都市团块一下子尽收眼底。除了整个街道网以外,没有一个单独的集会场所能容纳它的全部市民。没有一个心灵能理解它的市民们的复杂细腻的全部专门化活动,只能领略其中的一部分。"②虽然城市建设、街区、环境等伴随着城市的全部历史,但是随着资本力量的崛起,现代城市的繁荣日益依赖资本推动而不是政治推动。因此,城市问题日益可能体现为经济问题而非政治问题。在我国的一些资源类城市中,资源枯竭成为城市发展的主要障碍;而对于航运类城市来说,国际航运的新一轮分工则可能削弱已有的城市优势,从而使城市面临发展的困境。从世界普遍规律来看,城市越来越成为一个区域,而不是一个特定的中心,这种蔓延的城市在东西方共同吞噬了乡村,因此,城市的问题日益成为一种历史性问题的集聚,而且往往以共时性的样式表现出来。

2. 城市治理的共时性问题

对于城市来说,其功能往往不是单一的,一个地区的城市往往同时成为区域性的经济中心、政治中心和文化中心。在中世纪,"俄罗斯人集中在城镇开始时是出于军事的需要,而这也正好非常符合于商业的需要。"③这些问题往往同时分布于不同的领域,并相互交织,从而更增加了城市问题的复杂性。

---

① 〔美〕汤普逊:《中世纪经济社会史》(下册),耿淡如译,北京:商务印书馆1963年版,第421页。
② 〔美〕刘易斯·芒福德:《城市发展史——起源、演变和前景》,宋俊岭、倪文彦译,北京:中国建筑工业出版社2005年版,第556页。
③ 〔比〕亨利·皮雷纳:《中世纪的城市:经济和社会史评论》,陈国樑译,北京:商务印书馆1985年版,第32页。

城市是一个历史性的形成,但是无论东西方,对于城市的理解决定了城市问题的共时态。"九世纪时在西部欧洲那种基本上以农业为基础的文明中,是否有城市存在?对这个问题的回答以所给予城市一词的含义而定。如果所指的是一个地方,其居民不是以耕种土地为生,而是从事商业和工业,那么回答应该是'否';如果我们把城市理解为一个社会,具有法人的资格,并拥有自己特有的法律和制度,那么回答也是否定的。反之,如果我们认为城市是一个行政中心或者一个堡垒,则我们不难相信加洛林时代几乎与其后的数世纪有着同样多的城市。这就是说存在于当时的城市没有中世纪和近代城市的两个基本属性——市民阶级的居民和城市组织。"①

如果城市仅仅意味着行政中心,那么城市的问题其实体现为治理的问题。这种城市的治理将完全区别于农村。"在城市中,新的生活秩序严格而讲求效率,常过于严苛甚至是虐待式的,将原有的古朴淳厚的民风和从容不迫的节律取而代之。劳动也渐渐同其他活动分离;最后成为在监工监视下无休止受苦累的'工作日',这即所谓'管理革命'的第一步,这种管理革命已在现代法治到其顶峰阶段。斗争、统治、管辖、政府,成了这个时期的一些新主题;村庄的保护主义、勤俭谨慎、墨守成规、消极忍让等也被取代了。"②工业革命摧毁了田园牧歌的农业生活,也给现代治理添加了完全不同于传统治理的基本思路。需要看到的是,城市并不严格遵循着工业化的单一路径与历史轨迹,不同的社会共同体有着鲜明的历史脉络与治理传统,正如穆斯尔堡村令人骄傲的历史记忆:

当爱丁堡还不曾问世,

---

① [比]亨利·皮雷纳:《中世纪的城市:经济和社会史评论》,陈国樑译,北京:商务印书馆1985年版,第35页。
② [美]刘易斯·芒福德:《城市发展史——起源、演变和前景》,宋俊岭、倪文彦译,北京:中国建筑工业出版社2005年版,第29页。

> 穆斯尔堡已是个自治市。
>
> 当爱丁堡从世上消失，
>
> 穆斯尔堡仍旧是个自治市。①

因此，城市的治理必须尊重农村治理的传统，因为后者更加久远。而简单放任城市的扩张，势必形成历史与现代、农村治理与城市治理的对峙。即使是建立在现代工业革命之上的城市治理，其效果也会影响城市发展的边界。在今天，从城市问题的普遍性来看，人口的聚集一定会带来城市拥挤与资源供给的紧张。在快速城市化的进程中，只要城市建立在人口聚集之上，那么这些问题就会逐渐加大。尤其是当城市化进程加快的时候，这种由于人口聚集带来的资源紧张和环境恶化将会持续。但是，从城市发展的特殊性来看，如果城市形态是相对分散的，也就是说，不是按照集约型城市进行规划的城市，可能环境恶化得到好转，但是对于中心城区来说，非常容易形成塌陷。

城市问题的历时性与共时性的交织、农村治理与城市治理的交织既形成了不同城市治理的差异性，又形成了城市问题的共通性。在城市日益成为社会科学研究重要对象的时候，在已经取得重大贡献的城市历史学、城市社会学、城市经济学等学科体系之后，政治学重新介入城市的研究，尤其是中国的城市研究，显得尤为迫切。

第三节　城市政治学的全面介入

"随着城市的出现，必然要有行政机关、警察、赋税等等，一句话，必然要有公共的政治机构，从而也就必然要有一般政治。"②在古典政治学

---

① 〔美〕刘易斯·芒福德：《城市发展史——起源、演变和前景》，宋俊岭、倪文彦译，北京：中国建筑工业出版社2005年版，第29页。
② 《马克思恩格斯选集》第1卷，北京：人民出版社1995年版，第104页。

家看来,城市的形成不仅仅是人类创造的结果,更是人类生活的外部条件,"城邦的长成出于人类'生活'的发展,而其实际的存在却是为了'优良的生活'。早期各级社会团体都是自然地生长起来的,一切城邦既然都是这一生长过程的完成,也该是自然的产物。这又是社会团体发展的终点。"①城市不再仅仅作为类似建筑群的集合,更是人群的聚集和治理的新起点。

一、城市政治研究的基本内容

正如前文所说,城市的产生是人类自我发现的又一个媒介,在以自由为传统精神的城市中,人类开始向其社会属性和政治属性的一面转变。人的发现无法直接导致善治,人和动物的重要区别在于人无疑是和政治联系在一起的,政治学因此进入了城市,并首先把城市作为政治学研究的对象。

1. 城市形成中的市场要素与政治要素

虽然城市是政治学研究的发源地,但是对于城市政治研究来说,今天的城市政治研究有着与雅典政治学完全不同的基本任务。在雅典时期,政治学多重视国家学说,而在今天的城市化进程中,国家建设已经不再成为政治研究的主要对象。同时,前文我们已经论述,东西方城市的发展有着不同的轨迹,但总体上说,城市的发展动力基本来自国家或者市场。因此,城市政治既不能无视城市形成中的市场因素,也无法像城市科学那样无视现代治理结构在城市中的变迁。

城市政治应该包括如下命题:城市政治权力的结构;城市和市郊的种族、民族、阶级和性别关系;空间和空间关系的政治②。这样的分析无疑是正确的。我们进一步认为,在城市研究的政治学视角中,市场与政

---

① 〔古希腊〕亚里士多德:《政治学》,吴寿彭译,北京:商务印书馆1965年版,第7页。
② 参见〔英〕戴维·贾奇、格里·斯托克、〔美〕哈罗德·沃尔曼编:《城市政治学理论》,刘晔译,上海:上海人民出版社2009年版,译者前言。

治是影响城市治理结构与城市发展的要素,与 20 世纪 60 年代弥漫欧美的城市抗议不同,中国的城市仍然处于形成与发展之中,因此强调市场和政治双要素对于中国城市发展尤其有着特殊的重要性。

2. 城市发展中的正义与效率

既然城市的形成包括市场推动与政治推动两个因素,那么城市政治研究就无法回避城市发展中的正义与效率。我们认为,不仅是那些政治推动下的城市,在中国,市场力量与政治力量都会在城市体系中形成效率与正义的制度性竞争。在这种制度性竞争之中,一些城市有可能获得更多的政治资源,而另外一些政治上"失宠"的城市则更多向市场寻求生长的空间。

在市场的推动下,中国尤其是东南沿海的一些地区开始形成了与传统政治推动下的不同的城市。如本书多次提及的龙港镇就是一个典型。龙港,曾是农民自费造城实践的热土,1984 年,该镇因率先推行土地有偿使用、户籍管理制度和发展民营经济等三大制度改革,从而在二元对立的城镇与农村之间形成龙港镇,被誉为"中国第一座农民城"。从五个小渔村到中国第一座农民城,从农民城到产业城,从产业城再到小城市,2010 年,龙港跻身浙江省首批 27 个小城市培育试点镇。龙港镇现辖 17 个社区,28 个居民区,171 个行政村,辖区面积 172.05 平方公里,总人口达 50 万。2011 年,全镇实现生产总值 146.2 亿元,工业总产值 331.3 亿元,财政总收入达 14.8 亿元。① 同样的城市还有很多,所有这些基于市场推动的城市的形成,改变了中国城市史的基本经验。

国家与市场的分野在城市政治中体现为正义与效率的分离。在当代中国,城市化的进程已经不仅仅是城市自身形成的过程,也是地方政府积极推进的结果。在这种依然以政治力量推进的城市化过程中,一些农民失去了土地,住上了高楼;而一些地方农民对于城市化的抵制又反过来说明了城市化进程中政治权力的边界。政治学中的正义原则与

---

① 参见龙港政务网:http://gov.cnlg.cn,访问日期:2013 年 12 月 6 日。

市场经济活动中的效率在城市化进程中形成了新的冲突。

3. 城市再聚合中的国家、市场与社会

在世界范围内,城市政府都属于地方政府,但是由于单一制与复合制的差异性,不同政治制度下的城市治理又有差异,因此,无法用简单比较的方式对城市政治进行分析。

在雅典时期,城市即国家,研究城市就是研究国家;在后来的国家演变中,市场经济体制催生了社会力量的崛起,人口的社会化聚居形成社会权力,并对国家权力形成挑战。在当代中国,城市并不存在西方国家的自治属性,因此也不能实现国家权力的解构。城市政府是地方政府的组成部分,甚至城市政治权力并不存在国家权力的特殊性。前文所涉及的龙港镇类型的城市,只是证明城市权力更多具有市场与社会属性。而国家与市场、国家与社会的关系则面临权力重构的可能。同时,由于城市发展与生俱来的自由主义价值,因此任何城市也不可能仅仅成为中央政府的地方性投射,城市自身的社会力量与市场力量的共同崛起将根据一定条件对国家权力形成挑战,并在权力交换的过程中重新构建国家、市场和社会的关系。

二、城市政治研究的基本方法

"现代意义上的政治科学同传统政治学的区别,主要体现在不同的方法论上。包容于政治哲学之中的传统政治学偏重理论思辨和政治制度的研究,虽然成果浩如烟海,但很难全面解释人类社会进入 20 世纪以来出现的有别于从前的政治现象。原因在于,传统政治学忽视了一个重要的趋势,即 20 世纪之初立足于经验哲学基础上的实证主义。"[①] 这样的判断也同样适用于城市政治学的研究。不同的是,在城市研究中,存在不同的研究方法。在中国,比较重要的研究方法就是城市社会学与城市经济学,这些学科由于较早介入城市研究,为城市的政治研究

---

① 方雷、王元亮主编:《政治科学研究方法概论》,北京:北京大学出版社 2011 年版,第 2 页。

提供了方法基础。我们认为,城市研究的目标都是为了人类的公共生活,而不同的研究视角恰恰形成了方法的交叉,为我们建设更好的城市提供了思路。

1. 城市政治研究的社会学视角

在世界范围内,城市化已经成为一种普遍的趋势,而今天的城市在拆除围墙之后,显示了一种无法遏制的蔓延的冲动。城市学作为一门研究城市问题的独立学科,由日本的社会学家肌村英一在1975年首创。社会学家强调,"社会生活的浓缩是城市化的根源,同时使得社会生活变得复杂和多样化。"①但是当社会学深入城市之后,城市社会学发现如果脱离了政治安排,城市的复杂性及其带来的深刻的社会问题便无法得到制度性的消除。

芝加哥大学社会学教授帕克、伯吉斯等人在《论城市》中明确指出:"城市不是一种个体的聚居,或者诸如街道、建筑、电灯、有轨电车等社会便利的聚集;也不仅仅是大量的诸如法院、医院、学校、警察局等管理机构或者各种各样的功能的结合。城市更是一种心理状态,是各种礼俗和传统构成的整体……城市已同其居民们的各种重要活动密切地联系在一起,城市是自然的产物,尤其是人类属性的产物。"②

在这一被费孝通先生称为社会学芝加哥学派的开篇之作里,社会性城市的需要超越了工具性城市,因此,城市的发展伴随着政治学的变迁。在芝加哥城市形成的时候,很难说芝加哥学派研究的仅仅是社会学问题,这种研究本身为政治学的发展所关注;政治学对于政党的关注逐步转换为对于政府的关注,并继之转换为对于城市政策乃至公共生活的关注。在一定程度上,由于城市化进程的加快,今天的政治学首先是城市的政治学,在世界范围内,城市政治学正在影响着包括农村在内

---

① 〔法〕伊夫·格拉夫梅耶尔:《城市社会学》,徐伟民译,北京:天津人民出版社2005年版,第3页。
② Park & Burgess, The City, Chicago: University of Chicago Press, 1925, p.1.

的区域性甚至国家的政治发展。

在城市中,聚居的人们首先沿着族群的分界线展开,芝加哥学派揭示了城市人口的"马赛克"状态,这种对于人群分离的经验性描述暗示了社会走向断裂或者融合的可能性。城市社会学提供了族群认同的内生机制,但是在城市形成过程中,如何使这一族群认同转向社区认同甚至城市认同,就必须需要政治学的解决方案。

事实上,在政治学看来,任何社会的变迁都会影响政治的变迁,"政治社会学研究政治,是着眼于社会中的政治,故用社会政治以示区别。"①城市蔓延中的诸如环境、交通、住房、教育、卫生等问题与其说是城市形成的,不如说反映了人类的社会性流动对于政治治理制度化不足的巨大压力。政治学的思考基于城市而来,但是当国家形成之后,基于经济发展的城市形成仍然需要政治学的巨大关注,这种关注自芝加哥学派建立起来已经落后,城市政治学的沉思必须从宏观上对国家的思考落实到具体对人群的关注。

2. 城市政治研究的制度经济学视角

在制度经济学看来,研究的假设建立在以下基本概念之上:方法论上的个人主义、最大化、个人理性、机会主义行为、经济社会、制度和组织。②

在比较政治的研究中,城市既有政治属性,也有市场属性。在西方国家的城市政治中,城市作为法人的地位无法忽略;而在中国的城市政治中,城市作为地方政治单位的地位也无法忽略。在传统的城市政治研究中,城市的市场属性往往并没有得到政治学充分的重视,城市发展等同于城市经济发展。其实这样的视角在政治学看来并不全面,政治学的核心命题无非是公共生活的发展,而在当代中国,城市形成中的权

---

① 黄百炼等:《政治稳定与发展的社会分析——政治社会学导论》,武汉:武汉出版社1993年版,第26页。
② 参见〔美〕埃里克·弗鲁博顿、〔德〕鲁道夫·芮切特:《新制度经济学:一个交易费用分析范式》,姜建强、罗长远译,上海:上海人民出版社2006年版,第2—9页。

力重塑、利益表达与回应,都有一个逐渐形成的过程。而围绕这个核心价值,在相对稳定的时期对城市进行解剖,就一定会运用到制度经济学中的利益、制度与组织的逻辑关系,而且这样的研究在城市社区管理、城市公共建设等方面已经取得进展。

在未来的城市发展尤其是中国的城市发展中,城市与资本的关系、城市与政治的关系、城市与公民的关系都面临变数。由于人口聚居的峰值与公共服务的极限,中国的城市仍然将可能实行不同的区别性政策。不同政治层级的城市在人口的区域流动与市场的要素供给等方面也将面临不确定性,而制度经济学在分析社会和市场流动方面仍然具有强大的解释力。

3. 城市政治研究的比较主义方法

毫无疑问,城市的形成是个历史性过程。在城市的形成过程中,其实也同时形成了城市的经济结构和社会结构,当然也形成了城市的政治结构。在制度比较中,从东西方看,城市发展的历史轨迹并不严格一致,但是在市场与资本的运作下,城市发展的历史方向有可能趋向接近,二战以来行为主义、社会分层理论、城市暴力理论等的具体运用,都说明城市问题有可能成为东西方国家面对的共同命题。

当然"不管是从地方联盟商业精英的权力视角来看,还是从城市机制中社会分层(例如阶级)的权力分配来看,抑或是从新自由主义地方化授权中的全球资本主义来看。在这当中,重要的不是多样化的结构,而是结构之间的相互影响,这些影响会从政治结构中释放权力乃至不同结构之间的相互作用之中。"①

三、城市政治研究的基本阶段

雅典政治学赋予城邦自由人以公民的身份,城市成为这种身份确

---

① 〔英〕乔纳森·S.戴维斯、〔美〕戴维·L.英布罗肖主编:《城市政治学理论前沿》(第二版),何艳玲译,上海:格致出版社、上海人民出版社2013年版,第88页。

认的基本框架,冰冷的城市从此有了人文气息。正如芒福德所说,我们在综合城市各种活动时,必须区别两个方面的城市活动:一是一般的人类功能,它是普遍存在的,只是有时候被城市的构造所强化和丰富了;二是城市的特有功能,它只存在于城市之中,是城市的历史渊源及其独特的复合结构的产物①,而城市政治的研究同时介入了城市不同的发展阶段。

1. 早期城市化阶段的政治思考

在芒福德的记载里,城市有一个逐渐形成的过程,虽然在公元前2000年开始就有了商业,但是政治功能一直是城市一个重要的属性,"在城市的集中聚合的过程中,国王占据中心位置,他是城市磁极的磁极,把一切新兴力量统统吸引到城市文明的心腹地区来,并置诸宫廷和庙宇的控制之下。国王有时兴建一些新城,有时则将亘古以来只是一群建筑物的乡村小镇改建为城市,并向这些地方派出行政官去代他管辖;不论在新建的城市或改建的城市中,国王的统治使这些地区的城市,从形成到内容,都发生了决定性的变化。"②

政治权力的介入使早期城市的发展命题主要围绕政治问题,附着在城市政治目的之上的军事功能、宗教功能远甚于城市后来兴起的经济、文化与社会功能。在这一时期,城市与民众的命运紧密联系,从而支持了城邦这一特殊国家形式的出现。在雅典时期,与美索不达米亚地区和埃及王国不同,希腊人不再追求那些"铜器时代的宗教和铁器时代的技术所培养起来的绝对权力;他们的城市更接近人类标准……随着城市的发展,村庄的民主习惯往往被带入专业化的活动中,人类只能和社会职责处于经常性的循环交替状态,每个市民都能充分参与到公共生活的每个方面。"③因此,我们不难看出,在早期的城市化过程中,国

---

① 〔美〕刘易斯·芒福德:《城市发展史——起源、演变和前景》,宋俊岭、倪文彦译,北京:中国建筑工业出版社2005年版,第102页。
② 同上书,第38页。
③ 同上书,第131页。

家与公民在城市的形成中逐步实现了利益与权力的统一。

2. 中期城市化阶段的政治思考

在单一民主国家雅典之后,从3世纪开始,古老的罗马帝国也开始走向衰落,"当帝国逐渐衰老的时候,帝国的海的特性更加突出起来,看到这一点是很有意思的。帝国的以前的内陆首都罗马在四世纪时放弃了,代之以一个既是首都又是一个良港的城市——君士坦丁堡。"①事实上,罗马本身就是城市的集合,在罗马帝国崩溃前,共有5627个城市。②但是与雅典不同的是,罗马后期的很多城市已经不再拥有城墙,城市开始拥有一般意义上的开放特征。当然,在这一时期,教会的力量在城市的形成中起着重要的作用,但是在城市管理中,大量的医院、检疫等公共部门出现,使城市具有相对独立的系统。

漫长的中世纪也是城市逐步发展的历史,欧洲的商业繁荣促使现代城市逐步形成,如巴黎、马赛等,从而形成以地中海为中心的贸易区。而中世纪结束之后,公民的身份与城市生活实现了松绑。在现代政治学家看来,人类的生活虽然已经不再仅仅与城市捆绑,但是作为人类主要的生活场所,城市的发展必须与人类的发展结合起来,城市的发展不仅仅是体量的增加,还应为人类的发展创造更加良好的环境。在这一点上,雅典政治学家对于城邦的命题仍然没有过时。

3. 现代城市化阶段的政治思考

虽然中世纪并没有遏制城市的发展,但是在中世纪之后,城市进入了新的时期。商业与教会的联系是中世纪城市的基础,而中世纪之后的城市则形成于商业和工业的联系,从此便有了城市形成的新阶段。通常认为,城市化进程有三个阶段,以城市化水平30%到70%为标准,分为初期、中期和后期。③ 这种城市化分类把关注点放到了城市人口及

---

① 〔比〕亨利·皮雷纳:《中世纪的城市》,陈国樑译,北京:商务印书馆1985年版,第1页。
② 参见〔美〕刘易斯·芒福德:《城市发展史——起源、演变和前景》,宋俊岭、倪文彦译,北京:中国建筑工业出版社2005年版,第219页。
③ 参见谢文蕙、邓卫编著:《城市经济学》,北京:清华大学出版社1996年版,第48页。

其产业结构之上,从而摒弃了以往城市分类的物理性特点,在城市研究的标准上有着积极的意义。

第四节　现代城市政治研究中的空间转换

我们在研究城市政治的时候,首先无法回避的便是空间的概念。如今,空间概念有被滥用的趋势,不同学科在使用这个概念的时候,往往不加分析。事实上,这一概念既伴随着哲学思维的原初解读,也有着社会学与政治学的话语转换,而在我们分析城市政治时,又同时受到城市科学的深刻影响。

一、空间经验与空间概念

哲学家区别了空间经验与空间概念(spatial concepts),"空间经验是复杂多样的,但是直接提示出空间经验不外乎如下三种:第一,说任何事物存在,一定意味着它在什么地方,不在什么地方的物体是不存在的,这就是所谓位置、地方、处所经验;第二,人们都知道有'空'这种状态……这就是所谓的虚空经验;第三,人们都知道,任何物体都有大小和形状之别,有长、宽、高的不同,这就是所谓的广延经验。"[①]

1. 空间概念的转换背景

空间概念从古希腊开始,便成为哲学家们探索和研究的对象。哲学家德谟克利特提出了具有独立意义的空间概念,即"虚空"。他认为万物的始基是原子与虚空,原子是不可再分的最小的物质微粒,虚空是原子运动的场所,原子是"存在",而虚空是"非存在",但"非存在"并不等于"不存在"。他还认为由于原子和虚空都是无限的,因而空间也不是"创造"出来的。亚里士多德则反对这种虚空说,认为不存在无物质

---

① 吴国盛:《希腊人的空间概念》,载《哲学研究》1992 年第 11 期。

的虚空的空间,只有充满着物质的充实的空间。空间不是个别物体的广延性,而是某物体与包含着它的另一些物体之间的关系。①

关于空间哲学史上一直存在的实体论、属性论与关系论的争论,康德强调:"空间所表象的决不是某些自在之物的属性,或者在它们相互关系中的属性,也就是说,决不会是依附于对象本身的那些属性的规定性,似乎即使我们把直观的一切主观条件都抽调它们还会留下来一样。"②借助康德的论述,我们因此把空间这一概念与人的立场联系了起来,因为"'一切事物都相互并存于空间里'这个命题,只有在这个限制之下,即如果这些事物被看作我们感性直观的对象,才会有效。"③

2. 空间概念的背景交错

吴国盛先生的研究显示,在希腊思想史里,并不存在与严格的"空间"一词相对应的词语。同样,近代哲学史中的空间概念也不完全等同于我们今天政治学、城市科学中的空间概念。今天对于空间的认识也一定有着特定的知识背景。"现代人生活在机器(Machine)的世界中,力学世界观(Mechanical view of world,一译机械世界观)已经潜移默化在人们的头脑中。从中学开始,每个学生都学牛顿力学。可以这样说,现代人的空间概念自觉不自觉都受牛顿空间观的影响。"④

事实上,今天的研究在一个恒定的空间范围内进行,由于政治学与哲学在希腊思想史中的特殊关系,因此作为基本解释方法的空间哲学为政治学的研究提供了方法论:"希腊的政治学,在本质上以空间对抗时间。时间意味着衰败,意味着对起源的侵蚀。政治哲学家依赖其言说活动,乃是强使空间(本原)切入时间之流,并使秩序展开。"⑤而几何学与牛顿物理学提供的知识背景逐步为科学的发展所打破,一个广延

---

① 参见詹和平编著:《空间》,南京:东南大学出版社2006年版,第6页。
② 〔德〕康德:《纯粹理性批判》,邓晓芒译,北京:人民出版社2004年版,第31页。
③ 同上书,第32页。
④ 吴国盛:《希腊人的空间概念》,载《哲学研究》1992年第11期。
⑤ 洪涛:《逻各斯与空间:古代希腊政治哲学研究》,北京:上海人民出版社1998年版,导言。

的外部空间又深刻地影响着我们对于特定区域治理的认识,因为"我们身处同时性的时代中,处在一个并置的年代,这是远近的年代、比肩的年代、星罗散布的年代。我确信,我们处在这么一刻,其中由时间发展出来的世界经验,远少于联系着不同点与点的混乱网络所形成的世界经验。"①

3. 空间概念的综合运用

科学的进步是人类认识世界与自身的重要基础,科学使"人类在宇宙间的地位的想法发生了深刻的变化……'目的'从亚里士多德以来一直构成科学概念的一个内在部分,现在从科学方法中被驱逐出去。任何人都可以仍相信上天为宣示神的荣耀而存在,但是什么人也不能让这信念干预天文计算,宇宙也许具有目的,但是'目的'不能在科学解释中再占有地位了。"②

一个概念一旦产生,就可能在各个领域产生影响。在不同领域的使用中,几何学与地理学意义上使用的空间虽然往往成为抽象思维的前提,但是这种康德所批判的不同层次、不同关系的空间概念直到今天仍然被交错使用。这种影响既体现在结构主义方法之中,也可能同时面临后现代的解构主义。在吉登斯那里,脱域概念的使用不仅意味着原先地理空间的穿越,还意味着社会关系甚至时间的穿越。

因此,逐渐泛化的空间概念的使用其实仍然遵循着雅典哲学以来的空间概念,即使这种概念并不在词语上严格对应,但是总体现为空间概念的实体论、属性论与关系论等三个方面的内容。这样的判断也适用于我们即将开展的讨论,即在城市政治中,空间概念事实上是以上三者的结合。

---

① 〔法〕福柯:《不同空间的正文与上下文》,载包亚明:《后现代性与地理学的政治》,上海:上海教育出版社 2001 年版,第 18 页。
② 〔英〕罗素:《西方哲学史》(下卷),马元德译,北京:商务印书馆 1976 年版,第 57—58 页。

二、城市形成中的空间距离

城市是什么？城市的要素是什么？不同的学科乃至相同的学科并不能得出相似的答案。在政治学看来，城市首先是个三维空间形成的过程，在这一空间之中，由于人口聚集带来公共生活，城市开始有了权力差距与利益诉求，城市的地理空间开始逐步演变为社会空间和政治空间。

1. 城市形成中的三维空间

从城市发展史来看，首要的困难就是把城市从农村中分离出来。当彼得·克拉克对600年前的英国城市进行考察时也陷入过类似的困惑："中小规模的城市共同体组成了近代早期英国城市的主要部分。我们知道，它们包括的范围很广泛：底层是无处不有的集镇，其人口有时低至600人；顶端是大约100个郡级中心，它们几乎都是特许的自治城市，最大的在1500年有5000左右的人口。这两类城市彼此并不是决然分离的，其间还有各种各样的城市混合体。"[①] 其实，城市的形成过程就是一个和乡村难以割裂的过程，有时候我们难以把城市截然地分离出来。从雅典时期的城市到今天逆城市化过程中的散居状态，城市以空间延伸的形态加以分布。

日本城市地理学家山鹿诚次认为，所谓城市就是一个巨大的人口集团密集的地域，它以第二、三产业为主并与之相依存，同时作为周边的地方中心，进行着高级的社会经济文化活动，是具有复杂的利益目标的各种各样的组织的地方。[②] 这样的判断其实混合了地理、人口、经济等多重因素，这种现代城市的概念事实上难以解释政治学视野中的城市形成史。在世界范围内，城市早期的形成并不完全吻合山鹿诚次的

---

① 〔英〕彼得·克拉克、保罗·斯莱克：《过渡期的英国城市（1500—1700年）》，薛国中译，武汉：武汉大学出版社1992年版，第17页。
② 参见〔日〕山鹿诚次：《城市地理学》，朱德泽译，武汉：湖北教育出版社1986年版，第4页。

判断,中国历史上的城镇首先具备的恰恰不是经济功能,而是军事功能。因此,从今天的城市地理学角度来判断城市产生的基本逻辑存在不足。

无疑,城市的形成首先是地理平面的再塑造,古代埃及首都孟菲斯为第三王朝时期的约瑟王所建。他的谋士和当时的建筑师霍特普使尼罗河的河道向东及上游方位改道,获得了孟菲斯城的 6.5×13.2 公里的建筑用地。① 到了古罗马时代,已有了正式的城市布局规划,它具有四个要素:选址、分区规划布局、街道与建筑的方位和神学思想。② 就是在这样的四要素之下,城市才首先形成一个三维空间,并拥有聚集人口、军事防御、共同生活的基本功能。同样的逻辑,在这样的三维空间中,人们也逐渐赋予城市越来越多的功能。在中国,军事目的的城镇、市镇到城市的转变路径十分清晰。由于农业社会的特点,我国的城市在早期并不鼓励商业活动,直到唐朝,我国的城市还多实行封闭性的里坊制;到了宋朝,汴梁、临安才开始转变为开放型城市,沿街设市,沿巷建房。③ 但是作为基本居住单位,里坊制长期存在于中国的城市之中,如明朝的北京城分成 36 坊,内城 28 坊,外城 8 坊,分属东、西、南(外城)、北、中五城管辖。④ 因此,城市的发展首先是一个人口聚集与建筑融合的过程。在这样的过程中,地理学意义上的城市由冰冷的建筑群逐步完成了城市空间的塑造。

2. 城市空间的属性

地理学角度的空间研究强调空间的五种属性:第一是空间的构成要素,空间由各种自然要素和人文要素构成,任何一种空间要素的空间分布即构成一种空间结构;第二是空间尺度,包括空间距离尺度和时间距离尺度;第三是空间主体,强调空间中的人,以人为本,为人服务;第

---

① 参见张承安编著:《城市发展史》,武汉:武汉大学出版社 1985 年版,第 4 页。
② 参见王建国:《城市设计》,南京:东南大学出版社 2011 年版,第 9 页。
③ 参见赵海涛等主编:《中外建筑史》,上海:同济大学出版社 2010 年版,第 32 页。
④ 参见朱祖希编著:《北京城——营国之最》,北京:中国城市出版社 1997 年版,第 108 页。

四是空间过程,即各种空间现象的形成与发展;第五是空间类型或空间结构。①

其实从大的方面来看,由于城市是地理空间与人类公共生活的结合体,因此城市空间同时拥有了地理属性与社会属性。如果我们仅仅从地理属性来理解空间形态的话,就可能得出城市空间形态主要由城市纹理、建筑模式、建筑高度、天际线、建筑和街道高宽比、城市轴线、界面、节点和容积率等一系列建筑数据组成的结论②,而人,则可能沦为城市的附庸。古希腊哲学家普罗泰戈拉指出,人是万物的尺度。同样,在城市中,人也是城市空间形成合理性与正当性与否的尺度,离开人类的公共生活,城市空间如何构成并无意义。

此外,在基于人类公共生活的基础上,城市空间的设计应当遵循人类生活的平等、自由的原则。在城市纹理、建筑高度等地理属性的背后,必须确认城市不同地理位置、不同地理高度的居民的生活平等。人们生活在城市之中,更生活在自身的特定空间之中,"在建造 21 世纪住宅的过程中,我们并没有太多考虑单个的住宅,尽管这也很重要。相比而言更为重要的是住宅的位置、规划设计及其与不同功能、交通系统和开放空间之间的关系。总而言之,我们所谈论的是对城市城镇的塑造。住宅是英国对城市土地的主要使用方式,因此没有任何关于未来城市地区的讨论能够忽略住宅问题。反过来也同样如此,没有任何关于住宅的讨论能够忽视它对城市地区整体繁荣的影响。"③

3. 城市空间的权力距离

城市地理空间形成的背后是否意味着政治权力的距离,这无疑是研究城市政治必须面对的话题。从政治权力的来源看,神权、君权到民权的演变过程也在城市发展的不同阶段中各有体现。

---

① 参见柴彦威:《城市空间》,北京:科学出版社 2000 年版,第 9—10 页。
② 参见宛素春等编著:《城市空间形态解析》,北京:科学出版社 2004 年版,第 12—50 页。
③ 〔英〕大卫·路德林、尼古拉斯·福克:《营造 21 世纪的家园:可持续的城市邻里社区》,王健、单燕华译,北京:中国建筑工业出版社 2005 年版,导言第 4 页。

亚瑟·埃文斯(Arthur Evans)记载道,早期克里特岛的克罗素斯拥有一座由三个元素构成的建筑:(1)一个位于中心的迷宫,那是主教的宫殿,用于他的家臣居住和举行各种不同的仪式,还可以接待宾客,有一个规矩严格的仓库。(2)在宫殿的周围有一系列的独立的"公民"住所。在领导者的管理下,用狭窄的类似于排水沟的小路彼此分开。宫殿和"公民"住所互相延绵,构成了一个拥挤不堪的城镇。(3)离城市的宗教——政治中心更远的地方是一些地位低下的市民居住的宽带区,用粗石建造,表面上彼此倾斜,二、三层高的群体建筑物被狭窄小路隔出了一个街区。① 雅典及其卫城的建筑结构也可以这样来描述。

随着城市化的启动,城市空间中的政治距离依然显现,罗伯特·菲什曼(Robert Fishman)则在《中产阶级的乌托邦》一书中解释了地理中心是如何成为权力中心的,他认为未工业化城市的动态就说明了城镇的中心就是那些将会成为城镇中心的地方。越富有、越是拥有地位和权力的人,其所寻求的生活和工作地点距离城镇中心就越近。诸如商人、贵族、教会人员以及官员之类的城镇精英们为了城镇中心的最好位置而争夺不休。②

在中国,城市乃至建筑的政治象征是不言而喻的,周礼中规定的城市面积、城墙的高度都明确揭示了中国城市的政治等级。即使在城市内部,这种政治权威的实体象征也十分明确。但是,晚清的城市也使我们看到了皇朝政府权力超越了象征意义的实质。正如建筑历史学家梁思成讽刺的那样,晚清的规划者最关心的是王朝政府的中心位置,对沟通和整合的问题则缺乏考虑。由于晚清的城市规划功能分区清晰,所以其存在的理由与19世纪欧洲兴起的"城市规划"的准则没有什么相

---

① 参见〔美〕詹姆斯·E.万斯:《延伸的城市:西方文明中的城市形态学》,凌霓、潘荣译,北京:中国建筑工业出版社2007年版,第42页。
② 参见〔英〕大卫·路德林、尼古拉斯·福克:《营造21世纪的家园:可持续的城市邻里社区》,王健、单燕华译,北京:中国建筑工业出版社2005年版,第15页。

似之处。①

4. 空间距离的当代表现

"城市从其形成开始便表现出一种两重性特点……它提供了最广泛的自由和多样性,而同时又强制推行一种彻底的强迫和统治制度。按照阶级分析论的视角,阶级社会的城市充满着阶级对立。"②

在不同的历史阶段,如果我们对于阶级定义不作严格限制的话,这种基于差异而产生的阶级分野确实存在。1967年,英国学者J.雷克斯(Rex,J.)和R.穆尔(Moore,R.)提出了"住房阶级"理论,认为人口根据住房占有权情况可以区分为六个阶级:完全拥有整个住房;拥有整个分期付款住房;租用地方公共住房;租用整个私人住房;拥有通过短期贷款购买的住房但被迫出租房间以偿还债务;租用住宅中的房间等。③

基于住房的阶级划分首先从一个层次暗示了城市的人群隔绝:人们生活在共同的空间之中,却又彼此隔膜,当这种阶级差距被过分拉大时,政治治理的合法性危机就将到来。因此,城市阶级形成之后,就需要国家乃至城市政府对于资源的权威性分配,因为在政治学看来,这种资源的权威性分配可以消弭族群乃至阶级的巨大差异;此外,基于住房的阶级分离还意味着正义实现的差异性。事实上,这种差异普遍存在于东西方,在西方的城市中,居住都市的人群可能无力购买更为优质的公共服务,而更可能承担因城市蔓延导致的中心城区环境污染、治安恶化等外部性;在东方国家,人们可能因为无力承担中心城区的高房价而被迫迁徙到郊区,郊区则可能成为穷人区的代名词。

地理差距形成了社会差距,城市的问题于是成为政治学面对的社

---

① 参见钱曾瑗:《重绘广州》,任云兰译,载刘海岩主编:《城市史研究》(第二十二辑),天津:天津社会科学院出版社2004年版,第180页。
② 〔美〕刘易斯·芒德福:《城市发展史——起源、演变和前景》,宋俊岭、倪文彦译,北京:中国建筑工业出版社1989年版,第36页。
③ See Rex, J. & R. Moore. 1967. Race, *Community and Conflict: A Study of Sparkbrook*, London: Oxford University Press. 转引自高鉴国:《新马克思主义城市理论》,北京:商务印书馆2006年版,第194页。

会问题。从学科交织的角度,一些政治学的分析工具已经切入了城市问题的研究,甚至开始努力形成独立的知识体系,如城市规划政治学就属于其中的一种。城市规划政治学认为,正是价值构成了城市规划政治的逻辑起点;而从城市规划政治学的知识体系看,人的尊严、权利和义务共同成为该学科的知识基础。①

本章小结

"城市(city)是个有边界的空间,其居住密度极高,人口相对众多且具有文化方面的异质性。根据对城市定义非常宽松的美国人口普查的说法,任何人口在2500人及以上的、合并为一个自治市的地方都可以说是一座城市。"②这一定义已经可以看出,城市不仅仅是一个人口集合体的定义,其本身就含有政治学的基本判断。

从国家主义的城邦到地方主义的城市,城市已经成为人类主要的生活场所,借助资本的力量,严密规划的城市空间逐渐被打破,伴随着城市的开放与区域经济社会差距的缩小,这种打破不仅体现在地理空间上的蔓延,也体现在社会关系的重建。由于集约型城市的基本特点,中国城市空间仍然将在一定时间内既延续着传统的空间布局,又同时走向高度分散的空间重建。而在区域发展严重失衡的中国,城市尤其是发达地区的城市仍将在一段时期内维系着严密的制度控制,从而排斥大量的人口导入;随着公共服务的无差别供给和区域经济水平差距的缩小,严密的空间分离将逐渐淡化。

在城市发展的不同阶段,政治学的导入立足于对不同问题的解决。从学科的角度,城市与政治的结合也分别产生了城市政治、城市政府与城市政策等三个层次的知识体系。在三个不同的层次上,政治学立足

---

① 参见杨帆:《城市规划政治学》,南京:东南大学出版社2008年版,第47—49页。
② 〔美〕马克·戈特迪纳、〔英〕莱斯利·巴德:《城市研究核心概念》,邵文实译,南京:江苏教育出版社2013年版,第6页。

于人类公共生活的自由属性,从理论上分析并着手消除束缚人类发展的制度障碍:以美国为例,在城市发展早期,即19世纪60年代之后,政治制度的不完善使美国政治迅速步入"老板"政治时期,城市也由城市"老板"所控制,而在这些"老板"背后,是肮脏的政党及其派别斗争,这些"老板"把持政党,继而控制城市政治;19世纪80年代,只是在城市普遍建立制度化、法制化政府以后,政治"老板"的地位才开始下降,企业型政府在许多城市开始建立起来——"市经理""强市长"分别在美国的一些城市建立起现代政府的治理方式,城市治理开始转向公共政策时代。

"城市政治学是由几位主要的政治科学家开创的,他们是美国的达尔(Dahl)、波尔斯比(Polsby)和洛伊(Lowi),以及英国的邓利维和牛顿(Newton)。"[1]当然,相比其他学科,城市政治学在西方仍然极为小众,这种低下的学科地位在中国也得到了印证。我们认为,虽然国内关于城市的研究已经取得诸多成果,但是城市政治研究尚处于起步阶段,这和中国的城市及政治学的发展阶段是极不相配的。因此,在借鉴西方城市理论的同时,我们还要关注中国快速城市化背后的空间平衡、权力配置与正义供给,而这些可能是中国城市政治学研究的核心概念。

---

[1] 〔英〕乔纳森·S.戴维斯、〔美〕戴维·L.英布罗肖主编:《城市政治学理论前沿》(第二版),何艳玲译,上海:格致出版社、上海人民出版社2013年版,第27页。

第二章
城市权力:冲突与批判

"权力是政治科学尤为关注的一种服从价值,可以从范围、领域、权重以及强制性等方面对其进行描述。权力的形式可以根据赖以为基础的价值进行划分,也可以对以权力为基础的影响力进行分类。"[①]城市的发展是多元权力的共同结果,城市也必然是各种社会权力交换和冲突的场所。

第一节 城市权力的基本逻辑

在《谁统治》中,达尔提出了以选举为中心的多元主义城市政治理论,在城市政治学中启动了权力争论。汉克·V.萨维奇和保罗·康特发现,这种权力的争论其实包括两方面的内容,即城市发展是由于市场的竞争还是由于城市内部政治力量的相互作用。[②]因此,达尔以来的城市权力的争论无非沿着两个路径展开:是基于政治的逻辑还是基于经济的逻辑?进而我们关心的是,随着国家与市场之外的力量的产生,城

---

① 〔英〕戴维·贾奇、格里·斯托克、〔美〕哈罗德·沃尔曼编:《城市政治学理论》,刘晔译,上海:上海人民出版社2009年版,第82页。
② 参见〔美〕汉克·V.萨维奇、保罗·康特:《国际市场中的城市:北美和西欧城市发展中的政治经济学》,叶林译,上海:格致出版社、上海人民出版社2013年版,第32—33页。

市的权力分布是否还有第三条路径?

一、城市权力的纵向下移

城市产生于人类生活形态的改变,当聚居的人类生活被赋予国家概念,城市便失去了其原初的自然形态与社会特征,成为政治国家的一种组织形态,权力就在这种政治组织形态的形成过程中逐渐凝聚而成。

1. 国家主义的城邦权力

当我们开始用国家的概念论证城市形态时,毫无疑问,希腊的诸多城邦共和国首先进入我们的分析视野,这种认知到今天仍然影响着我们对于城市的判断:"城市往往被当成民族国家来看待。也就是说,我们关于国家政治的认知被应用于国内城市的政治;同时,从城市政治中所了解的一切也可用于国家政治。"①

在城邦中,"城邦人口被分为具有不同政治地位和法律地位的三个主要阶级。处于社会底层的是奴隶,而奴隶制乃是古代世界中一种普遍的制度。在雅典的全体居民当中,也许有三分之一是奴隶。因此,作为一种制度,奴隶制乃是城邦经济所特有的一种制度,一如工资制度是现代经济所持有的制度一般。"②同时,由于在雅典时代,城市的治理等同于国家的治理,在城市中的人群被划分为不同的社会阶级后,也形成不同的权力结构与政治制度,即王政时代、贵族政治时代、僭主政治时代和民主政治时代。③

不同的时代昭示了权力的归属。从四个发展阶段不难看出,在城邦中,政治权力逐渐下移,并从君主逐渐过渡到公众。这种权力的国家属性对后来的国家治理有很大的启发,但是对后来的城市政治权力结

---

① 〔美〕保罗·E.彼得森:《城市极限》,罗思东译,上海:格致出版社、上海人民出版社2012年版,第2页。
② 〔美〕乔治·萨拜因:《政治学说史》(第四版)(上卷),邓正来译,上海:上海人民出版社2008年版,第31页。
③ 参见丛日云:《西方政治文化传统》,长春:吉林出版集团有限责任公司2007年版,第37—38页。

构的形成并不具有普遍意义。

2. 城市自治权力的形成

从公元 6 世纪开始的 500 年里,欧洲的城市开始复苏。从 11 世纪到 12 世纪,城市普遍获得了自治权。所谓自治城市,包括两个方面的内容:首先,城市必须从封建领主手中取得相对独立的合法自治地位;其次,城市自治社会内部是平等的。城市自治社会的建立,标志着市民阶级成为具有高度特殊性的合法阶级,具有特殊的法律地位。[①]

城市自治地位的获得,解释了公共权力来源的社会路径。如果说雅典的平等主义来自渡海文明,那么中世纪的城市自治权再次论证了这种平等主义对于社会权力产生的制度性价值:"在中世纪的城镇中,这些精神权力和世俗权力,连同体现这些权力的各种职业团体,武士、商人、僧侣、牧师、弹唱诗人、学者、工匠、行商等等,已经形成某种程度的社会均衡。这种均衡虽然很微妙而且不稳定,但人们注意经常维护它并且收到实际效果,因为在这个社会结构中每一种成份都得到应有的重视和体现。一直到中古时代的结束,任何一个阶层都不曾强大到足以永久统治其他阶层的程度"[②]。城市就这样依托自治权在后来的历史中成功地对抗了专制主义,也维系了自身的稳定性。

3. 国家权力的城市延伸

即使说早期的国家与城市不可分,那么在雅典之后尤其是中世纪城市的形成过程中,那些把国家治理等同于城市治理的逻辑就难以相通了。在欧洲民族国家形成之后,城市作为国家的组成单位构成了国家治理的单元,并分享了国家治理的宏观权力与地方自治的微观权力。

芒福德认为,现代国家的发展也无疑影响着城市权力的结构:"在现代国家的发育成型的过程中,资本主义、技术,以及战争,这三个要素

---

① 参见袁祖社:《权力与自由:市民社会的人学考察》,北京:中国社会科学出版社 2003 年版,第 15、18 页。
② 〔美〕刘易斯·芒福德:《城市发展史——起源、演变和前景》,宋俊岭、倪文彦译,北京:中国建筑工业出版社 2005 年版,第 270 页。

发挥了决定性的作用：你很难确定哪个因素发挥的作用最重要。三者都因其各自内部的原因运转起来，又同时随同相应一个共同环境一起协同运作，而现代国家也就随同他们一起发育成熟了。"① 具体而言，在14世纪的意大利，这种权力结构在中世纪表现为资本与政治权威的结合；到了18世纪，军队和官僚机构则成为权力集中制度的左膀右臂。② 因此，国家的形态就这样成功地在城市中得以延伸。

中世纪的城市先后从封建主或主教手中获得了独立宪章，意味着城市必须获得批准才能获得行政管理权力。在城市运作过程中，城市政府并不能简单截取权力，从今天的西方城市管理体制看，市长议会制是城市政府体制的典型。在这种体制中，市议会是城市立法机关，根据市宪章行使立法权，市长则为市的行政首脑。行政部门的其他官员，或由选民选举，或由议会推选，或由市长任命。③ 但是城市在整个国家政治权力体系中的地位并不清晰，统一的国家与城市面临关系重构的可能性。

1868年，美国艾奥瓦州最高法院的法官约翰·F.狄龙宣布："自治市法人的权利属于立法机关，它们的权力和权利也全部来自于立法机关，立法机关赋予它们以生命，没有立法机关它们就不能存在，正如它可以创造它们，它也可以废除它们"，这就是著名的狄龙法则。按照狄龙法则，各种地方政府都是州政府的创造物，地方政府只能从事那些由州立法机构明确认可的活动。进入20世纪，越来越多的州在宪法中加入了地方自治法案，从而破解了狄龙法则对于城市自治的束缚，而狄龙法则的破解意味着作为地方政府的城市同时承担着双重职能：一方面，城市承担着国家政治权力下移的控制性任务；另一方面，城市又承担着社会权力制度化上升的责任，城市因此成为新的矛盾的集合体。

---

① 〔美〕刘易斯·芒福德：《城市文化》，宋俊岭、李翔宁、周鸣浩译，北京：中国建筑工业出版社2009年版，第93页。
② 同上书，第93—101页。
③ 参见李普者编著：《当代国外行政制度》，昆明：云南科技出版社2005年版，第75页。

二、城市权力的横向蔓延

从发达国家大城市或都市带形成来看,城市化有可能经历五个阶段:第一阶段人口向中心城区集中引起建成区人口总量和密度上升;第二阶段人口向郊区扩散伴随着中心城区人口密度下降,城市范围开始扩张,城市各功能区雏形显现;第三阶段高收入人群和商务活动重回中心城区,中央商务区形成,城市各功能区边界清晰,形成大中型城市和城市群;第四阶段都市区内部形成多个中心或副中心,城市之间形成紧密的产业分工体系、城市带或网络型城市出现;第五阶段少数城市群演变成超级城市或大都市带。① 城市的权力也在不同的阶段有不同的呈现。

1. 城市建设的权力冲突

从雅典时期以来,城市的历史首先是世俗权力政治扩张的历史,这种权力扩张在中世纪被演化为基督教世界的大规模土地扩张。"创建城市的领主或国王都将城市看作自己的领地,在城市里凭借权力侵吞各种利益,他们在城市里也建立了名副其实的封建附庸。事实上,中世纪城市与乡村、教会、城堡的密切联系很难在之间划出一道清晰的分界线,也使城市不得不受到领主的统治和支配。中世纪城市处处都有领主体制的标记,城市土地无法摆脱领主地产的束缚,土地的使用在税务和法律方面都由领主控制,由领主决定如何将土地分配给新到的市民。"②

现代城市建立在产业调整之上,由于现代工商业尤其是现代工业的逐步发展,对广大农村地区的土地与人力的攫取成为现代资本主义崛起的重要标志。15—16世纪,英国"羊吃人"的圈地运动把大量的剩

---

① 参见吴建伟等:《大规划:商务·商业·服务与居住》,北京:中国建筑工业出版社2011年版,第11页。
② 朱明:《城市的空气不一定自由——重新审视西欧中世纪城市的"自由"》,载《史林》2010年第7期。

余劳动力转移到城市,促进了工业的发展,也促进了城市的繁荣。但是由于这种城市是建立在强权之上的掠夺性结果,因此必然埋下强权之下的工人运动的种子。

2. 城市蔓延的权力冲突

自从城市蔓延理论提出之后,城市发展方式就成为人们争论的话题,"从某种程度上说,试图讨论城市蔓延的最大障碍是定义城市蔓延。从一开始,城市蔓延就是一个益于表明态度的词,而不是益于说明实际情况的词。"① 不过在东西方,城市蔓延并不是一个公共政策的字眼。二战以后,以城市更新的名义,英国政府在1946年开始推行新城运动,即在大城市周边建立一系列卫星城,将改造地区多余的人口及经济活动安置到卫星城,以缓解大城市的人口、交通、环境等压力。从1946年到1970年,英国共建成33座新城。② 在中国,新城建设是各个城市尤其是特大城市近10年的普遍现象,为了解决人口集聚导致的城市拥挤与治理困境,大量人口开始向郊区迁移,在中心城区的周围,卫星城大量建立,并吸纳中心城区析出的人口。

在不同的国家,城市蔓延有着不同的意义。在西方一些国家,人口到达郊区是建立在资本与能力之上的,日益拥挤的城市使越来越多的人逃往郊区。1970年,居住在美国大都市郊区的人口首次超过了任何其他地方的人口。在这场外迁的过程中,白人和富裕家庭主导了外迁行动,而少数族裔、穷人、缺少专业技术训练者、未受教育者和老人则会掉队。③ 在中国,由于更多的公共资源仍然集中在中心城区,因此居民外迁往往是由于旧城改造或逃避中心城区高房价等原因。由于城市政府多建立在中心城区,所以中心城区仍然拥有着凌驾于郊区的政

---

① 〔美〕R.罗伯特·布鲁格曼:《城市蔓延简史》,吕晓惠等译,北京:中国电力出版社2009年版,第15页。
② 参见徐新等编著:《紧凑城市:宜居、多样和可持续的城市发展》,上海:格致出版社2010年版,第8页。
③ 参见〔美〕戴维·R.摩根、罗伯特·E.英格兰、约翰·P.佩里塞罗:《城市管理学:美国视角》,杨宏山、陈建国译,北京:中国人民大学出版社2011年版,第7页。

治权力。

3. 再城市化中的权力冲突

作为对于城市蔓延的批判,1990年,欧洲社区委员会(CEC)在布鲁塞尔发布绿皮书,首次公开提出回归"紧凑城市"的城市状态,其最基本的事实依据就是许多欧洲历史城镇保持了紧凑而高密度的形态,并被普遍认为是居住和工作的理想环境。此后,学者们从不同的角度试图给出"紧凑城市"的定义并勾勒出它与城市可持续发展之间的关系。

作为提倡紧凑城市的重要人物,布雷赫尼(Breheny)1997年对紧凑城市的定义是:促进城市的重新发展,中心区的再次兴旺,保护农地,限制农村地区的大量开发;更高的城市密度;功能混合的用地布局,优先发展公共交通,并在其节点处集中城市开发。① 因此从紧凑城市的理论视角,城市权力有其行使的边界,乡村治理权力的崛起正是确定这种边界的重要因素;但是在中国,由于城市权力对于农村权力的凌越地位,城市化的进程中可能伴随着权力的再集中,从而削弱优质公共资源的区域性分配的正义性。

在城市内部,即使城市开始紧凑起来,在不同的内城区,仍然有着权力的差异。这些权力从表面上看可能影响着轨道交通的走向、公共住房的分配、学校与医院的布局等,而从本质上看,则是不同城区的权力不平等,自20世纪中叶开始的美国选举权是否分区的法律辩论就是其中的典型。在经过数十年的辩论后,伊利诺伊州的斯普林菲尔德市改变原来不分区选举4名高管的制度安排,转而实行市长—议会制,并分区选举产生10名市议员。在达拉斯市,1975年的不分区选举系统也被扭转,实行部分分区选举制度(市长除外),到1990年,实行全部分区选举制(市长除外)。② 不分区的选举制度革除了不同区域、不同种族

---

① 参见王宏伟等编著:《中国城市增长的动力学研究》,北京:中国城市出版社2007年版,第78页。
② 参见〔美〕戴维·R.摩根、罗伯特·E.英格兰、约翰·P.佩里塞罗:《城市管理学:美国视角》,杨宏山、陈建国译,北京:中国人民大学出版社2011年版,第72页。

的歧视可能,实现了区域发展的政治平衡;而分区的选举意味着地方主义属性并不能掩盖其区域性的权力冲突的可能。

三、城市权力的多重交织

从城市的形成看,城市街区、住房与人口构成了城市空间的一般要素,但是在这些要素的背后,是政府、社会与市场,是人口、资本和技术革命。正是这些潜在要素的权力交织,形成了城市的不同形态。

1. 城市资本的权力崛起

城市区别于农村的重要动力之一就是资本的崛起,"即使在巴洛克规划中表现出在政治上中央集权的最高专制行使之前,经济力量已悄悄地移到了重心位置。国家的政策叫做重商主义,它寻求由最高权力当局、对中世纪城镇进行保护和垄断控制,但事实证明,重商主义仅是一种过渡性的推托之词。因为新的力量要求扩张,并向四面八方发展开去,包括开拓海外殖民地到建立新的工业,新工业的技术发展冲掉了一切中世纪的条条框框……代表这些新的力量的制度有一个传统的名字,叫做'资本'。"[①]

城市资本权力往往首先体现为城乡政治不平等。从静止的地理角度看,城市是在农村地区生长起来的,因此,城市权力的形成必然与农村地区的政治权力形成交换关系。芒福德引用了陶特(Tout)的话加以说明:"建立城镇既有政治原因,又有经济理由;其实,城镇诞生的政治理由发生在先,而其经济原因则在后。中世纪新城镇的发端情况其实是很简陋粗略的,当时征服了与其原有领地相邻的某个地区,或者他想加强戍边却敌的防范能力,于是,他就很粗略地建造起一些堡垒要塞,再鼓励他的臣属子民居住进去,以便让他们承担其永久性的防卫任

---

① 〔美〕刘易斯·芒福德:《城市发展史——起源、演变和前景》,宋俊岭、倪文彦译,北京:中国建筑工业出版社2005年版,第427页。

务。"① 只是在后来的条件交换中,这些原本具有军事目的的城市逐步拥有了更多的讨价还价的权利,并向获得更多的政治权力发展。

同时,在城市的蔓延中,中心城区的权力开始向周边扩张,并伴随着农村地区的权力消退。马克思和恩格斯在《德意志意识形态》中明确指出,资本主义条件下的城乡对立"鲜明地反映出个人屈从于分工、屈从于他被迫从事的某种活动,这种屈从现象把一部分人变为受局限的城市动物,把另一部分人变为受局限的乡村动物"②,而资本主义无法消除城乡对立,因为"资本主义社会不仅不能消灭这种对立,反而不得不使它日益尖锐化"③。因此,从马克思主义的基本逻辑上看,城乡对立的背后是权力的不平等,而权力的不平等之后,是资本的巨大作用。正是在资本的作用下,农村不得不依附于城市。当城乡冲突消除之后,这种依附关系必然遭遇挑战。

2. 城市社区的权力提升

"传统城市形态往往通过隐形的社会模式和习俗惯例来反映其价值准则。在许多城市中,使彼此竞争的政治权威能够保持平衡的力量恰是公民自身,他们作为一种媒介,使更多公开的控制行为合法化。"④ 社区权力是城市政治学的重要命题,虽然"美国已经逐渐由不同区域组合而成的政治实体转变成一个真正的'国家的'社会"⑤,但是在城市之中,社区力量仍然是美国政治的基石之一。

对社区权力最早开展研究的是亨特,他通过"声望法"对"谁在经营区域城市"进行了分析。他发现,地方代议制民主制度遮蔽了背后的经

---

① 〔美〕刘易斯·芒福德:《城市文化》,宋俊岭、李翔宁、周鸣浩译,北京:中国建筑工业出版社 2009 年版,第 29 页。
② 《马克思恩格斯全集》第 3 卷,北京:人民出版社 1960 年版,第 57 页。
③ 《马克思恩格斯全集》第 18 卷,北京:人民出版社 1965 年版,第 272 页。
④ 〔英〕埃蒙·坎尼夫:《城市伦理——当代城市设计》,秦红岭、赵文通译,北京:中国建筑工业出版社 2013 年版,第 27 页。
⑤ 〔美〕布赖恩·贝利:《比较城市化——20 世纪的不同道路》,顾朝林等译,北京:商务印书馆 2010 年版,第 55 页。

济利益主导,即如果没有商业精英的允许,城市的治理方式不会改变。达尔则在其著名的辩论中强调,治理权力是分散的,精英规则无法普遍化。亨特和达尔关于精英主义和多元主义的争论在社区权力的研究中首先分化。但是这样的分析方法受到了艾伦·哈丁的批判,他质疑这样的分析方法没有突出城市社区,而仅仅关注权力。① 我们同样看到,把国家社会的关系引入城市政治研究无疑有着积极的价值,但是正如哈丁所评论的,如果仅仅把城市看作国家的缩影可能无助于城市政治的研究,因为这样的分析方法适用于很多单位的分析如农村治理分析,因此首先模糊了城市的边界。

中国城市社区权力从何处来? 到何处去? 朱健刚发现,新中国成立以来社区权力有一个"社区行政建设"的过程,街区内的行政权力有一个虚拟到实体的演变过程,从而形成强国家与强社会并存的阶段。② 2009 年,闵学勤通过对南京 61 个社区居民的随机抽样调查及分析表明:居委会社区权力结构中仍以政府赋予的行政权为主,而在社区居民对其期待颇多的自治权、协管与监督权、突发事件处理权等的运用方面,居委会并未拥有足够的资源存量;社区其他营利及非营利组织在直接参与社区服务和管理的过程中多少瓜分了居委会的权力,从而影响了居委会的声望。2011 年,通过多个城市的样本分析,作者确认,我国经历 30 多年发展历史的城市社区权力已从居委会单一中心转向多元权力组织并存的格局,这种多元性主要是通过社区管理者的选择、社区权益的保护、社区问题的解决等路径而加以实现的。③

以上不同观点的提出并非由于建立在不同的样本之上,而是建立在不同的社区定位上,即社区定位在街道还是居民委员会? 然而,"不

---

① 参见〔英〕乔纳森·S.戴维斯,〔美〕戴维·L.英布罗肖主编:《城市政治学理论前沿》(第二版),何艳玲译,上海:格致出版社、上海人民出版社 2013 年版,第 34—36 页。
② 参见朱健刚:《城市街区的权力变迁:强国家与强社会模式——对一个街区权力结构的分析》,载《战略与管理》1997 年第 4 期。
③ 参见闵学勤:《转型时期居委会的社区权力及声望研究》,载《社会》2009 年第 6 期;闵学勤:《社区权力多元认同中的公民性建构》,载《社会》2011 年第 4 期。

论是将社区定位在居民区还是街道层级,官方的社区概念仍是行政划分所形成的空间,而与自发形成的社会共同体相去甚远。这种做法……仍然以单元化的模式来治理城市社会,希望以居民区的准行政性区划为标准,再次将社会划分为一个个小单元。在此种空间战略中,社区成为漏斗效应中社会职能转移的对象,成为各种社会问题的容器。"①

因此我们看到,与美国的从社会到国家的生长路径不同,中国的城市社区权力有一个国家行政权力分化的过程。只是由于居委会行政属性的削弱,社区权力才逐渐回归到城市居民和其他社会组织手中。需要面对的是,这种行政权力的被动瓦解本身具有脆弱性,当居委会重新投奔国家,并拥有强大的行政权时,那些分解出去的"社区"权力仍然有被吸附的可能性。因此,依靠对基层居委会行政权的瓦解来使公民和社会组织获得社区权力从制度上看并不完备,中国社区首先有一个生长的过程,并在这个过程中逐步形成自我治理、自我服务的责任与能力。

3. 区域性权力的重构

在反思精英论与多元论的争论背后,我们发现今天的城市权力边界日益模糊。国家、市场与社会力量彼此交错,共同对城市的治理与发展形成影响。在当代中国,城市权力也在发生变化。自20世纪80年代以来,随着市管县体制的改革和市场经济体制的崛起,城市政府拥有越来越多的权力。具体而言,这种权力的获得基于两个路径:从权力架构看,市管县体制使县政府从属于城市政府,并使后者拥有凌驾前者的权力;同时,由于市场经济体制的不完善,国家仍然在市场中扮演重要的角色,并通过国有企业垄断着重要的经济权力。只是随着市场经济的发展与地方主义的崛起,这种传统权力架构日益失去其合法性基础。即使在中国这个后发国家,与国家、资本相伴的社会力量的崛起毫无疑

---

① 彭勃:《国家权力与城市空间:当代中国城市基层社会治理变革》,载《社会科学》2006年第9期。

问地在各种社区中得到发展,这样又从另外一个层面上论证了达尔的多元主义判断。

从方法论上,国家、资本与社会力量都在城市发展中起着积极的作用,但是应该看到的是,作为赶超型国家,中国的城市发展与崛起的社会力量并不形成严密的对应关系,城市是否设立,建设多大的规模在一定程度上仍然是上级政府的政治意志,因为城市政治就是这样围绕政治权力上升而运作的,正如斯通在《机制政治》中对那些批判选举产生权力的观点的质疑:"假如城市政治不以谁占据最高选任职位为中心来运转,那它是什么?我们从正式官职的表层下面又能发现什么?……一种机制在追求一些政策目标时卓有成效,并不能保证在其他领域取得成绩。机制不具有治理的普遍能力。"①

因此,"治理、市场过程与公民社会错综复杂地交织在一起。每个部门享有的可操作的自治不过是政治生活的一个层次,每一部门的自治基本上是经由部门间相互依赖的现实而运转。"②虽然政治权力的理论经过长时期的争鸣,但是随着治理理论在 20 世纪末期的崛起,开始与城市政治学结合起来,并拥有了空前的解释力。我们认为,城市政治学对于政治权力的理解并不能简单划分,在不同的城市发展阶段,不同的理论贡献在于它们回答了政治权力的基本方位。因为正是在国家、资本与社会力量的相互交换中,才形成了城市的边界、社区的分布,并影响了城市的价值定位。

第二节 城市增长中的权力变迁

在 20 世纪 70 年代,全球化的治理变革进程催生了世界各国的城市经济增长。作为对 20 世纪 50—60 年代精英主义和多元主义的修

---

① 〔美〕克拉伦斯·N.斯通:《城市政治今与昔》,罗思东译,载《公共行政评论》2009 年第 3 期。
② 同上。

正,1976 年,哈维·莫勒奇(Harvey Molotch)的《作为增长机器的城市》(*The City as a Growth Machine*)发表,标志着城市增长理论的初步形成,这一理论也在 80 年代逐步成为城市政体(urban regime,一译城市机制)理论的重要来源。

一、城市增长中的权力结构

城市的发展总伴随着经济的增长,哈维·莫勒奇在他的经典论文中以城市增长论证了城市政体的基本特点。作者认为,通常的"城市""城区""都市"研究者不过把城市作为研究社会问题的基础,在那些传统的社会学研究视角背后,是地方权力的变化。长期以来,几乎每一个城市政府都是一个增长机器。"作为充满活力的政治力量,地方政府实质上就是要有组织地影响城市增长结果的分配,这不是政府的唯一的功能,但它是关键之一,具有讽刺意味的是,最被忽视的功能。"[1]正是通过增长机器的理论阐述,哈维·莫勒奇把城市政治与地方经济联系了起来。

1."谁统治"向"为谁统治"的话语转换

与达尔和亨特不同,增长机器论的贡献在于,它将 1950 年代以来多元论与精英论关于"谁统治城市"的辩论导向了一个新的视角,即增长机器论将土地开发等重大的政治经济议题带入了研究之中,为城市权力结构的分析提供了一个更为宏观的架构。同时,在"谁统治"以外,增长机器论还回答了在城市决策中"谁得到了什么"等更有实质意义的问题[2],从而把城市平面上的统治主体引向了纵向的统治集体及纵向的政治结构。

既然城市增长主要依托土地资源的占用,那么城市蔓延变得无法

---

[1] Harvey Molotch, The City as a Growth Machine, American Journal of Sociology, 1976, 82(2): 313.
[2] 参见何艳玲:《城市的政治逻辑:国外城市权力结构研究述评》,载《中山大学学报》(社科版)2008 年第 5 期。

避免。据统计,1970—1990 年的 20 年间,全美最大的 100 个城市的城区面积增幅为 69.6%,而人口仅增加了 41.7%,同期人均占用建设用地增速达到 23.5%,部分城市甚至在人口负增长的情况下,城区面积仍大幅增加。① 同样情况也出现在中国,价值线数据中心选取了 2013 年中国公共财政收入最高的 50 个城市,对城市的人口吸引力进行了排名。

表 2-1 城市人口流入情况

排名	城市	级别	户籍人口（万人）	常住人口（万人）	人口净流入数（万人）
1	上海	直辖市	1426.93	2380.43	953.50
2	北京	直辖市	1297.50	2069.30	771.80
3	深圳	地级市	299.15	1054.74	755.59
4	东莞	地级市	186.05	829.23	643.18
5	广州	省会城市	822.30	1283.89	461.59
6	天津	直辖市	993.20	1413.15	419.95
7	苏州	地级市	653.84	1054.91	401.07
8	佛山	地级市	377.65	726.18	348.53
9	成都	省会城市	1173.40	1417.78	244.38
10	厦门	地级市	193.60	398.30	204.70
11	武汉	省会城市	821.71	1012.00	190.29
12	宁波	地级市	577.71	763.90	186.19
13	杭州	省会城市	700.52	880.20	179.68
14	南京	省会城市	638.48	816.10	177.62
15	无锡	地级市	470.07	646.55	176.48
16	郑州	省会城市	741.00	903.00	162.00
17	泉州	地级市	693.16	829.00	135.84
18	青岛	地级市	769.56	886.85	117.29
19	温州	地级市	800.21	915.60	115.39
20	嘉兴	地级市	344.52	455.80	111.28

---

① 参见李国平编著:《网络化大都市:杭州市域空间发展战略》,北京:中国建筑工业出版社 2009 年版,第 13 页。

(续表)

排名	城市	级别	户籍人口（万人）	常住人口（万人）	人口净流入数（万人）
21	太原	省会城市	320.00	425.63	105.63
22	常州	地级市	364.77	468.68	103.91
23	大连	地级市	590.30	689.20	98.90
24	沈阳	省会城市	724.80	822.80	98.00
25	济南	省会城市	609.21	694.96	85.75
26	乌鲁木齐	省会城市	257.80	335.00	77.20
27	昆明	省会城市	653.30	726.31	73.01
28	福州	省会城市	655.27	727.00	71.73
29	贵阳	省会城市	374.53	445.17	70.64
30	长沙	省会城市	651.19	714.66	63.47
31	西安	省会城市	795.98	855.29	59.31
32	绍兴	地级市	440.83	494.30	53.47
33	烟台	地级市	650.29	698.29	48.00
34	合肥	省会城市	710.53	757.20	46.67
35	镇江	地级市	271.40	315.48	44.08
36	潍坊	地级市	878.87	921.61	42.74
37	石家庄	省会城市	997.00	1038.60	41.60
38	淄博	地级市	423.67	457.93	34.26
39	唐山	地级市	747.40	766.05	19.45
40	长春	省会城市	756.90	769.37	12.47
41	大庆	地级市	280.00	292.42	12.42
42	南昌	省会城市	504.26	513.16	8.90
43	哈尔滨	省会城市	993.50	1000.40	6.90
44	鄂尔多斯	地级市	194.06	200.42	6.36
45	扬州	地级市	458.42	446.72	−11.70
46	南通	地级市	765.20	729.73	−35.47
47	淮安	地级市	546.81	480.30	−66.51
48	盐城	地级市	822.40	721.63	−100.77
49	徐州	地级市	990.53	856.41	−134.12
50	重庆	直辖市	3343.44	2945.00	−398.44

备注：数据以各地方统计局最新公布为准。

在这张表中，上海是人口吸引力最高的城市，人口净流入数为953.5万；首都北京的人口净流入数为771.8万，人口吸引力排名第二；深圳排在第三，人口净流入数为755.59万。但户籍人口数最多的重庆人口吸引力却排在末位，人口净流入数为-398.44万。① 然而，上述的所有城市都在近10年启动了大规模的城市建设，城区建成面积普遍提高。

在增长机器理论之前的1972年，罗马俱乐部就对这种消耗性增长提出质疑。他们指出：如果在世界人口、工业化、污染、粮食生产和资源消耗方面以现在的趋势继续下去，这个行星上增长的极限将在今后100年中发生，最可能的结果是人口和工业生产力都有相当突然的和不可控制的衰退。② 城市增长机器的启动与土地等资源的紧张态势不久就为罗马俱乐部不幸言中，在快速城市化的中国，这种现象尤其严重，在京津冀、长三角及珠三角，大气污染、河道污染及土地污染已经严重透支了城市持续发展的动力。

2. 城市经营：城市增长的话语替代

城市增长理论的崛起与全球经济竞争的市场环境有关，也和20世纪90年代以来的政府再造有关。在市场化的导向下，企业型政府理念开始成为新公共管理运动的重要内容；在中国，20世纪90年代同时启动的市场化改革也呼应了全球市场体系与政府体系的改革进程，并实现了城市政治话语的转换，城市经营(city management)就是其中的一个典型。

在城市经营理论看来，城市经营首先应完成城市资源的资本化。在一些学者看来，城市资源，广义上是指土地、矿产、河流、森林、市政基础设施等；从狭义上说，政府可利用的城市资源包含有形和无形资源，

---

① 参见《中国财力50强城市人口吸引力排行：上海第一重庆最末》，凤凰财经：http://finance.ifeng.com/a/20140504/12255842_0.shtml，访问日期：2014年5月7日。
② 参见[美]丹尼斯·米都斯等：《增长的极限》，李宝恒译，长春：吉林人民出版社1997年版，英文版序，第17页。

大致可以分为四类：一是自然资源；二是市政基础设施中的非经营性存量国有资产；三是政府作为业主身份独有的、需要政府投入的公益事业方面的管理权、经营权及使用权；四是城市行政事业单位的人力资源。[①] 在中国，虽然对城市经营有一些争论，但是在城市土地经营上却是比较一致的。20世纪90年代以来，由于中央政府与地方政府在财权上的分离，城市政府把更多的兴趣投入到那些能够增加地方财政收入的土地出让上，甚至在全国多数城市政府，都不约而同地把房地产业作为城市发展的支柱性产业加以政策扶持。

3. 城市增长中的权力结盟

财权分置激发了地方政府在城市经营中的利益冲动，地方政府往往成为城市增长的第一动力，但是作为公共利益的维护者，政府又不同于市场主体。总体上看，政府要处理好自身与市场的关系，将城市经营的内容分为三个部分：以市场为主导作用的领域、政府与市场协同作用的领域和以政府为主导作用的领域。[②] 而三个领域的分布恰恰又说明了城市增长背后的权力结构：政府与市场。

这种基于资源限制的增长模式也带来了一些问题。不同于罗马俱乐部提出的警告，城市增长机器理论也看到，城市增长可能带来环境恶化和对公民权利的损害，因此，反对增长运动也在各地同时涌现。[③] 由于城市蔓延既形成了对郊区土地的占据，也让放弃内城治理的政治冲动找到了依据，因此内城的衰落也在这一时期表现得尤其明显。在中国学者的解读中，城市增长机器的建立就是一种典型的政府与城市增长力量双向"寻租"的现象[④]，这样的判断其实已经把这种政府与市场的结盟推向了合法性边缘。

[①] 参见轩明飞编著：《经营城市》，南京：东南大学出版社2004年版，第72—73页。
[②] 参见沙安文、沈春丽主编：《地方政府与地方财政建设》，中信出版社2005年版，第395页。
[③] See Harvey Molotch, The City as a Growth Machine, American Journal of Sociology, 1976, 82(2): 318—327.
[④] 参见张京祥、于涛、殷洁：《试论营销型城市增长策略及其效应反思——基于城市增长机器理论的分析》，载《人文地理》2008年第3期。

在政治学的视野中,城市增长中的权力联盟确实值得警惕,尤其当这种权力结盟是在不完善的市场体制下进行时,权力结构及其运作过程就难以受到其他政治主体如非政府组织等社会力量的制约。21世纪初期中国房地产行业的畸形"繁荣"就充分显示了这种地方政府与开发商的权力结盟对于社会持续发展的危害,而承担这种权力结盟恶果的仍然是购买或无力购买高价住房的普通民众。

二、城市"精明增长"中的权力变迁

在市场经济体制下,权力的意义早已超越国家层面,在城市内部,不同政治主体在共同利益前面重新结盟。城市增长给不同的政治主体带来各自利益,但是政府与市场的权力结盟形成了粗放式的城市发展,也造成了权利的损害。城市精明增长理论开始崛起,政治权力在反思城市增长之后开始走向重新结盟。

1. 中国城市经营的权力扭曲

在缺乏社会权力的情况下,由于政府的强力介入,中国在本世纪后期启动了城市经营,虽然这一策略延缓了本世纪初世界性金融危机对于中国的暂时性冲击,但是在经济发展极度依赖单一产业,而单一产业又极度依赖政府输血时,政府与市场的关系错位再次给中国的城市发展带来负面后果。

威权政治能否与市场发展相互契合,曾在中国学界引发了广泛的讨论,麻省理工学院黄亚生教授质疑中国经济发展的特殊性,他认为,经济发展中的中国模式论忽视了历史上经济发展的不同模式,甚至无法解释1949年以来的中国经济发展模式的变更,忽略了中国从计划经济转向市场经济的巨大努力。而恰恰是由于地方政府放松管制与自由贸易,使中国走上了经济发展,因此中国经济发展无法离开普遍性的经济原则。① 在城市经营中,由于中央政府与地方政府的目标差异性,单一制国家的权力都承受着地方经济发展的巨大挑战,全国性的经济发展规划往往被地方利益所扭曲,中央政府的住房限购政策屡屡被地方政府突破就是其中一例;同样典型的是,全国性的汽车产业政策又受到了城市政府汽车限牌、限行政策的抵制,进而导致全国统一市场的破坏与汽车行业的碎片化。

2. 城市精明增长中的权力变化

城市增长机器理论摆脱了精英主义与多元主义对于政治主体的讨论,从而把城市研究引入了新的视角。在这一理论看来,城市以土地资源为基础,实现了经济的发展。因此所谓城市政治其实就是城市增长。城市政体的核心包括地方政府、政府官员、企业、媒体等各种社会力量,这些力量在城市经济增长的目标下形成了联盟。

需要强调的是,虽然城市增长理论中形成的权力结盟摆脱了精英主义与多元主义的分歧,但其核心问题仍是对于"增长"的认识不足。由于城市快速蔓延导致内城衰退、环境破坏等社会问题,美国规划协会(APA)于1994年提出了城市精明增长计划(Smart Growth Project),1996年,由美国规划协会等32家组织联合建立了"精明增长网络",由此精明增长理论开始引起人们的重视。

"精明增长"(Smart Growth)由美国马里兰州州长格兰邓宁(G. Lendening)在1997年提出,其初衷是建立一种使州政府能够指导城市开发的手段,并使政府财政支出对城市发展产生正面影响。美国得克萨斯州奥斯丁市市长认为,"精明增长"试图重塑城市和郊区的发展模式,改善社区、促进经济、保护环境;克林顿政府认为,"精明增长"试图建设更为"可居住的环境"。② 不难看出,作为一种城市发展的否定性

---

① 参见黄亚生:《城乡中国》,载黄亚生、李华芳主编:《真实的中国:中国模式与城市化变革的反思》,北京:中信出版社2013年版。
② 参见唐相龙:《"精明增长"研究综述》,载《城市问题》2009年8期。

力量,精明增长理论建立在基于城市蔓延、社区瓦解的批判之上,这一理论从表面上看是从社区环境改造入手,而背后却是城市发展中的权力变化。精明增长理论恰恰说明由于大量依赖土地资源,城市增长的传统权力冲动遭遇了来自城市内外的权力的阻击。

3. 新城市运动中的权力变化

精明增长理论提出以下方面的内容:(1)保持良好的环境,为每个家庭提供步行休息的场所。扩展多种交通方式,强调以公共交通和步行交通为主的开发模式。(2)鼓励市民参与规划,培育社区意识。鼓励社区间的协作,促进共同制定地区发展战略。(3)通过有效的增长模式,加强城市的竞争力,改变城市中心区衰退的趋势。(4)强调开发计划和最大限度地利用已开发的土地和基础设施,鼓励对土地利用采用"紧凑模式",鼓励在现有建成区内进行"垂直加厚"。(5)打破绝对的功能分区思想和严格的社会隔离局面,提倡土地混合使用、住房类型和价格的多样化。①

如果说精明增长运动是对城市蔓延的理论反思的话,那么在这一时期的城市规划学科中,新城市主义(new urbanism)运动的崛起则将这种反思贯彻到城市设计之中。这一理论批判了城市的郊区蔓延模式,提倡二战前美国小城镇和城镇规划传统,塑造大都市、城市和城镇、社区并存的空间格局。1996年,在南卡罗来纳州查尔斯顿,《新都市主义宪章》发表,该宪章强调,城市和城镇的开发和再开发应该尊重历史形成的模式、常规和边界,主张恢复现有的中心城镇和位于连绵大都市区内的城镇,将蔓延的郊区重新整理和配置为有真正邻里关系的不同形式的社区,保护自然环境,保护业已存在的文化遗产。

同样的反思也在中国出现。由于中国城市蔓延对郊区的侵蚀,在一些地区,城市不仅没有给郊区带来发展,反而由于产业尤其是污染性产业向郊区的转移,激化了城乡对立;而城市里的这些"辉煌城建成就,

---

① 参见张京详编著:《西方城市规划思想史纲》,南京:东南大学出版社2005年版,第233页。

到底是充分体现和利用了城市化内在的聚集效应,还是仅仅是因为权力过于集中,通过权力又集中资源,从而堆积出辉煌的城市景观?事实上,这种情形到处可见:区域中心城市高楼林立,而大都市边缘则城乡停滞和衰落,包围着大都市带的经常是一圈贫困带。这其中是否有权力集中导致的社会发展资源集中的原因?"[1]

因此,精明增长理论的背后是城市权力的再调整,从城市规划层面上看,这一理论否定了简单的城市增长模式,并对城市增长设定了边界;但从权力结构上看,这一理论削弱了城市肆意扩张的权力,把城市发展与郊区发展联系起来。城市发展的思路重新回到城市自身建设,以紧凑的城市空间提供更加协调的公共生活。

三、城市政体形成中的权力结盟

城市政治是政治学的一般研究还是特殊研究,在政治学的理论中并无定论。美国马里兰大学教授斯蒂芬·L.埃尔金(Stephen L. Elkin)认为,托克维尔(Alexis de Tocqueville)和密尔(John Stuart Mill)在《美国的民主》与《论自由》中已经涉及了城市政治的研究,并成为探究民选政府的组成部分,但是后来的城市政治的研究则开始专门化、抽象化。[2] 这样的判断可以看出,城市政治有一个研究逐步深入的过程,而城市政体理论从权力结构的角度入手,就是这种专门化研究的典型。

1. 城市政体理论研究的基本阶段

城市政体理论是在1980年代中叶由费恩斯坦夫妇、埃尔金和斯通共同完成的,并在其后的10多年里得到发展。在斯通的《城市政体》中,"政体"被斯通特指一种关于城市权力的"非正式协定",是政府权

---

[1] 成伯清:《城市隐喻与发展策略》,载《学海》2011年第5期。
[2] See Stephen Elkin, City and regime in the American republic, University of Chicago Press, Chicago, 1987, p.1.

力的补充形式。① 在斯通看来,在城市中必须面对两个问题:第一,是谁组成了治理联盟——即是谁不得不走到一起来形成可能的治理;第二,这种联合是如何形成的? 第三个问题由这两个问题而产生:"谁"与"如何"的结果是什么?②

在基思·道丁(Keith Dowding)看来,城市政体理论分为三个阶段:第一阶段:政治经济与多元主义构成了城市政体;第二阶段:作为问题解决方案的"城市政体";第三阶段:政体理论使用范围的日益扩大。③这样的判断确实日益为后来的研究所证实。尤其在不同的研究目的下使用城市政体这个概念时,我们越发觉得这个概念边界的模糊性。

概念的边界模糊是和研究内容的差异相联系的,基思·道丁以第一阶段为例,认为在起初阶段城市政体理论虽然着力论述城市发展与重要事务,但是,与城市增长机器模型不同,在城市政治的研究中,这些已经不再是城市政体理论的决定性因素。因为他们开始关注那些政客们的旨在促进城市发展的联盟的行为冲动。这些联盟不仅是选举型官员之间的结盟,也是商业与压力集团甚至包括官僚与职业团体的结盟。④

2. 城市政体理论研究的基本类型

费恩斯坦夫妇描述了战后美国三种成功的城市政体,即指导型政体(Directive Regimes)(1950—1964 年)、让步型政体(Concessionary Regimes)(1960 年代中叶到 1970 年代中叶)和保守型政体(Conserving Regime)(1970 年代中叶到 1980 年代中叶)等。⑤

---

① See Clarence Stone, Regime Politics: Governing Atlanta, 1946—1988, Kansas: The University Press of Kansas 1989, p. 3.
② Ibid., p. 6.
③ See Keith Dowding, Explaining Urban Regimes, International Journal of Urban and Regional Research (Mar 2001) Vol. 25, Issue 1.
④ Ibid.
⑤ See N. Fainstein, and S. Fainstein, Regime strategies, communal resistance and economic forces, in S. Fainstein, R. C. Hill, D. Judd and M. Smith(eds), Restructuring the City: the political economy of urban development, Longman, New York, 1986, pp. 159—168.

在第一阶段,地方政治精英牢牢控制城市规划与增长性事务;在第二阶段,虽然商业仍然在城市增长中占据统治地位,但是通过迅速成长的贯穿地方、州及联邦的压力集团体制,大量的社会倡议开始介入这些事务,而且这些倡议受到了联邦政府支持;在第三阶段,可以看作资本扩张对于获得早期社会特权的压力回潮。而到了1973年,公民权与福利权运动形成的政治压力把这些资本特权赶进了增长机器之中。①

费恩斯坦夫妇的判断同时获得了埃尔金(Elkin,S.)的支持,埃尔金回顾了19世纪末到20世纪初的城市发展,认为由于城市政治中存在三个显著特点即城市发展中公私部门的结盟、选举政治的本质和官僚政治的本质,因此城市政体结构必然被市场和政治双重力量所改造。② 在埃尔金看来,从时间和地理分布上看,有三种城市政体模式:第一种为多元政体(pluralist),从1950年代到1960年代,主要集中在东北与中西部地区;第二种为联邦制政体(federalist),从1960年代中叶到1970年代后期,主要集中在东北与中西部地区;第三种为企业型政体(entrepreneurial),主要集中在西南地区,并贯穿整个战后时期。③

随着研究的深入,斯通(Stone)在1993年的论文中,将美国的城市政体分为四种类型:维持型、发展型、中产阶级进步型和下层阶级机会扩张型。④ 而在斯通之后,城市政体的使用范围日益扩大,道丁将其分为7类:(1)维持型(斯通1993);(2)发展型(斯通1989,1993)/增长机器型(洛根和莫勒奇1987);(3)中产阶级进步型(斯通1993)/可控性增长联盟型(施耐德1995);(4)大规模动员(工人阶级)型政体(斯

---

① See N. Fainstein, and S. Fainstein, Regime strategies, communal resistance and economic forces, in S. Fainstein, R. C. Hill, D. Judd and M. Smith(eds), Restructuring the City: the political economy of urban development, Longman, New York, 1986, pp.159—168.
② See Stephen Elkin, City and regime in the American republic, University of Chicago Press, Chicago, 1987, pp.18—35.
③ Ibid., pp.36—60.
④ See Clarence Stone, "Urban regimes and the capacity to govern: A political economy approach", Journal of Urban Affairs 1993, 15: 1—28.

通1993);(5)服务传递型政体(道丁1999);(6)多元型政体(萨维奇和托马斯1991);(7)超多元型政体(或非政体)(萨维奇和托马斯1991)。①

3. 城市政体理论研究的基本路径

城市政体理论很容易解释在城市发展的进程中,不同政治力量的联合及其路径。总体上看,这一理论对城市企业主义(urban entrepreneurialism)的理论发展有所贡献。

与外在研究路径不同,沿着地方主义的路线,斯通同时指出,内部联合的政治很好地解释了为什么不同的政策动机创制了不同的政策形式。② 道丁也明确指出,促成地方政府与经济发展之间联系的是地方财力对不动产税的传统依赖。因此地方政府必然通过投资与吸引投资以提高税收基础。③ 但是,在吸引资本的过程中,哪些政治因素起着重要的作用? 道丁认为,国家结构对地方政体的发展有着重要的影响。如果地方政府如美国般强大,那么地方官员便是政治压力真正的焦点;而在欧洲,这一角色或多或少地由国家官员来充当。④ 同样的逻辑,如果中央政府过于强大,那么地方政府对于资金的获得就不得不更多依赖中央政府及其资金的再平衡。

城市政体理论在出台之后就引起学术界强烈的关注,也形成了一些反思与批判的文章。一些学者认为,城市政体理论概念化地分割了城市中国家与市场的工作,而这种概念化的做法是僵化、静止而复杂

---

① See Keith Dowding, Explaining Urban Regimes, International Journal of Urban and Regional Research (Mar 2001) Vol. 25, Issue 1.
② See Clarence Stone, Regime Politics: Governing Atlanta, 1946—1988 [M], Kansas: The University Press of Kansas 1989, p.178.
③ See Keith Dowding, Explaining Urban Regimes, International Journal of Urban and Regional Research (Mar 2001) Vol. 25, Issue 1.
④ See Keith Dowding, Explaining Urban Regimes [J], International Journal of Urban and Regional Research (Mar 2001) Vol. 25, Issue 1.

的。① 但是,在城市发展进程中,城市政体理论提供了一个比较严密的逻辑结构与开阔的学术视角,这种视角不仅可以适用于城市增长的分析,也同样适用于城市转型的研究。

四、再城市化进程中的权力冲突

正如前面所论述,城市增长机器理论意味着城市发展建立在郊区的土地侵蚀之上,从而形成不同的功能分区。当这种城市蔓延的传统增长方式被城市边界所锁定时,肆意的城市权力也被套上了反思的枷锁,对长期以来的内城衰落的改变便成为城市政府新的任务。

1. 城市再发展的新动力

从政治学的角度来看,城市蔓延意味着城市权力的调整,这种调整不仅仅意味着城市权力对于郊区权力的失衡,"郊区化和城市蔓延的结果,郊区与老城区的距离增加、联系弱化,势必形成城市副中心,甚至新的城市中心取代原有的中心。城市继续发展到大城市以上的层级,有可能出现若干个副中心。"②城市向郊区的蔓延,不仅伴随着城区面积的扩张,也伴随着城区人口的流失和中心城区的衰落。

进入20世纪80年代,西方国家一些城市人口开始恢复增长。在80年代后半期,人口100万及以上的大城市区域的平均人口增长率超过了人口100万以下的大城市区域。纽约的复兴尤其明显。纽约在20世纪70年代人口减少了3.6%,而在80年代人口却增长了3.1%。在整个美国的大城市区域中,中心城区的年平均人口增长率在20世纪70年代至80年代之间从0.09%回升到0.64%。澳大利亚和加拿大在20世纪80年代也出现了大城市区域和内城区人口增长的现象。③

---

① See David L. Imbroscio, Reformulation Urban Regime Theory : The Division of Labor Between State and Market Reconsidered, Journal of urban affairs, Vol. 20, No. 3, 1998: 233—248.
② 吴建伟等:《大规划:商务·商业·服务与居住》,北京:中国建筑工业出版社2011年版,第14页。
③ 参见王放:《中国城市化与可持续发展》,北京:科学出版社2000年版,第51页。

逆城市化为什么会在20世纪80年代开始得到逆转？学术界有很多争论,有学者认为,这种"再城市化"的主要动力来自国际移民增长和大规模的都市更新。① 但是毫无疑问,这种人口的迁徙仅仅是再城市化阶段的表象,在这种表象背后,是移民突破制度与文化阻隔的过程,也是移民逐步融入城市中的适应过程。美国社会学家高斯席德(Goldschcider. G)在《发展中国家的城市移民》一书中认为:"移民的适应可以界定为一个过程,在这个过程中,移民对变化了的政治、经济和社会环境做出反应。从农村到城市常常包含了这三方面的变化。"② 无疑,西方的学者多从自由主义的角度入手,来讨论个体的移民或族群对于城市的接受与适应,正是由于内城环境的改善,才抵消了逆城市化的人口流失,因此,人口自愿流入内城成为再城市化的重要动力。

2. 再城市化中的权力冲突

把城市移民与城市产业政策的调整结合起来是一种重要的分析思路,但仍然不足以解释内城人口的反弹。人们为什么重新进入城市？英国社会学家格拉斯在1964年使用了绅士化(gentrification)一词。肯尼迪(M. Kennedy)将这个词定义为在一个街区中,较高收入的家庭取代较低收入居民的过程。肯尼迪的定义包括三个特征:第一,必须有低收入的居民从他们的街区中被置换出来,这种置换往往是非自愿的,即通过迅速升高的地租或是增加物业税,让那些宁愿留在原居住地的居民无力负担生活开支而被迫离开;第二,不仅街区的住宅质量得到提升,而且其人群的社会经济特征也发生了改变;第三,街区文化特征的改变,新来者会按他们自己的文化、生活方式、消费品位来改变这个街区原有的社会文化特性。③ 因此,这些绅士向内城的流动,改变了原先

---

① 参见许学强、周一星、宁越敏编著:《城市地理学》(第二版),北京:高等教育出版社2009年版,第78页。
② 转引自朱力:《转型期中国社会问题与化解》,北京:中国社会科学出版社2012年版,第110页。
③ 参见许学强、周一星、宁越敏编著:《城市地理学》(第二版),北京:高等教育出版社2009年版,第78页。

内城的社会结构,抬高了内城原居民的生活成本,也相应降低了后者的生活质量。

当然并不是所有的城市都有一个内城重新崛起的过程,在中国的上海、北京,日本的东京等特大城市,内城从来没有消退过。这些特大城市拥有着更加良好的公共交通、公共卫生及公共教育等资源,全国甚至世界各地的大量人口纷纷涌入这些都市内城区,导致内城区的物业价格居高不下,原住民改善住宅的能力也日益下降。

3. 再城市化进程中的权力冲突

从人口聚集到聚落社会,从村镇到城市,政治权力有一个逐步积聚的过程,即使在内城重新崛起的年代,中产阶级的权力也在提升:"起初,绅士化被赋予重新挽救内城的潜能。在这一过程中,它有能力给内城带回投资与发展,消灭城市衰败,振兴邻里社区。"[1]因此,内城提升的责任并不属于社会各个阶级,工人阶级不仅将失去社会地位,更可能失去重新崛起的内城居住场所,这意味着新的权力冲突在原住民与新移民之间展开,所不同的是,这次的新移民往往来自更高的社会阶级。

在不同的政治制度下,人口重新回归城市以后可能还意味着更多的城市问题。在中国,虽然有户籍制度的严格限制,但中心城区的人口增加仍然是普遍的规律,人口的大量涌入意味着城市的繁荣的同时,还意味着严重的权力隔绝,各种社会阶层的人口通过"居住证"而非"户籍"居住下来。与欧美等国家的特大城市不同的是,即使是中产阶级,在中国特大城市落户的难度也远远超过获得一些国家国籍的难度,更遑论较低社会阶层民众的城市融合。伴随着持有居住证者的大量增加,这种社会隔绝不仅仅有可能体现为20世纪美国底特律黑人融入之后的社区隔绝的再次重演,也有可能形成"本地人"与"外地人"的身份隔绝。因此,在这一轮过程中,人口的来源结构意味着新的社会生活的

---

[1] Anne Meredith Nyborg, Gentrified barrio: Gentrification and the Latino community in San Francisco's Mission District, University of California, San Diego, 2008, p.12.

浓缩和新的异质社会力量融合的过程,社会又可能再次形成芝加哥学派所谓的"马赛克化"的图景。

当然,城市化的进程并不是一种模式对于另一种模式的替代,再城市化仍将伴随着城市蔓延的过程,在这一复杂过程中,核心城市(city)终将被多中心的城市集群(urban)所取代,一种核心的内城权力也终将为新的城市权力联合体所取代。也只有在城市权力依托了蔓延的城市群体以后,城市权力交错才不仅仅体现为城市内城与外城、城市与郊区的权力冲突。

第三节　城市权力的逻辑批判

"权力不可能是共识性的,因为在人们的利益存在分歧的地方,'同意'是权力实施的产物,而不论是在现在还是在过去,是通过武力还是通过操纵来实施这种权力的。"[1]城市政体理论揭示了一个道理,城市仍然无法摆脱国家的束缚,即使在今天,以特定的方式控制城市仍然是国家保持整体性的重要手段,无论这种力量来自国家、市场还是社会自身。

一、城市等级形成中的权力结构

当我们在分析城市权力主体的时候,很大的困惑就是确定这一主体。达尔在《谁统治》中否定了单一城市权力主体的存在,同时提供了分析城市权力主体的基本视角,即不同的政治体在城市发展中起到多大的支配作用。

---

[1] 〔英〕帕特里克·邓利维、布伦登·奥利里:《国家理论:自由民主的政治学》,欧阳景根、尹冬华、孙云竹译,杭州:浙江人民出版社 2007 年版,第 150 页。

1. 国家主义中的城市等级

城市是平等的吗？这是一个难以解答的问题。在马里兰大学约翰·伦尼·肖特教授(John Rennie Short)看来,城市等级是客观存在的。在殖民地,城市既是宗主国体系的控制中心,又是新政治和文化秩序的化身。在这样的城市体系中,殖民者居住城市之中,而印第安人则被拒绝在外围。[①]

在中国,西周时期国野制的实施也有异曲同工之妙,早在周初分封时,一些统治部族对被征服地区主动进行了武装拓展。被封者率本部族人到达封地后,首先要建立一个名为"城"的军事据点,这些城市通常就成为封国的都城。并逐渐由点向面扩展,完成对封地的控制。这种城(包括其近郊)在当时也称为"国",而"国"以外的广大田土则称为"野"。[②] 田昌五、臧知非教授的观点稍有差异,他们认为早期国家是一城一国。随着人口的增加和生产的进步,势必要建立新的城邑。为了维护国君的统治地位,遂规定新立城邑必须小于国君所居之都城,只有国都才能称之为"国",并以礼法的形式规定下来。[③] 因此,国野制无疑是中国西周礼法制度中一种严密的政治统治方式,中国城市无疑有着严密的等级秩序,这种等级的确定正来源于国家政治权力的严密结构。正如韦伯所言,和西方完全不同的是,中国以及所有东方的城市,缺乏政治上的特殊性。中国的城市,既非古希腊等其他的"城邦"(Polis),也没有中世纪那样的"都市法",因为它并不是具有自己政治特权的"政区"。中国城市里没有西方古代城市特有的市民阶层并缺乏西方城市所特有的政治力量:领事、参议会、按照拥有军事独立权的商人行会的

[①] 参见〔英〕约翰·伦尼·肖特:《城市秩序:城市、文化与权力导论》,郑娟、梁捷译,上海:上海人民出版社2011年版,第44页。
[②] 参见张帆:《中国古代简史》,北京:北京大学出版社2001年版,第30页。
[③] 参见田昌五、臧知非:《周秦社会结构研究》,西安:西北大学出版社1996年版,第38—40页。

方式组织起来的商人与工匠的政治组织。①

现代国家建立以后,城市开始成为国家的组成部分。当然在今天的世界范围内,虽然存在着新加坡、摩纳哥、马耳他、圣马力诺等单一城市国家,但是总体上,世界上大多数城市被编入了中央—地方政治体系之中,或者更确切地说,城市与地方同义,城市权力被视为地方权力,并与中央权力相对。因此,城市延续了国家权力的纵向结构,在拥有地方多层级制的中国,直辖市、副省级市、地级市、县级市等四类城市同样被赋予了不同的行政管理、行政立法等权力。国家权力结构赋予了城市不平等地位,城市是否兴盛主要取决于国家意志,城市政治与行政位阶的提升意味着更多的权力和更多获得各种资源与促进自身发展的可能。既然城市权力来自国家意志,那么如何获得中央政府的青睐则成为城市政府的重要使命,从而表现为日益激烈的中央与地方的权力博弈。

表 2.2　城市行政管理结构表②

年份	2000	2010	2000	2010	2010		
类型	数量		人口(百万)		占全国人数百分比	占全国GDP百分比	人口密度(人/km²)
直辖市	4	4	39.0	58.6	4.4	10.7	2317
省会(计划单列市)	25	26	74.2	102.8	7.7	16.0	2222
非省会计划单列市	5	5	16.8	22.5	1.7	5.3	2421
地级市	143	157	151.8	180.9	13.5	20.7	1205
县级市	111	112	92.2	99.1	7.4	11.0	762
县	226	211	170.0	149.7	11.2	7.6	656
合计	514	515	543.9	613.5	45.8	71.2	1041

注:1. 不包括2010年每平方公里人口密度小于500人的城市区域;
　　2. 重庆直辖市人口仅计算了重庆市区人口数量。

---

① 参见〔德〕马克斯·韦伯:《儒教与道教》,洪天富译,南京:江苏人民出版社1995年版,第19—20页。
② See OCED Economic Surveys: China 2013, OCED Publishing, http://www.oecd-ilibrary.org/economics/oecd-economic-surveys-china-2013_eco_surveys-chn-2013-en, visited on 2015-8-24.

2. 市场成长中的城市等级

肖特把城市分为三类:首位型(primate)、标准型(standard)和混合型(mixed)。伦敦作为首位型城市,主宰了600年英国城市发展史。在英国,排在伦敦之后的15个城市的人口总和都不及伦敦,事实上,英国1/3的人口居住在伦敦,这里不仅是国家的政治中心,也是国家的法律、出版业、时尚和广告业的中心。①

与单一城市主导不同,多个城市均匀分布的城市体系就是肖特所认为的标准型城市等级体系。与英国人和墨西哥人大量居住在伦敦、墨西哥城不同,美国70%以上的人口居住在各类城市之中,其中超过100万人口的城市达到20多个。最大城市纽约并不是美国的政治中心;同样的逻辑也在中国有所体现。截止到2014年,我国除了4个直辖市以外,还有288个地级市和361个县级市②,香港、上海虽然不是中国的政治中心,苏州、宁波虽然不是所在省的政治中心,但是由于比较成熟的市场体系,同样在中国的城市版图中拥有重要地位。随着市场经济体制的完善,中国的城市综合实力排名也在逐步发生变化,一些中等城市经济实力提升迅速,但是目前还难以撼动特大城市和大城市的领先地位,因此,中国的城市等级属于混合型城市:特大城市与大城市分别占据了城市的大量资源,但中小城市的发展速度较快。

《2013年中国中小城市绿皮书》指出:改革开放30年以来,中国城镇化进程明显加速,几乎是世界城市化同期进程速度的两倍。但是,与世界发达国家相比,中国城镇化程度总体上仍然比较低。2000—2012年,我国城镇化率由36.2%提高至52.6%。其中,中小城市及其直接影响和辐射区域的城市化率远低于全国平均水平,仅为35.1%。根据预测,2020年中国城镇化率将达到60.34%,届时全国将有8.37亿人生

---

① 参见〔英〕约翰·伦尼·肖特:《城市秩序:城市、文化与权力导论》,郑娟、梁捷译,上海:上海人民出版社2011年版,第47—48页。
② 参见国家统计局:http://data.stats.gov.cn/easyquery.htm?cn=C01&zb=A0101&sj=2014,访问日期:2015年8月24日。

活在城镇中。与大城市、特大城市、巨型城市相比,中小城市人口压力相对较小,在户籍制度改革、公共服务提供等方面可以做到游刃有余。未来20年内,中小城市将成为提升城市化质量、推进城市化加速进行的主要战场。① 不过,在制度化与市场化不足的情况下,中小城市能在多大程度上与大型城市展开平等竞争?

即使是在自由放任的市场体系里,无论达尔如何否认,如果城市发展主要依托经济的支撑,那么一定意味着新的权力在支撑着城市。在托马斯·戴伊看来,大量的权力是组织在工业公司、银行、公用事业和投资公司等大的经济机构里面的。在任何社会里,谁控制经济大权谁就有了一个延续不断的重要权力基础。经济组织能决定生产什么,怎样生产,生产多少,花多少成本,雇多少人,雇谁,工资多少。它们决定货物和劳务如何分配,发展何种技术赚取多少利润,利润怎样分配,能拿出多少钱做信贷,收多高的利息等许多诸如此类的重要问题。因此,"我们不能仅从政府决策的研究去推断'国家的权力结构'。研究社会中的权力也应当包括经济权力"②。

二、城市发展与政治权力的两难

无论是什么样的治理形态,城市总是自由的代名词,而自由的背后则意味着政治平等。现代城市的历史基于自由之上,而城市的发展是否有可能束缚这种自由,甚至最终损害城市核心价值?

1. 自由主义对于城市权力的警惕

城市的历史是自由民汇聚的历史,自由是城市的本质。但是一个自由的城市本身并不抽象,城市本身如果脱离人的公共生活,就无法具备其独到的品质。因此,城市与所有的人类生活共同体一样,只是人们

---

① 参见《中国中小城市综合实力百强排行:河北2市上榜》,凤凰网:http://news.ifeng.com/gundong/detail_2013_10/23/30581669_2.shtml,访问日期:2014年2月13日。
② 〔美〕托马斯·戴伊:《谁掌管美国——卡特年代》(第二版),梅士、王殿宸译,北京:世界知识出版社1980年版,第23页。

的生活处所。我们所讨论的城市自由,仍然是基于人类自由自身。

  自由的概念极其复杂,但是自由主义学说无非遵循着个体自由与社会自由的分野。按照米勒关于自由主义的三种分类,我们认为在城市政治中,仍然有必要借用最古老的共和主义传统的自由概念,即"自由人就是一个自由政治共同体的公民,自由政治共同体就是自主的共同体。这意味着,首先,不受外国人的统治,其次,公民在政府中扮演着积极的角色,法律在某种程度上反映人民的愿望。"① 而免于干涉和独立、有权参与集体决策也成为自由主义者主要的理念。②

  既然城市是自由的,那么我们在哪些方面需要提防这种自由的丧失?艾伦·沃特海默认为需要问三个问题:(1)这项政策构成对自由的干预了吗?(2)这项政策使用国家压制了吗?(3)这项政策合理吗?③ 同样,对于城市,我们不妨也可以这样追问,城市政策干预人们的自由了吗?这种干预自由的城市政策是否使用了国家强制力?为什么会有这样的城市政策?

  以色列著名社会学家艾森施塔特(S. N. Eisenstadt)、地理学家沙契尔(A. Shachar)在《社会、文化与城市化》一书中指出,世界城市的发展大致有两种历史模式,即"聚合型"(concentration)与"中控型"(centrality)。所谓"聚合型"是指由于经济活动和人口移动而形成的人口在某一特定地区的集中,从而产生社会分化、行业分工和集团组合与互动的过程。所谓"中控型"是指某一个社会的政治中心或宗教中心借助于行政和意识形态的控制力量而造成的人口在特定地区的集中过程。④ 这样的论述与汉克·V. 萨维奇和保罗·康特的论述基本一致。我们从这

---

① 李强:《自由主义》,长春:吉林出版集团有限责任公司2007年版,第167页。
② 参见〔英〕约翰·格雷:《自由主义》,曹海军、刘训练译,长春:吉林人民出版社2005年版,第81页。
③ 参见〔美〕罗伯特·L. 西蒙主编:《社会政治哲学》,陈喜贵译,北京:中国人民大学出版社2009年版,第44页。
④ See S. N. Eisenstadt & A. Shachar, Society, Culture and Urbanization, 转引自张海林:《苏州早期城市现代化研究》,南京:南京大学出版社1999年版,第16页。

些近乎一致的结论可以分析出城市的权力所在,前者告诉我们城市权力有一个在市场中自发形成的过程,而后者则毫无疑问告诉我们,城市权力必须服从国家的政治意志。因此在自由主义政治学看来,后者更可能形成对于城市自由的干预。

因此,在对城市政治的拷问中,必须对城市权力持有警惕,无论这种权力来自国家还是市场与社会。早在托马斯·戴伊对于美国经济权力分析的前一个多世纪,无产阶级经典理论家就在《共产党宣言》中这样提醒资本背后的阶级力量对于城市权力的影响:"资产阶级使农村屈服于城市的统治。它创立了巨大的城市,使城市人口比农村人口大大增加起来,因而使很大一部分居民脱离了农村生活的愚昧状态。正像它使农村从属于城市一样,它使未开化和半开化的国家从属于文明的国家,使农民的民族从属于资产阶级的民族,使东方从属于西方。"[①]因此,即使在市场经济充分发达的城市,由于经济地位的差异,不同的人群或个体也将存在自由的差异。

2. 城市权力与自由的两难

在城市政治学对于权力进行研究时,其实是从三个方面进行推进的:一是根据"城市"来认识国家,二是根据"城市"来认识市场,三是根据"城市"来认识社会。因此,从这个意义上说,所谓的自由是指一种应得的公民权利,这种权利中的典型就是迁徙自由。基于公共选择理论,人们之所以选择迁徙,是为了摆脱一座城市的束缚,这种束缚可能来自国家以及国家以外的力量,因此一座自由的城市会带来人口的增长,而同样,一座不自由的城市有可能导致人口的流失。

具体到迁徙权的背后,人们之所以迁徙不仅仅是为了实现抽象的自由,而是为了实现具体的利益。对于贫苦的农民来说,城市也许意味着更多的机会与良好的生活,因此在工业化的初期,是大规模的人口流动,无论这种流动是主动的还是被动的;但是当一座座城市崛起之后,

---

① 《马克思恩格斯选集》第1卷,北京:人民出版社1995年版,第276—277页。

尤其是城乡收入福利差异消失之后，人口的迁徙就有了很多轨迹：既有城乡之间的人口流动，也有城市之间的人口流动。以美国为例，中心城市的离心运动从19世纪就已经开始，1850年的纽约等一些大城市，核心城区的密度开始下降，到19世纪末，很多小城市也开始这一过程。值得注意的是，这一过程还伴随着郊区就业机会的增加。1953年到1963年，大都市区的中心城市减少了25万个就业机会，而郊区的就业机会则增加了43.3万个。①

由于中国城乡之间、东部沿海与西部内陆地区的经济差异，在中国城市化的进程中，迁徙既包括城市之间的人口流动，更包括农村人口向城市的流动。但是相对于城市人口而言，"农民进城"则遭遇到更严重的制度干预。有学者尖锐地批评道，在中国城市化过程中，最能误导高层决策的就是对"贫民窟"和"大城市病"的担忧。防止北京、上海等城市陷入城市化的拉美陷阱成为政府对人口流动和迁徙实行硬性行政干预的最大理由。政府认为把农民挡在城外就可以避免这一现象的出现。②

在自由主义看来，城市本身就是基于自由而产生的，现代城市并不具有妨碍人口进入的正当性。但是由于制度的不足，一些国家由于放任城市人口的涌入，使得城市中出现了大量的贫民窟，从而使一些居民又逃离城市，形成对于城市自由的反思。城市于是陷入国家主义的两难，即城市既是自由的保护者，也是自由的损害者。

3. 城市发展对于权力平等的期待

海涅曼（Heine man,R.）等学者认为，自由与平等构成了美国的道德政治学和利益政治学③，随着个体利益的崛起，自由主义所追求的平

---

① 参见〔美〕布赖恩·贝利:《比较城市化——20世纪的不同道路》,顾朝林等译,北京:商务印书馆2010年版,第55页。
② 参见陈友华:《中国人口与发展:问题与反思》,北京:中国社会科学出版社2012年版,第275页。
③ 参见〔美〕海涅曼等:《政策分析师的世界:理论、价值观念和政治》(第三版),李玲玲译,北京:北京大学出版社2011年版,第60页。

等日益成为一种对于机会平等的原则性要求。这样的判断同样适用于城市政治的研究：雅典政治学家对城邦与公民的利益一致性深信不疑，但是在资本解构了传统的政治制度以后，仅仅强调城市的道德高地是否仍然能够使城市拥有普遍的支持则存在未知。现代城市基于重商主义的历史脉络已经说明，在城市的发展中伴随着利益的交换，也正是在这样的前提下，道德政治学在城市发展中日益艰难。

事实上，政治学的分野在于，城市将如何看待个体发展对于城市权力平等的要求。由于城市首先由个体组成，整体利益无法遮蔽这些具体存在的个体利益。但是"在人类中有两种不平等：一种，我把它叫作自然的或生理上的不平等，因为它是基于自然，由年龄、健康、体力以及智慧或心灵的性质的不同而产生的；另一种可以称为精神上的或政治上的不平等，因为它是起因于一种协议，由于人们的同意而设定的，或者至少是它的存在为大家所认可的。第二种不平等包括某一些人由于损害别人而得以享受的各种特权"[①]。城市权力的差异对个体造成的不平等显然属于后者。

在城市政治中，权力的不平等最突出之处恐怕就在于一些人是否有权规划他人的生活。在1980年国际城市设计会议上，加拿大城市学者简·雅柯布(J. Jacobs)尖锐指出："大规模计划只能使建筑师们血液奔腾，使政客、地产商的血液奔腾，而广大群众往往成为牺牲者。"[②]基于个人权利保护的原则，这样的指责从利益政治学的角度对城市权力的来源和过程进行了批判——正是政客与地产商人在城市政治中的优先地位，使普通个体无法摆脱政治与资本的勾结所导致的利益损失。而城市发展必须建立在个体发展之上，抽象的整体利益并不存在，追求城市发展其实就是追求每个个体的权利发展，就这样，利益政治学撕下了

[①]〔法〕卢梭：《论人类不平等的起源和基础》，李常山译，北京：商务印书馆1962年版，第70页。
[②] 阳建强、吴明伟编著：《现代城市更新》，南京：东南大学出版社1999年版，第7页。

道德政治学在城市发展中的伪善。

三、社会自由与政治权力的消融

国家主义以公法的道德面孔掩盖了个体利益的差异,重商主义的民法传统则强调只有在等价、交换和有偿原则之下奠定的治理法则才是公平的。在不同的城市,不同的建城传统使城市权力的表现截然不同。由于市场经济的冲击,以及现代城市尤其是西方城市对于权力差距的本能抵制,因此从城市发展的角度看,无论城市历史长短、规模大小,平等主义的原则应当适用于各类城市,而这种权力平等必须建立在社会自由之上。

1. 城市权力的综合作用

在全球化的世界,国家是否会空心化甚至是否会阻碍城市的发展,是一个争论已久的问题。汉克·V.萨维奇和保罗·康特认为,国家管制固然会限制城市对于资本市场的依赖,使地方市民屈从于国家选民的变迁,从而削弱城市的自主性与行动的有效性。但是只有国家政府才能为城市提供稳定的、长期的和有效性的保护。[1]

在世界范围内,城市治理多是由地方政府完成的,那么确定地方的权力来源则尤其重要。美国马里兰大学约翰·伦尼·肖特教授(John Rennie Short)鲜明地指出:"在权力比较分散的国家体制中,比如瑞士,城市政府就有很大的自治权。而在中央管理的体制中,城市政府则几乎没有独立性。就像法国巴黎。"[2]因此,无论是什么样的城市,权力首先来源于国家的权力结构,其次来源于国家以外的对于权力产生影响的要素及其影响程度。

事实上,并不存在一个仅仅靠国家、资本或社会力量支撑起来的权

---

[1] 参见〔美〕汉克·V.萨维奇、保罗·康特:《国际市场中的城市:北美和西欧城市发展中的政治经济学》,叶林译,上海:格致出版社、上海人民出版社2013年版,第407页。

[2] 〔英〕约翰·伦尼·肖特:《城市秩序:城市、文化与权力导论》,郑娟、梁捷译,上海:上海人民出版社2011年版,第310页。

力。"治理、市场过程与公民社会错综复杂地交织在一起。每个部门享有的可操作的自治不过是政治生活的一个层次,每一部门的自治基本上是经由部门间相互依赖的现实而运转的。"①由于城市权力来源及其运作的复杂性,简单地把城市权力归于国家、资本或者社会可能是不全面的,因为,城市权力在城市发展的不同阶段都有变化,城市也在各种权力的作用下形成各自不同的自然和社会形态。

2. 社会自由是城市权力正当性的尺度

城市的发展伴随着人口的大规模流动,人口既是城市繁荣的象征,也是城市繁荣的基础。但是什么样的城市会吸引更多的人口,是政治地位? 还是经济地位? 伊万·齐特齐格拉夫在 1953 年的《新城市主义公式集》(*Formulary for a New urbanism*) 中指出:"一个地方留出自由活动的空间越多,它对人行为的影响将会越大,其吸引力也更大。"②

为什么一个城市的发展需要留出个人的行动空间? 这个空间是否意味着社区权力的崛起? 哈丁在对社区权力分析时认为,所谓的社区权力的争论是一个错误的名词表述,"因为争论的全部是关于权力的定义和测量权力的途径,实际上没有关于社区的争论。"③哈丁揭示了一个严肃的话题,在分析城市权力时,是否存在一个社区恰恰是城市权力分析的前提,否则,我们仍然在如同讨论一个国家一样讨论城市,城市不过是国家的微缩模型而已。

"正如人口减少不一定意味着衰退一样,人口增长也并不总是意味着繁荣。当乡村人试图前往城市寻找生存机会却觅而不得的情况下,往往面对的是破败的生活环境以及事业。结果却是大量的人口增长却

---

① [美]克拉伦斯·N.斯通:《城市政治今与昔》,罗思东译,载《公共行政评论》2009 年第 3 期。
② 参见[英]埃蒙·坎尼夫:《城市伦理——当代城市设计》,秦红岭、赵文通译,北京:中国建筑工业出版社 2013 年版,第 122 页。
③ [英]戴维·贾奇、格里·斯托克、[美]哈罗德·沃尔曼编:《城市政治学理论》,刘晔译,上海:上海人民出版社 2009 年版,第 50 页。

没有相应的城市发展与之匹配。"①在20世纪50年代,美国进入反对种族隔离、反对种族歧视运动的高潮。1954年,最高法院宣布"隔离但平等"原则违宪,原先的城市中的种族隔离受到了极大的冲击并在全国引发了激烈的反对,甚至这一裁决在联邦政府和各州政府之间,在南部的几个城市的黑人和白人居民之间,带来了严重的对抗局面。②而与此相对应的是,在底特律,大量的白人中产者逃离城市,黑人则大量涌入城市,但是黑人们"在底特律发现,这是一个对他们既敌视又殷勤的城市,它一方面能把大量的黑人劳工吸收到当时正在蓬勃发展的经济中去,另一方面它又把这些移民封锁在拥挤不堪的、房屋东倒西歪的贫民窟之中。"③黑人发现,底特律与他们的南方故乡并无不同,日益集聚的社会力量和压抑的社会不满终于在1967年7月22日酿成了种族暴乱。我们看到,这时候的底特律与其说是不自由的城市,倒不如说它还没有一个自由和成熟的社会。

3. 城市如何保障公民自由?

在菲利普·佩迪特看来,"如今,自由的反义词已不再是屈从于压迫(subjugation)或支配(domination),即毫无防备地受到他人的干涉;而变成了实际上的干涉(actual interference)。"④他认为,其实这种不受控制的随意干预的权力是造成自由被限制的主要来源。同样的逻辑,当城市拥有国家或者市场权力时,我们何以要求这种权力能同时保障城市公民的自由?

卢梭在《献给日内瓦共和国》中抒发了他对自由城市共和国的向

---

① 〔美〕汉克·V.萨维奇、保罗·康特:《国际市场中的城市:北美和西欧城市发展中的政治经济学》,叶林译,上海:格致出版社、上海人民出版社2013年版,第10页。
② 参见张友伦等:《美国社会的悖论:民主、平等与性别、种族歧视》,北京:中国社会科学出版社1999年版,第270页。
③ 《底特律自由新闻报》编:《美国黑人生活》,李延宁译,北京:新华出版社1987年版,第1页。
④ 〔澳〕菲利普·佩迪特:《反权力的自由》,彭斌、李安平译,转引自应奇主编:《第三种自由》,北京:东方出版社2006年版,第219页。

往:"我情愿生在这样一个国家:在那里主权者和人民只能有唯一的共同利益,因之政治机构的一切活动,永远都只是未来共同的幸福。这只有当人民和主权者是同一的时候才能做到。因此,我愿意生活在一个法度适宜的民主政府之下。"①因此不难看出,在卢梭的城市共和国中,由于政府与人民的利益一致性,城市发展的同时就意味着对公民自由的保护。

自由主义有社群主义与个人主义之分,二者对于自由的理解主要差异在于,自由属于个体还是群体。无论是社群派还是自由派对于自由的理解有什么差异,但是这种自由的背后都是权利的保护。对于自由派来说,政府的角色就是保护个人追求利益的权利,不受他人干涉。而在社群派看来,政府的介入更为主动,即保证所有个人能够行使他们的权利。因此,在自由派看来,公民权与城市政治之间并无很大的联系。②

无政府主义的自由是空泛的,由于政府的天然垄断性,城市对于自由的保护首先就必须体现在权力的行使上。但是一座自由的城市应该有着宽松的治理结构。虽然在对于权力的争论中,达尔的多元主义也遭遇着批判,但正如托马斯·戴伊所说,"多元论不仅仅是权力的一种定义和一种研究方法,它还是一套完整的理论。这种理论旨在重新证实美国社会根本的民主性质。它的出现是为了回答对于美国政治制度的如下批评:即认为个人要想跻身于庞杂的官场中去,是越来越困难了。传统的民主观念曾强调一切公民都各以个人身份参与决定他们自己生活的决策。但是,所有各派学者全都清楚知道,在美国只有很少数人物能在决定国家政策方面有直接的影响。"③因此无论是个人自由主

---

① 〔法〕卢梭:《论人类不平等的起源和基础》,李常山译,北京:商务印书馆1962年版,第51页。
② 参见〔英〕戴维·贾奇、格里·斯托克、〔美〕哈罗德·沃尔曼编:《城市政治学理论》,刘晔译,上海:上海人民出版社2009年版,第201页。
③ 〔美〕托马斯·戴伊:《谁掌管美国——卡特年代》(第二版),梅士、王殿宸译,北京:世界知识出版社1980年版,第13页。

义还是社群主义自由,都必须建立在一定的治理结构之上,而多元主义背后的公共参与与公共治理,则是公民自由保障的重要途径。

本章小结

"政治权力实际上是人们选择以力量对比和力量制约方式作为实现和维护自己利益要求的过程中,聚集形成的一种力量,它是在特定的力量对比关系中,政治权力主体拥有的对其他社会和政治力量课题的制约力量。"[①]伴随着人类生活的变迁,政治权力的行使各有不同,而"城市——诚如人们从历史上所观察到的那样——就是人类社会权力和历史文化所形成的一种最大限度的汇聚体。"[②]政治权力因此成为城市政治学研究的重要内容。

从一定意义上讲,城市政治学分别从国家权力和社区权力起步,这种视角符合政治学中的国家与社会二分法,但是当资本与市场力量崛起之后,城市权力来自于国家还是市场,则成为城市政治学研究的难点所在,因为这不仅仅是权力来源的考察,也是对于城市权力来源及其分布的现实判断。从规范研究的视角,整体主义与自由主义分别关注了城市权力的拥有者与城市目标,在中国,一个经验主义的认识往往支配了中国城市发展的基本判断,即更倾向于国家视角而非市场视角。由于生长的滞后,城市权力中的社会因素在相当长的时间里还无法形成对于国家权力和市场权力的制约。

当城市权力来自国家时,城市政治是国家政治的投射;当城市权力来自社会时,城市是地方政治的表现;当城市权力来自市场时,城市政治更类似一个经济利益的联盟。在城市发展的过程中,各种力量形成了权力的联合与交换,从而使一个城市的权力结构更趋复杂,这一结构

---

① 王浦劬等:《政治学基础》(第二版),北京:北京大学出版社2006年版,第67页。
② 〔美〕刘易斯·芒福德:《城市文化》,宋俊岭、李翔宁、周鸣浩译,北京:中国建筑工业出版社2009年版,前言。

也为埃尔金、斯通等人的城市政体理论所证明。但是,社会的生长将突破国家与市场对于城市政治的分割,城市权力的讨论将日益关注城市的具体单元而非城市的抽象概念。

中国的城市发展并不是个近期才被重视的学术议题,但是当城市化率突破50%时,对于城市发展中的权力变迁,现有研究的经济学与社会学视角显得有所不足。在市场主义与地方主义的冲击下,中国城市权力有可能逐渐淡化其中的国家色彩,而一个地方主义的城市的生长又会给中国的政治发展与现代治理带来挑战。

第三章
城市权利:发现与捍卫

一般认为,城市发展存在两个不同的路径:国家路径与市场路径。而城市始终是人类公共生活的新的场所,在这样的视角下,国家视角与市场视角的不足之处均在于忽视了城市中人的意义。权利作为审视城市发展的基本维度,赋予了城市以人性的关怀。同时,权利是一个容易被滥用的词语,正如英国学者沃克所感叹:"权利(right)——这是一个受到相当不友好对待和被使用过度的词。"[①]我们必须看到的是,权利固然有滥用的可能,但是在后发国家城市化的进程中,权利的变迁并不是一个可以忽视的概念。我们认为,城市权利的提出包含城市发展与权利保护两个方面的内容,城市是权利发展的新场所,而权利则是城市发展的重要目的。

第一节　城市权利:历史维度与规范解释

城市的形成是一个历史演变的过程。在不同的国家与不同的时期,城市形态的地理表现有一定的相似性,但是在人口集聚的形态与城

---

① 〔英〕戴维·M.沃克:《牛津法律大词典》,邓正来等译,北京:光明日报出版社1988年版,第773页。

市政治结构的构建上,东西方的城市又确实存在巨大的差异。应该明确的是,城市权利的形成既有历史的纵向演变过程,也有横向的分布格局;既有宏观的政治学背景,也有微观的经济学和法学的内容。

一、城市权利的历史脉络

借助市场和自由的力量,城市自中世纪以来再次得到复兴。封建制度下的城市自治既有雅典城邦时期古典民主思想的继承,也有现代社会自由民主思想的发扬。在城市中,以财产权利保护为起点的城市个人权利发展构成了城市政治发展的重要基础。

1. 私人权利的崛起

事实上,在相当长的时间里,城市并非一个独立的空间,城市不过是一个甚至若干个封建领主互相割据的市场或居所,而"市场的存在往往建立在领主或王公对外来商品和长途市场的手工艺产品经常性的供应、对他收入的关税、护送和其他保护费用、市场收费、诉讼费用等,都感兴趣,但是除此而外,对有纳税能力的手工艺行业经营者和商人在当地定居,也感兴趣,而且一旦在市场的边缘形成一个市场定居点,他也可以希望因此而提高土地租息,从中获益——当这里所涉及的是货币经济的、增加他的贵金属宝库的收入时,这些机会对他就具有更大的意义。"[①]因此,城市要想获得自由,就必须从经济独立入手,逐步摆脱封建领主的束缚。

在赵文洪先生看来,城市中私人财产权利的发展主要包括两个互相联系的内容:一是财产的不可侵犯性的发展,即城市摆脱了外在的对财产的封建性侵扰,并建立了抵制这种侵扰的机制;二是不自由人对自身劳动力的所有权的获得,以及城市土地的权利向市民私人所有权的

---

① 〔德〕马克斯·韦伯:《经济与社会》(下),林荣远译,北京:商务印书馆1997年版,第569页。

趋近。但是这一切,都必须以城市在政治上不同程度的独立为前提。①

2. 城市是公民社会产生的重要场所

在雅典时期,城市产生之初,就不仅仅是作为市场的产物,"城市从其形成开始便表现出一种两重性特点,这一特点此后就从未完全消失过:它把最大限度的保护作用和最大程度的侵略动机融合于一身,它提供了最广泛的自由和多样性,而同时又强制推行一种彻底的强迫和统治制度"②。然而,中世纪的城市毕竟是自由民觉醒的产物,也是公民社会逐渐形成的重要场所,它伴随着重商主义的兴起,并在这一基础上再次激发了公民权利的崛起。

公民权与城市政治的联系可以追溯到雅典城邦,当时的民主具有"面对面"的性质。在中世纪,城市一定是公民的城市,正如卢梭所说,再多住房充其量只能建成一个村镇,而公民却能构建一座城市。③ 11世纪后半叶,意大利的城市共和国就开始发展出独特的政治制度,北部一些市镇已经自行任命它们自己的"执政官",并赋予其最高的司法权力,不顾教皇的权威和帝国的宗主权。从1085年到1100年,比萨、米兰、热那亚、阿雷佐都任命了自己的执政官,波洛尼亚、帕多瓦、锡耶纳则于1140年前完成。12世纪下半叶,执政官制度渐渐被另一种政治形式所取代,后者以统治委员会为中心,委员会的长官称为"最高执政官",因为他们不仅在司法事务上,而且在行政事务上都拥有最高的权力或权威。这种制度最终确立的时间在帕多瓦是1170年,在米兰是1180年,在佛罗伦萨、比萨、锡耶纳和阿雷佐则是12世纪末。到13世纪中期,伦巴底和托斯卡纳的许多重要市镇已经获得了独立的城市共

---

① 参见赵文洪:《中世纪西欧城市与私人财产权利的发展》,载《史学月刊》1998年第2期。
② 〔美〕刘易斯·芒福德:《城市发展史——起源、演变和前景》,宋俊岭、倪文彦译,北京:中国建筑工业出版社2005年版,第51页。
③ 参见〔英〕戴维·贾奇、格里·斯托克、〔美〕哈罗德·沃尔曼编:《城市政治学理论》,刘晔译,上海:上海人民出版社2009年版,第190页。

和国地位,它们拥有成文宪法以保护选举的和自治的政府。① 因此,意大利城市共和国的政治发展颠覆了君主制的合法性,为公民社会的崛起提供了基础;同样,后来行会的兴起带来了反抗以骑士阶层为代表的贵族的斗争,这些都极大地激励了反抗君主专制的政治斗争。

3. 城市政治的权利纽带

从根本上说,欧洲的古典文明属于城市文明。这不仅因为城市是政治活动、社会活动和宗教活动的中心,而且还因为,城市实际上也包含了农村。城市居民和农村居民并不因为其居住地域的差异而被赋予不同的政治和社会权利。城市和农村不是隔离或对立的,而是连为一体的,这个纽带便是公民权。② 在芒福德看来,正是随着城市的发展,村庄的民主习惯才被逐步带入专业化的活动中,人类职能和社会职责处于经常性的循环交替状态,从而使每位居民都能充分参与到公共生活的各个方面。③

从城市发展史看,雅典和罗马时期的城市既是政治活动的场所,更是居民社会活动的场所。在日耳曼人入侵之后,这种政治与社会活动才被打断。一直到了中世纪,欧洲的社会才逐渐安定下来,城市重新得到迅速的发展。但是与雅典和罗马时期的城市不同,中世纪的城市是在封建制度的缝隙中生长的,其首要任务就是争取自身的独立空间。

开始于11世纪的城市争取自治的斗争,即城市居民争取自由解放的斗争,到了13世纪遍及西欧各地。由于城市的具体条件不同,斗争形式和取得的结果也不尽相同。一些比较富庶的城市常以金钱从领主那里赎买自治权,如法国南部和意大利的一些城市。另一种形式是以武装斗争的手段获得自治和独立。11、12世纪,法国东北部有40多个

---

① 参见〔英〕昆廷·斯金纳:《意大利城市共和国》,载〔英〕约翰·邓恩编著:《民主的历程》,林猛等译,长春:吉林人民出版社1999年版,第69—70页。
② 参见袁祖社:《权力与自由:市民社会的人学考察》,北京:中国社会科学出版社2003年版,第13页。
③ 参见〔美〕刘易斯·芒福德:《城市发展史——起源、演变和前景》,宋俊岭、倪文彦译,北京:中国建筑工业出版社2005年版,第131页。

城市通过起义获得了自治。① 虽然从15—16世纪,城市自治已经被民族国家所取代,但是城市共和国确定的自由民主制度却成为后来城市政治的重要财富——从城市共和国到民族国家的城市的过程依然延续着城市自治与民主的宝贵传统,后来的城市对于国家来说,"与其认为国家政体被细分为一些地方团体,不如说把这些地方团体看作一块块建起国家民主政体的砖石。"②

4. 自由迁徙中的权利重组

从政治开放到资本的兴起,城市开始进入新的历史时期。进入20世纪,中心城市面临"逆城市化"和"分散化"的巨大挑战,城市居民借助发达的交通工具逐渐"逃离"人口拥挤而环境恶劣的城市,单体的城市空间开始被逐渐打破。

美国学者米尔斯分析了巴尔的摩、密尔沃基、费城、罗彻斯特4个大都市区1800年至1963年的人口变化情况。研究结果表明:这4个大都市区距离市中心4.8公里半径范围内的人口占大都市区总人口的比重,1880年为88%,1890年为83%,1900年为78%,1910年为69%,1920年为61%,1930年为56%,1940年为53%,1948年为44%,1954年为34%,1963年为24%。③ 人口大量逃往郊区带来了城市空间的重塑,但是在集约型城市中,原先的政治空间格局仍然借助人口强度与公共服务的集中而显得相对僵化。

在中国,当长期以来市坊分离的空间格局被资本打破时,新中国成立以来的城乡分割又重新筑起了城市对乡村的凌越。借助不公平的制度安排,中国的城市内部实施有别于周边乡村的公共政策,并在选举等方面享有额外的政治权力。而在20世纪90年代以后,市场经济的启

---

① 齐涛主编:《世界通史教程(古代卷)》,济南:山东大学出版社2008年版,第186页。
② 〔英〕戴维·贾奇、格里·斯托克、〔美〕哈罗德·沃尔曼编:《城市政治学理论》,刘晔译,上海:上海人民出版社2009年版,第191页。
③ See Edwins S. Mills, Studies in the Structure of the Urban Economy, Baltimore: The Hopkins University Press, 1972, p.49.

动催生了中国人口的空前流动,大量的乡村人口涌入城市;而高房价又迫使大量的城市人口离开内城,从而形成城市化与逆城市化同时并存的局面。同时,由于城市化的制度安排,那些制约人口流动的城乡二分制度逐渐消除,城市居民在选举与公共服务等方面享有的特殊权力开始削弱,中国的城市空间进入了复杂而亟待重建的时期,这其中,不同群体对于城市权利的诉求开始正式出场。

二、城市权利的规范解释

城市权利是什么?如果我们无法解决这一问题,那么就可能陷入戴维·哈维对于这一命题的质疑:"宣称城市权利实际上就是宣称对一种不复存在的东西的权利(如果这个东西真正存在过的话)。进一步讲,城市权利只是一个空空如也的符号,取决于谁给它填充上意义。"① 权利概念的诞生本无学科的壁垒,但是在今天的学术划分中,权利这个词多出现在法学著作或法律条文之中。尽管这些讨论有着内在的一致性,但是在不同的学科体系中仍然有话语转换的必要性。

1. 权利的来源及其分类

西方对于权利起源的讨论仍然存在争论,比较典型的表达方式是权利是天赋的人权,还是商品经济的产物。蒲鲁东在比较了安全、自由、平等与财产权之后,指出所有权与其他三种并不在同一逻辑层次。值得注意的是,蒲鲁东首先论述了自由的价值:"自由是不可侵犯的,我既不能出卖又不能出让我的自由;一切旨在出让或停止行使自由权的契约或条款是无效的;当奴隶一旦踏上自由的国土,他就立刻成为自由人。当社会逮捕一个坏人并剥夺他的自由时,这是正当防卫的问题;凡是以犯罪的行为破坏社会契约的人都是公敌;在侵犯别人的自由时,他迫使被害人剥夺他的自由。自由是人的地位的首要条件:如果没有自

---

① 〔美〕戴维·哈维:《叛逆的城市》,叶茂齐、倪晓晖译,北京:商务印书馆2014年版,前言。

由,我们怎么能够完成人的行为呢?"①在自由之后,他继续论证了平等与安全的重要性,因为平等、安全同样不可以交易。

庞德耐心地梳理了学术界对于权利的六种基本分类:第一,它指利益,就像关于自然权利的很多讨论里所使用的那样;第二,"权利"这个词被用来指法律上得到承认和被划定界限的利益,加上用来保障它的法律工具,这可以称为广义的法律权利;第三,"权利"这个词被用来指一种通过政治组织社会的强力,来强制另一个人或所有其他人去从事某一行为或不从事某一行为的能力,这可以称为狭义的法律权利;第四,"权利"这个词被用来指一种设立、改变或剥夺各种狭义法律权利从而设立或改变各种义务的能力,可以称之为法律权力;第五,"权利"这个词被用来指某些可以说是法律上不过问的情况,也就是某些对自然能力在法律上不加限制的情况,可以有一种对整个活动领域不加过问的一般情况,即自由权;第六,"权利"还被用在纯伦理意义上来指什么是正义的。在欧洲大陆的各种语言中,"权利"这个词,另外还有法律的意义。②

庞德的理论影响了中国的法理学,也给我们对于城市政治的讨论以切入点。在庞德的分类中,从具体的所有权出发的权利到抽象的政治权利的过渡再次论证了利益、权力构成权利的基本内容。从政治学的角度来看,在利益与权力的背后,权利的核心则在于对于正义与自由的捍卫。我们需要讨论的是,政治体系的发展到底应该是围绕权力本位还是权利本位进行? 而这一回答又建立在以下的追问之上:权利来源于社会生活,还是来自于法定? "权利的源泉问题与权利本位观念直接相关,因为如果承认权利来源于社会生活,那么,尊重权利就会是自

---

① 〔法〕蒲鲁东:《什么是所有权或对权利和政治的原理的研究》,孙署冰译,北京:商务印书馆1963年版,第70页。
② 参见〔美〕庞德:《通过法律的社会控制》,沈宗灵、董世忠译,北京:商务印书馆1984年版,第46—48页。

然的;如果认为权利来源于法定,那么尊重权利就会是人为的。"①

2. 权利由国家加以保障

在现代国家兴起之后,"国家是否有存在的必要"逐步淡出政治学的视野,政治学研究的视角开始转向如何建设一个更好的国家。1789年法国《人权宣言》强调:"在权利方面,人生来是而且始终是自由平等的。因此,公民的荣誉只能建立在公共事业的基础上。一切政治结合的目的都在于保护人的天赋和不可侵犯的权利;这些权利是:自由、财产、安全以及反抗压迫。"②因此,国家是由人组成的,国家的发展与人的尊严实现并无冲突;从国家出发,国家拥有维护公民权利的义务。

在政治学说史上,国家与公民权的关系是一个被反复讨论的命题。为什么成立国家? 契约论以来的国家学说大多指向了公共利益。斯宾诺莎则强调,建立在契约之上的国家有保护人民权利的责任,而服从国家管理的人民与奴隶并不相同,服从国家是人民成为公民的必然环节:"遵从命令而行动在某种意义之下确是丧失了自由,但是并不因此就使人变成一个奴隶。这全看行动的目的是什么。如果行动的目的是为国家的利益,则其本人是一个奴隶,于自己没有好处。但在一个国家或一个王国之中,最高的原则是全民的利益,不是统治者的利益,而服从最高统治之权并不使人变为奴隶于其无益,而是使他成为一个公民。"③

政治学常识告诉我们,国家已经成为最大的政治组织,人民虽然在法理上拥有国家的全部主权,但是没有任何一个人的私权能够与国家强权相抗衡。国家来源于社会,并最终成为社会的异化力量,这种异化从积极的意义上看就是,唯有国家才是公民权利的重要的保护者,借助于传统清官式的个人品质与家族式的同态复仇都是消极意义上的、狭隘的权利维护方法,无益于现代国家制度的确立。而国家是否可能损

---

① 孙笑侠:《法的现象与观念》,济南:山东人民出版社 2001 年版,第 124 页。
② 王德禄、蒋世和编:《人权宣言》,北京:求实出版社 1989 年版,第 14 页。
③ 〔荷〕斯宾诺莎:《神学政治论》,温锡增译,北京:商务印书馆 1963 年版,第 218 页。

害公民的权利,自由主义者的答案是确定的,因为国家既是公民权利的保护者,也可能由于过于强大而失去控制,国家悖论与权利之间的张力此消彼长,难以化解。政治过程,无论是国家政治过程还是地方政治过程在国家权力与私人权利之间艰难前行。

3. 人民拥有自身的最终保障权利

人民主权学说赋予了人民对于国家的最终控制权,但是国家一旦产生,就有了自主性,抽象的人民如何实现对国家的控制便成为一个政治学难题;我们必须承认,代议制危机也就是在这一点上击溃了社会契约论的制度想象。

美国法学家尼尔·K. 考默萨在《法律的限度》中揭示了一个典型的案例——"新区流动人口案"。在这一案件中,原告是纽约州阿尔巴尼附近地区的七位居民,他们对居住地的一个大型水泥厂提出了一桩民事诉讼,他们诉称工厂排放出来的污染物和机器轰鸣构成了普通法上的侵害,因此侵犯了他们的私人财产权,希望法院通过传统的损害侵权赔偿办法维护其权利。然而,法院从工厂产生的价值与成本(包括权利损害)的平衡角度出发,既要求被告进行赔偿,又同时驳回了原告的请求。① 考默萨在这一案例中发现,诸如目标、价值、思想意识以及法律和权利等概念之间的联系,在很大程度上取决于制度选择。但是,政治学关心的是,谁有权去选择并决定这种平衡的比例?法律经济学家波斯纳(Richard A. Posner)就明确指出,当收益与成本之间的平衡可以通过市场交易来完成的时候,法院不能也不应该去作这种平衡。②

上述案例仅仅是一个企业与部分公民的权利冲突,难以想象当更大的政治组织与公民发生冲突之后,作为个体的公民如何获得制度救

---

① 参见〔美〕尼尔·K. 考默萨:《法律的限度》,申卫星、王琦译,北京:商务印书馆2007年版,第11页。
② See Richard Allen Posner, A. Economic Analysis of Law [M](4th ed.) Little, Brown and Company, 1992: 56—61. 转引自〔美〕尼尔·K. 考默萨:《法律的限度》,申卫星、王琦译,北京:商务印书馆2007年版,第13页。

济——因为作为终极裁判的司法体系也开始关注"利益平衡";同样,即使上述案例是建立在市场的交换之上——这也许是一个比较可行的方法——那么,市场是否能够保持更大的公平性也值得怀疑,因为法律的执行者祭出的"利益平衡"的旗帜,同样可以为市场所用。

在斯宾诺莎看来,所谓"自由",就是人们必须有能力决定自己的行为:"凡是仅仅由自身本性的必然性而存在,其行为仅仅由它自身决定的东西,就叫做自由。反之,凡一物的存在及其行为均按一定的方式为他物所决定,便叫做必然或受制。"①在斯宾诺莎自然属性的论述中,我们还无法推断出他是否会讨论这种"利益平衡",但是从他另外的一段话中,我们大概可以得出结论:"政府最终的目的不是用恐怖来统治或约束,也不是强制使人服从,恰恰相反,而是使人免于恐惧,这样他的生活才能极有保障……政治的目的绝不是把人从有理性的动物变成畜生或傀儡,而是使人有保障地发展他们的心身,没有拘束地运用他们的理智……实在说来,政治的真正目的是自由。"②夏勇先生也同样强调指出:一个现实的人要充分享有权利,就必须具备以下条件:有某种特定的利益;能够通过现实途径提出自己的要求;具备提出这种要求的资格;这种利益和要求得到某种现实权威的支持;以及,他自己要有起码的人身自由和选择自由。③

三、城市权利的一般分类

自由成为权利的起点符合政治学的一般逻辑,也吻合了世界城市发展的基本历史。在中国的城市历史中,自由并不是"城"的必需品,但是城市确是"市"的发源地。军镇到城市的过程的背后意味着人口的涌入,也意味着人口在身份转换后的新型生活的开始,意味着新的权利的

---

① 〔荷〕斯宾诺莎:《伦理学》,贺麟译,北京:商务印书馆1983年版,第4页。
② 〔荷〕斯宾诺莎:《神学政治论》,温锡增译,北京:商务印书馆1963年版,第272页。
③ 参见夏勇:《人权概念起源:权利的历史哲学》,北京:中国政法大学出版社2001年版,第62页。

逻辑展开。

1. 城市政治权利

"政治权利,就是在特定的经济社会关系及其体现的利益关系基础上,由政治权力确认和保障的社会成员和社会群体主张其共同利益的法定资格。"[①]在城市政治史中,希腊城邦首先赋予了城市公民以平等的权利。因此,城市政治作为民主政治的重要来源成为政治学的共识:"现代政治是城市政治而不是乡村政治。现代民主政治的最初实践发生于自治城市,而后作为政治权力中枢的现代化城市一直是现代民主政治的重镇。"[②]但是与西方不同,中国并不存在古典城邦的历史,清末民初自治城市的发展也只是昙花一现,这就很大程度上决定了中国的城市政治并不具备天然的民主因素。中国长期以来是一个农业帝国,在新中国成立之后,城市政治权利是通过与农村政治权利相比较而产生的。

在1949年以后中国城市的发展过程中,城市与农村享有不同的政治地位。1953年我国第一部选举法规定,城乡按8∶1的比例选举人大代表;1995年修改的选举法把城乡选举人大代表的比例变更为4∶1;一直到了2010年3月14日,十一届全国人大三次会议对选举法进行第五次修改,才决定城乡按1∶1的比例选举人大代表,实行"同票同权"。

邓小平同志在1953年关于选举法草案的说明中指出了这种选举不平等的现实原因:"这些在选举上不同比例的规定,就某种方面来说,是不完全平等的,但是只有这样规定,才能真实地反映我国的现实生活,才能使全国各民族各阶层在各级人民代表大会中有与其地位相当的代表","随着我国政治、经济、文化的发展,我们将来也一定要采

---

① 王浦劬等:《政治学基础》(第二版),北京:北京大学出版社2006年版,第96页。
② 张涛、王向民、陈文新:《中国城市基层直接选举研究》,重庆:重庆出版社2008年版,第28页。

用……更为完备的选举制度","过渡到更为平等和完全平等的选举"。① 长期以来,我国在选举制度上的不平等一直广为理论界诟病。韩大元教授分析道,新中国成立初期选举权的不平等的基本背景是,1953年我国居住在城市和农村的居民人数比例为13∶87,人口构成的工农比例相差非常悬殊,如果按照相同比例分配代表名额,农民代表所占的比例就会极大地超过工人代表的比例。这种特殊国情决定了只有规定城市和农村代表分别代表不同的人口比例,才能保证工人阶级在各级人大代表中占相对多数。② 不难看出,由于工人阶级多居住在城市,保障工人阶级的政治地位其实就是在法律上确认了中国城市的特殊地位。中国的选举制并不完全是建立在个体公民权的基础上,而是建立在特定阶级及其阶级力量集中的城市政治地位之上。

在中国的城市政治学中,还不能忽视户籍制度对城市政治权利的确认。1951年,公安部颁布《城市户口管理暂行条例》,将我国居民区分为住家户、工商户、公寓户、船舶户、寺庙户和外侨户等六类,但是这部规章尚未把居民严格分割为城乡两种类型,更由于1954年《宪法》规定了迁徙和居住的自由,因此,城乡分割体制尚未形成。到1958年1月,全国人大常委会颁布《中华人民共和国户口登记条例》,对人口自由流动进行严格的控制,该法第10条规定:"公民迁出本户口管辖区,由本人或者户主在迁出前向户口登记机关申报迁出登记,领取迁移证件,注销户口。公民由农村迁往城市,必须持有城市劳动部门的录用证明,学校的录取证明,或者城市户口登记机关的准予迁入的证明,向常住地户口登记机关申请办理迁出手续。公民迁往边防地区,必须经过常住地县、市、市辖区公安机关批准。"这部法律明确将城乡居民区分为"农业户口"和"非农业户口"两种户籍。因此,城乡不同户籍制度在事实上

---

① 《选举法60年发展历程:人大代表城乡比例初为8比1》,凤凰网:http://news.sina.com.cn/c/sd/2010-02-22/165019715985.shtml,访问日期:2014年8月25日。
② 参见韩大元:《"城乡按相同人口比例选举人大代表"的规范分析及其影响》,载《国家行政学院学报》2010年第2期。

废弃了1954年《宪法》关于迁徙自由的规定,与选举制度一道,再次从刚性制度上确认了城市权利的优先地位。当这一制度面临市场经济的冲击时,权利的不平等就迅速成为城市化、工业化与市场化进程中的巨大障碍。

2. 城市经济权利

在相当长的时间里,城市并非一个独立的空间,城市不过是一个甚至若干个封建领主互相割据的市场或居所,而"市场的存在往往建立在领主或王公的许可和保护许诺的基础之上的,领主或王公对外来商品和长途市场的手工艺产品经常性的供应、对他收入的关税、护送和其他保护费用、市场收费、诉讼费用等,都感兴趣,但是除此而外,对有纳税能力的手工艺行业经营者和商人在当地定居,也感兴趣,而且一旦在市场的边缘形成一个市场定居点,他也可以希望因此而提高土地租息,从中获益——当这里所涉及的是货币经济的、增加他的贵金属宝库的收入时,这些机会对他就具有更大的意义。"①因此,城市要想获得自由,就必须从经济独立入手,逐步摆脱封建领主的束缚。

在现代城市的世界性发展路径中,多数城市都成为区域性的经济中心。城市在汇集资金、技术与信心等资源上具有无可置疑的优势。法国历史学家费尔南·布罗代尔指出:"欧洲和别处一样,城市在创立和成长过程中都遇到同一个根本问题:城乡分工。这一分工从未得到明确规定,始终下不了一个定义。原则上讲,商业、手工业以及政治、宗教与经济指挥职能,都属于城市一方,但这只是原则上的划分,因为分界不断在向一方或另一方移动。"②

在近代城市开始发育的中世纪,城市明显存在过渡性特征,但是这一时期已经看出城市作为经济中心的雏形,当然这些经济中心无法摆

---

① 〔德〕马克斯·韦伯:《经济与社会》(下),林荣远译,北京:商务印书馆1997年版,第569页。
② 转引自萧国亮、隋福民编著:《世界经济史》,北京:北京大学出版社2007年版,第49页。

脱政治保卫:"中世纪的市镇与后来不同,贵族与上层人家都住小型城堡,有仓库和庭院。当时,城市最大的特色是聚集了大量的手工业者,在他们的聚集区内,同行往往集中在一条街上,如皮匠街、马鞍匠街等。街道两边的房屋并没有建造在一条直线上,由此造成街道时宽时窄。路面多是泥地,泥泞而肮脏。市镇四周有堡垒和石头墙包围,城墙上建有城楼……每市各有城楼一百多个,既可以作为一种景观,也起着防守保护城市的作用。纽伦堡市有三百个城楼,整个市镇就如同一座堡垒。有一个拱形城门,夜晚城门关闭起来。"①随着手工业与商业的结合,中世纪中期以后,近代意义上的商业城市开始逐步兴起,城市生活开始逐步拥有自己的独立性特征。

亨利·皮雷纳指出:"中世纪城市的起源与商业复兴直接有关,前者是果后者是因,这是毋庸置疑的。商业的扩张和城市运动的发展非常明显地协调一致就是证明。商业发轫的意大利和尼德兰正是城市最先出现而且最迅速最茁壮地成长的国家。显而易见,商业愈发展,城市愈增多。"②其实与中世纪城市同时复兴的还有市民社会,但是需要强调的是,这些手工艺人和商人等组成的市民阶级并不享有特殊的权利,"只在有利可图的情况下他们才寻求人身的自由。这是千真万确的,例如在阿拉斯,商人企图冒充圣瓦斯特修道院的农奴,以便享受给农奴的免缴商品通行税的权利。"③

在20世纪50年代的中国,居民被分割为城乡两种类型时,为了限制人口自由流动,一系列权利限制性配套政策相继出台。其实在《户口登记条例》颁布之前,1953年4月17日,政务院就公布了《关于劝止农民盲目流入城市的指示》,阻止农民进城,要求对流入城市的农村劳动力实行计划管理,并称自由流动和迁徙的农民为"盲流";1954年3月,

---

① 萧国亮、隋福民编著:《世界经济史》,北京:北京大学出版社2007年版,第61页。
② 〔比〕亨利·皮雷纳:《中世纪的城市》,陈国樑译,北京:商务印书馆1985年版,第32页。
③ 同上书,第105页。

内务部和劳动部发出《关于继续贯彻〈劝止农民盲目流入城市〉的指示》,重申这一禁令。1956年12月30日国务院又发布《关于防止农村人口盲目外流的指示》等文件,在这些中央政府文件及其后来的一系列文件中,农村人口进入城市受到了严格的限制,这种限制主要从就业与户籍两个方面进行。到了1955年8月,国务院颁布《市镇粮食定量供应暂行办法》,在这部行政法规里,对非农业人口一律实施居民口粮分等定量供应制度,这可以看作是从基本生存保障上对农村人口流入城市的限制。当然,按照今天的标准,这些口粮只能算是最基本的保障,但是由于这种保障只面向少数群体,因此可以看出城市经济权利的优先性。同样的经济权利还体现在不同的城乡补贴上,中国至今依然引起广泛批评的城乡不同标准的养老、医疗等保障政策可以看作不平等经济权利的延续。

仅仅从城市经济权利救济角度出发,我们不难发现,由于城市经济权利往往与就业等要素相连,城市居民一旦失业,就可能面临十分严重的经济困境。随着城市经济社会迅速发展,城市居民由于低收入导致的公共服务与基本生活物资的匮乏是一个日益严重的城市问题。1997年9月,《国务院关于在全国建立城镇居民最低生活保障制度的通知》下发,标志我国城市社会救助制度的初步建立,在该文件中,三类城市居民被界定为社会救助的对象:一是无生活来源、无劳动能力、无法定赡养人或抚养人的居民;二是领取失业救济金期间或失业救济期满仍未能重新就业,家庭人均收入低于最低生活保障标准的居民;三是在职人员和下岗人员在领取工资或最低工资、基本生活费后以及退休人员领取退休金后,其家庭人均收入仍低于最低生活保障标准的居民。因此,落实城市救助制度就是强调城市居民经济权利的落实。

3. 城市社会权利

城市自其产生之日起,就注定不仅仅是建筑的堆砌,更是人类生活的结合;而落实城市社会权利,使城市成为自由舒适的居住工作之所就成为城市政治学考虑的内容。然而,生产方式变化的一个重要结果是,"日益增大的工人和中产阶级家庭都认为仅依靠一个人的收入来获得可接受的生活水平已变得越来越困难了。这导致了双职工家庭的增加;另一个结果是非正规经济的增长和成熟;而这又反过来开始创造出新型的家庭组织、新的家庭及城市空间的分化以及新的公共关系。"[1] 在拥挤而互相联系密切的城市中,什么是城市的最小单位,如何保障这些单位的基本运作权利则成为城市政治学要考虑的又一个问题。

城市社会权利首先应该是保障居住、拥有自身空间的权利,在这一前提之上,形成公共空间。我们认为,组成城市社会的既包括个体,也包括社会组织;但即使是在市民社会发育成熟的城市,家庭仍然是最重要的社会单元,因此,保障家庭等社会单元的居住与生活空间是城市居民首要的社会权利。然而,美国城市地理学家保罗·诺克斯和史蒂文·平奇不无悲哀地发现,在贫困的家庭里,这样的社会权利的获得是困难的,即使被视为最隐私的厕所,也必须和其他家庭成员共用,个人隐私依然被进一步侵蚀。[2] 当然在家庭以外,人们还同时组成了社会的其他单元,虽然这种单元往往以社团或利益集团甚至非正式的、松散的组织形态呈现出来,但是这些形态同时体现了城市居民的社会权利。

所谓城市的社会权利还包括减少社会排斥、促进社会融合、实现社会自我生长的权利。社会排斥体现为多种类型,从一般的表象来看,这种排斥主要体现为社会关系的排斥:"社会关系排斥是指一定的社会成员或者社会群体交往人数和频率下降,社会网络分割和社会支持减弱。其主要表现为由于受到偏见、习俗或者其他因素影响,一定的社会成员或者社会群体与其他社会成员或者社会群体在社会关系方面出现了断裂,无法进入其他群体的社会关系网络中,社会交往和社会关系受到相

---

[1] 〔美〕保罗·诺克斯、史蒂文·平奇:《城市社会地理学导论》,柴彦威、张景秋等译,北京:商务印书馆 2005 年版,第 14 页。
[2] 同上书,第 235 页。

当大的限制。"①但是可以确定的是,这种社会关系的排斥及其背后的社会权利的丧失,其本质仍然要从政治权利上去寻求答案。

四、城市权利的逻辑批判

城市权利是由多种权利共同组成的,但是这种权利必须源自对于人权最朴素的规定,并在不同的历史阶段逐步增加时代的内容。城市毕竟是人类生活的新场所,自然也是人类诸多权利实现的新场所。城市权利归根到底讨论的是人在城市中的权利及其实现的问题。

1. 城市权利是具体的吗?

陈忠教授认为,"城市化是人对可能性生活的不断创造,城市权利的不断实现,也就是人的可能性生活的不断展开。从少数人的城市到多数人的城市,是城市发展、城市权利转换的历史趋势。保障人们在城市中的空间权、参与权、生活权,特别是平等的实践权、创造权,是激活城市活力,实现城市可持续繁荣、可持续稳定的根本选择。"②但是这些权利将如何实现,必须取决于这些权利能否进一步细化。

在城市政治中,权利是具体的还是抽象的?是政治的概念还是仅仅是一个法律的概念?不同的学者给出了不同的结论。在城市中,或由于城市制度设计的缺陷,或由于个人组织能力的不足,导致城市居民政治、经济、文化及社会权利的匮乏。而在洪朝辉看来,社会权利本身就包含了丰富的内容,所谓"社会权利的贫困就是指一批特定的群体和个人,无法享受社会和法律公认的足够数量和质量的工作、住房、教育、分配、医疗、财产、晋升、迁徙、名誉、娱乐、被赡养,以及平等的性别权利,而且由于他们应该享有的社会权利被削弱和侵犯而导致相对或绝对的经济贫困。"③

---

① 熊光清:《中国流动人口中的政治排斥问题研究》,北京:中国人民大学出版社 2009 年版,第 36 页。
② 陈忠:《城市权利:城市繁荣稳定的基础》,载《中国社会科学报》2013 年 5 月 3 日。
③ 〔美〕洪朝辉:《论中国城市社会权利的贫困》,载《江苏社会科学》2003 年第 2 期。

从经济贫困入手来思考权利贫困,并继而思考权利的分类,为城市权利的供给提供了视角。但是,把所有问题都归结为社会问题无助于其他问题的解决,尤其无助于政治权利问题的解决。我们认为,政治权利的匮乏,影响着其他权利的供给,难以想象一个不自由的城市可以保质保量地供给工作、住房、教育、分配、医疗、财产、晋升、迁徙、名誉、娱乐、被赡养,以及平等的性别权利。同时,即使一个宽泛的概念也不能掩盖中国城市化进程中的权利差距,如果任由这样的差距扩大,中国城市化的进程就难以为继,因此中国城市政治过程在一定程度上就是实现权利平衡的过程。

2. 城市权利实现的障碍是什么?

既然权利与正义有关,那么权利的匮乏一定与正义的匮乏有关。"所谓的正义大体有两种,一种是社会上公共承认的社会正义,一种是政府的法庭中所执行的法律正义。法律的正义如以社会的正义为基础,使二者丝丝入扣地合而为一,则这个国家的政治一定清明而安定,人民的权利也能得到较好的保护,反之,如果这两种正义的距离很远,这个国家的政治便一定黑暗而动荡不定,人民的权利也常常受到侵害甚至被完全剥夺。"①

在《论人权》中,潘恩把人的权利分为两种:自然权利和公民权利。在潘恩看来,人人生来平等,都有平等的自然权利。一切公民权利的基础就是这种平等的自然权利。② 罗尔斯在"无知之幕"的假设中也作出了相同的结论,即人们在实现正义的过程中必须首先确定平等规则。我们同样认为,任何个体的权利都不应该被伤害,城市不同主体权利的实现必须也只有建立在平等之上,才可能是比较完美的解决方案。

潘恩强调,自然权利包括了思想权利以及某个个体在不侵犯他人

---

① 孙哲:《新人权论》,郑州:河南人民出版社1992年版,第145页。
② 参见〔英〕汉默顿:《伟大的思想:塑造人类文明的力量Ⅰ》(哲学社会科学卷),罗卫平译,贵阳:贵州人民出版社2004年版,第211页。

自然权利的前提下追求自身幸福的权利。它仅仅是具有生存权的人所具有的权利。而公民权利恰恰是以这种自然权利为基础的作为社会成员的个体所具有的权利。因此，个体并非在任何情况下都能享受这些权利，例如与个体安全及保障有关的一类权利。由此可见，由于个体行使自然权利本身是同等和完整的，不能用自然权利中衍生出的权利去侵犯个体的自然权利，因此，对于每个人来说这是一种不完整的权利。①正是在这样的判断中，潘恩批判了迷信政府、强权政府，而推崇建立在独立人权之上的契约性政府，因为只有这样的政府治理才会以社会与人类的共同利益为目标，而契约就是我们所说的宪法。

结合潘恩与孙哲的思考，我们知道，权利之所以无法得到保障，无非与两种正义的缺失相关；而法律正义是社会正义的底线，良好的社会正义是权利保障的主要原则。在权利的保障中，法律正义的缺失从基础上剥夺了公民权利，也瓦解了契约精神，摧毁了公共治理。仅仅以社会权利为例，我国1954年《宪法》规定了迁徙和居住的自由，而后又取消了这项普遍性权利时，居然没有受到中国社会的强烈抵抗，因此，中国公民权利的缺失表面上看是因为法律的修改，而本质上却是社会正义的丧失。理由很简单，当公民的个体权利无法在社会中得到坚决维护时，权利通向国家的道路必然被迅速阻隔。社会权利如此，经济、文化、政治等权利也如此。

3. 城市权利实现的历史定位

城市权利归根结底是人的权利，按照潘恩的分类，政治、经济、文化与社会权利都可以合并到自然权利与公民权利之中，并指向了建立什么样的国家与政府。

在城市权利的平等实现中，我们承认这里一定有一个循序渐进的过程，但是在这样的过程中，承认不同个体的平等权之后，对于同一时

---

① 参见〔英〕汉默顿：《伟大的思想：塑造人类文明的力量Ⅰ》(哲学社会科学卷)，罗卫平译，贵阳：贵州人民出版社2004年版，第211页。

期的同一个体来说,是否存在需要优先实现的权利?因此,自然权利与公民权利对于个体来说同样重要,自然权利是与生俱来的,而公民权利则和现代国家相关;前者解决了公民权利平等的逻辑问题,后者解决了公民权利的实现问题。在这样的分析下,我们发现,城市权利的实现必须建立在现代政府之下,并用以观察现代政府尤其是城市政府治理的制度路径。

在 2014 年 9 月底的一次论坛上,新加坡国立大学东亚所主席王赓武教授提出,我们所处的时代,其实有三个"正常",首先是 1945 年二战后世界政治安排,即"机制性正常",其次是过去 500 年欧洲国家向亚洲、美洲、非洲扩张形成的"系统性正常",最后是历时更长远的"结构性正常"。[①] 这样的分类为我们的研究提供了借鉴,如果从城市主权与人权的关系角度看,我们可以认为,城市权利的实现确实经历了三个阶段:城市主权与人权分离;城市主权与人权合一;城市权利的完全实现。而我们今天的讨论,显然主要集中在第三个阶段,即如何在一个现代城市治理中实现个体权利与城市的契合,这种契合可以看作城市机制性权利的实现。

第二节 城市化进程中的权利冲突

权利的解释与分类深化了我们对于城市权利实现的逻辑思考。在不同的历史阶段,城市权利的实现有不同的内容,但是任何宽泛的概念都无法掩盖城市化进程中的权利差距,如果任由这样的差距扩大,城市化的进程就难以为继,而基于自由与正义的城市就不复存在。在中世纪,城市文明就出现过普遍的溃败,在这一溃败过程中,城市的"社会生

---

① 参见韩咏红:《王赓武:中国无需挑战二战后世界格局》,联合早报网:http://www.zaobao.com/special/report/politic/cnpol/story20141002-395526,访问日期:2014 年 10 月 3 日。

活中的有机模式开始分崩离析了。逐渐地,它的外在形式倾颓荒废了。而且,即使它作为城市仍然矗立在大地上,它的城墙所圈围的,是一处空无内容的场所"①。而在资本进入城市的时候,城市权利则意味着对城市社会的异化的批判,对城市中的自由、平等与正义的呼唤,也正是在这样的视角下,哈维强调:"城市权利是一种集体的权利,而非个人的权利……建设改造自己和自己城市的自由是最宝贵的人权之一"②。

一、城市化进程中的权利变迁

前文已经提到,庞德梳理了学术界对于权利的六种基本分类:利益、广义的法律权利、狭义的法律权利、法律权力、自由权、正义。③ 从法律的角度,庞德的权利分类无疑是全面的,但是范进学教授从这一分类中敏锐地察觉到,庞德的分类混淆了特权与自由权④。由于城市的形成有一个过程,城市权利在不同的阶段、不同的国家与地区确实有所差异。在城市化进程中,权利的实现并不是一个静止的概念,而是一个动态的过程。具体而言,由于城市发展的背后伴随着移民的浪潮,从而形成城市不同居民的权利结构变迁。

1. 城市族群的权利变迁

在民族国家形成中,城市的变迁往往是族群权力和权利的变迁史。"多族群国家在居民们形形色色的贡献之下,常常是生机勃勃、富有活力。但是,这样的国家也可能十分脆弱,在面临内部动乱和外部威胁时尤其如此。语言、宗教和文化等方面歧异多样的背景都可能会成为断

---

① 〔美〕刘易斯·芒福德:《城市文化》,宋俊岭、李翔宁、周鸣浩译,北京:中国建筑工业出版社2009年版,第71—72页。
② 〔美〕戴维·哈维:《叛逆的城市》,叶茂齐、倪晓晖译,北京:商务印书馆2014年版,第5页。
③ 〔美〕庞德:《通过法律的社会控制》,沈宗灵、董世忠译,北京:商务印书馆1984年版,第46—48页。
④ 参见范进学:《权利政治论:一种宪政民主理论的阐释》,济南:山东人民出版社2003年版,第4页。

层线,从而导致族群之间公开的对立。"①

为了化解城市中的族群对立,城市政治体系往往需要进行必要的调整。例如清朝的呼和浩特市,存在三个行政系统:绥远将军是都护性质的地方最高首长;两位镇守归化城副都统,管土默特蒙民;归绥兵备道管各厅汉民。这就是所谓旗厅并存、蒙汉分治制度。②到了民国时期,基本沿袭了蒙汉分治制度,旗厅并存变化为旗县并存,但是"旗厅并存和旗县并存,都不意味着旗与厅或县的关系在实际上是对等的。清代的旗厅关系中,旗居于主动优势地位;民国的旗县关系中,旗则居于被动劣势地位。整个民国时期是旗权不断遭到侵削蚕食和土默特蒙古族力保旗权的矛盾斗争时期。"③因此,民族混居地区的城市发展,往往伴随着权利的变迁,呼和浩特市历史上旗权的捍卫不能仅仅看作体制更换中的必然结果,更应该看作民族地区对于政治权利和文化传统的尊重与维护。

在美国,民族学者也注意到了族群多样性与城市治理的关系,艾尔波托·艾莱斯那(Alberto Alesina)、雷纳·巴切尔(Reza Baqir)、威廉·伊斯特利(William Easterly)在1999年10月出版的《经济学季刊》中建构了一个模型,以分析不同族群的偏好的异质性和城市公共物品供给之间的关系。数据分析支持以下的解释:在美国三种不同类型的城市中的数据都证明,在其他社会经济和人口因素等变量控制下,生产性公共产品,如教育、道路、图书馆、下水道和垃圾收集等方面的供给与城市族群分裂呈负相关。文章认为,种族冲突(ethnic conflict)是地方公共财政的一个重要的决定因素。④

---

① 〔英〕安东尼·吉登斯:《社会学》(第五版),李康译,北京:北京大学出版社2009年版,第405页。
② 参见王俊敏:《青城民族:一个边疆城市民族关系的历史演变》,天津:天津人民出版社2001年版,第59页。
③ 同上书,第61页。
④ See Alberto Alesina, Reza Baqir, William Easterly, Public Goods and Ethnic Divisions, The Quarterly Journal of Economics, November 1999, pp.1243—1284.

族群冲突是否会导致公共服务乃至城市治理的质量低下,学术界仍持有争论,但是基本可以判断的是,族群冲突从根本上应该是权利的冲突,历史上呼和浩特市的权利冲突主要体现为政治层面,而美国学者的研究则关注经济层面。原因很简单,在二战以后,美国等西方国家的政治制度已经实现了种族和解,同时基于美国地方主义和联邦主义的政治传统,不同种族可以非常轻易拥有相同的政治权利,因此,伴随着行为主义政治学的视角,政治学关注政治权利实现之后的具体的经济权利便不难理解。

2. 原住民与新移民的权利变迁

严格地说,"原住民"是个民族学的概念,又通常被称作"土著民族","原住民相对于后来的外来民族而言。一般来讲,外来民族通过武力征服或其他手段进入原住民地区,以其政治、经济和文化上的先进和人口的多数常处于统治或优势地位,而原住民则处于不利地位。"[1]在城市政治学中,我们认为,城市的原住民无疑是个相对概念,是指那些在城市居住一段时间,已经形成相对固定的政治、经济与社会文化传统的居民。

无疑,城市一定伴随着人口的大量流动和集聚,应该说,没有人口流动和集聚就没有城市。但是从客观条件上看,居民也有进入城市的先后顺序。这些先来者制定了城市规则,并在一定程度上以制度化的形式保障自己的权利。这些权利既包括政治权利,也包括经济权利与社会权利。套用民族学对于原住民权利的梳理,我们认为,在城市化进程中,在区域发展不平衡的局面下,也有可能出现城市权利的冲突,这种冲突主要发生在城市原住民与新移民之间。

承认原住民权利并不意味着他们在城市中享有优先地位,事实上,城市政治学不承认任何个体与组织的优先地位。我们只是为了便于理论分析,将城市居民进行初步的分类,但这正是真正的困难所在。我国

---

[1] 王希恩:《民族过程与国家》,兰州:甘肃人民出版社1998年版,第226页。

台湾地区"原住民身份法"(2001年)并不沿着民族界线进行划分,该文件规定:"原住民,包括山地原住民及平地原住民,其身份之认定,依下列规定:第一,山地原住民:台湾光复前原籍在山地行政区域内,且户口调查簿登记其本人或直系血亲尊亲属属于原住民者。第二,平地原住民:台湾光复前原籍在平地行政区域内,且户口调查簿登记其本人或直系血亲尊亲属属于原住民,并申请户籍所在地乡(镇、市、区)公所登记为平地原住民有案者。"①这样的划分方式给我们以启发,由于新中国成立以来实行的户籍制度,并且公共服务建立在户籍之上,因此我们可以户籍制度作为划分原住民和新移民的标准,即获得城市户籍的居民为城市原住民,相反则为城市新移民。城市原住民的权利体现在政府提供普遍性、统一标准的公共服务上,也体现在原有城市文化传统的保护上。

3. 城市新移民的权利变迁

在城乡分割的社会体系里,城市其实是由农业人口的涌入而逐步形成的。"如果把城乡流动看作是一种宏观现象,那么这种现象是由农村的社会变迁引起的。现代化、经济发展及其所连带的城市化带来了人口流动过程,该过程对国家社会经济发展具有积极和消极的双重作用。社会经济发展过程中人口的内部流动的重要意义并没有被夸大,因为它是发展本身的内在要素。"②因此,在城市日益形成并扩张的阶段,正是农村的社会变迁激发了城市的社会变迁。

但是,城市毕竟不是农村的翻版,城市人口也不是农民的简单聚集,人口涌入城市意味着原先社会关系的改变,"农民同其家舍的关系,就是现今文明人类同城市的关系。农舍有农舍的各种神祇,城市也有

---

① 武冬立主编:《国外及我国港澳台地区人口登记户籍管理法律法规选编》,北京:中国人民公安大学出版社2004年版,第447页。
② 魏朗云:《劳动力流动的特点及其对上海城市劳动力市场的影响》,载柯兰君、李汉林主编:《都市里的村民——中国大城市的流动人口》,北京:中央编译出版社2001年版,第196页。

城市的守护神,有自己本地的先圣。城市正象农民的农舍一样,也植根于土壤之中。"①在西方国家,城市与居民的关系并不是等级森严,但是城市文化的独特性使城市与新移民必然形成双向选择的关系,即城市会通过文化机制与价值机制对新移民进行筛选,而新移民也会在不同的城市之间选择自己适合的城市进行工作与生活。

同样的逻辑,在外地新移民中,也有自身权利保障的诉求。按照权利的基本分类,新移民的权利也包括政治权利、经济权利、文化权利和社会权利,即融入城市、参与城市管理、取得合法所得与获得城市政府保障的权利。在美国,居民搬迁到一个城市后,只要经过较短的时间,就可以自动拥有该市的诸多政治权利——选举权及各种政治参与权利,能够同时享受当地的社会福利待遇。但是在今天的中国,新移民获得城市政治权利的门槛较高,由于户籍制度的限制,新移民无法实现包括选举等政治权利在内的多种权利。除了政治权利之外,外来人口在获得城市社会福利方面也有一定的限制。因此,城市依然是本地人的城市,起码是获得户籍的原住民的城市。

在中国,城市化的进程会涉及两种新移民:本地郊区农民进城与外来民工进城。在前者,城市化进程一定会涉及郊区的土地问题,因此农民进城必然首先涉及财产权利的变迁,即新移民与城市土地的关系。有学者认为,除了确认农民对于城市土地的所有者地位,还应当保障农民在城市的居住权;在此基础上,从长远看,农民应当享有作为城市土地所有者的各方面权利。例如,农民不仅仅要分享城市土地经营管理的成果,而且要参与土地利用总体规划,城市规划及乡、镇总体规划的编制和对规划实施过程的监督,参与行使对城市土地收益的处分权和支配权,农民作为城市土地所有者的这些权利必须得到国家法律制度

---

① 〔美〕帕克、麦肯齐:《城市社会学》,宋俊岭、吴建华译,北京:华夏出版社1987年版,第1页。

的保障,以及逐步实现这些权利的体制机制保障。① 通过土地权利延伸到政治权利,是一个很好的分析思路,但是其逻辑性并不严密。任何进入城市的居民都在不同层次、不同程度上拥有经济权利,但是并不能得出可以直接行使政治权利的结论。

在城市新移民中,还有一个特别的群体值得关注,他们没有固定工作、没有固定居所、没有固定收入,这些人往往被称作"散工"。散工主要有以下几个特征:(1)身份构成上,主体是城市外来的农民工。(2)时间上,有长达数年的,也有短至三五天的。总的来说,以临时性、流动性为主要特征。(3)劳动意愿上,大部分为自愿,也有出于无奈,迫不得已而为之的。(4)劳动性质上,以简单体力劳动为主。(5)劳动强度上,从事脏、重、累、苦、险等大强度的工作。(6)经济地位上,弱势群体、贫困,而非外来工、下岗工人中自强自立者。(7)社会地位上,处于社会的边缘和底层,难以得到政府、社会和法律的保护和支持。(8)工作报酬上,以计时、计天、计件等为主。劳动收入处于税务监管的盲区。(9)工作性质上,相对自由但不稳定,没有任何社会保障和保险救助。(10)就业情形上,处于半失业或隐性失业状态,自发,或受雇于个体、私营经济单位,劳资双方关系松散,没有劳动合同,仅有口头契约。(11)居住形式上,租住市民和农民房屋、工棚或自搭窝棚,而不是住在集体宿舍。② 这些散工往往是最底层的城市新移民,他们多处于城市社会的边缘,缺乏生存技能,也缺少利益表达的政治管道,他们是城市中真正的弱者,不过暂时寄居城市之中;他们连基本生存尚有困难,更难以奢望居民的其他权利。在后发国家,这些群体往往是城市贫民窟的重要组成部分,也是城市中最不满的社会力量。但是他们的权利并不能被简单忽略,作为城市的一部分,他们同样存在政治、经济及文

---

① 参见蔡永飞:《探讨农民对城市土地的权利》,载《中国改革》2008年第1期。
② 参见周大鸣、周建新、刘志军:《"自由"的都市边缘人——中国东南沿海散工研究》,广州:中山大学出版社2007年版,第20—21页。

化权利的困境。

归根结底,城市是由不同的人群组成的,人群之间并不存在不可以跨越的鸿沟,因此在这些不同类型的城市居民中,本质上有着同样的权利焦虑:第一种是保持性焦虑,即在外来人口大量涌入的时候,一种由于担心失去既有权利的心理焦虑;第二种是获得性焦虑,获得长期城市居住证、获得城市正式居民身份成为这一人群的最大梦想,当一些城市实施积分落户政策时,由于预期的不可知,更加强了他们的心理焦虑;第三种是丧失性焦虑,一些人群由于滑入城市的边缘,以及自身技能条件不足,积分落户对于他们来说遥不可及,既然城市难以立足,他们将迟早离开城市,但是对于回到故乡重持劳务显得有所不甘,从而加深了心理焦虑。其他新移民的权利变迁中,这些焦虑无不来源于权利的获得与保持。

二、城市化进程中的权利冲突

城市化进程能否导致居民的权利冲突?这个问题也许并不存在一个因果关系,但是伴随着权利意识的生长,城市发展在不同的阶段确实与城市化的进程保持一定的联系。具体而言,在城市形成、城市膨胀与城市衰退阶段,权利冲突呈现不同的鲜明特征。

1. 城市形成中的权利冲突

一般认为,城市意味着工业与商业的繁荣,但是城市同时有一个从农业集镇到工业化城市的演变过程。在城市的起源阶段,韦伯认为城市与农业并非无法兼容:"城市同农业的关系绝不是一清二楚的。过去的、现在也有'农业市民城市',也就是说,一些作为市场流通场所和典型的城市手工业的所在地,远离一般农村的地方,在这些地方,广大在那里定居的市民对食品的需求靠自营经济来满足,甚至也生产一些用于销售。无疑,正常的情况是,城市越大,城市居民一般就越少拥有能在某种比例上满足他们的粮食需求和供他们进行粮食生产的农田,而且大多数情况也是:他们一般也不能像'农村'那样拥有供他们利用的草地和森林……不过,中世纪德国的其他城市和外国的城市,至少拥有相当可观的饲养牲畜的草地和森林,供市民之用……古代有充分权利的市民是'农业市民'。"①这一点也为芒福德所证明,在《城市文化》中,他指出,中世纪的多数城镇不仅仅"置身于"农村环境里,还"隶属于"农村,成为农村的一部分:粮食不仅种植在城外的梯田,同样也种植在城墙里面。②

因此,在城市的发轫期,在城市与农业的模糊关系中,城市居民的权利与农民并无二致,财产权无疑成为城市居民最重要的权利。然而,城市与农业的关系在中世纪就被割裂了,上述"农业市民城市"方式往往被排除在城市之外,甚至以"集镇"加以定义。韦伯发现,以城墙等形式来确定城市是困难的,因为并不是所有的城市都有城墙,而有城墙的可能恰恰是村庄。韦伯把城市的逻辑从经济、政治与社会等角度进行了梳理,尽管这种城市的分类并不严格与城市发展时间一一对应,也无法解决城市从农业过渡到工商业的边界问题,但是他在城市发展阶段的分析中为政治权利的出场提供了理论基础。

15世纪末,由于牧业和毛纺织业的长足发展,英国封建制生产关系逐渐解体,而对羊毛大量的需求更导致圈地形成一种大规模社会运动。③但是需要指出的是,"羊吃人"的圈地运动改变了传统的农村生活方式,大量失去土地的农民被迫进入城市,为英国的工业与城市发展提供了宝贵的劳动力。不过,这些流入城市的"市民"并不具备主动选择生活的权利,正相反,他们是资本控制下的城市选择的对象。

韦伯发现,到了18世纪以后,在西方一些国家,才出现少数建立在

---

① 〔德〕马克斯·韦伯:《经济与社会》(下),林荣远译,北京:商务印书馆1997年版,第573页。
② 参见〔美〕刘易斯·芒福德:《城市文化》,宋俊岭、李翔宁、周鸣浩译,北京:中国建筑工业出版社2009年版,第27页。
③ 参见王乃耀:《英国都铎时期经济研究——英国都铎时期乡镇经济的发展与资本主义的兴起》,北京:首都师范大学出版社1997年版,第84页。

社区之上的城市:"并非任何经济意义上的'城市'和并非任何政治—行政意义上的、隶属于居民的某种特殊法的要塞,都是一种'社区'。毋宁说,只有西方有过在完整意义上的城市社区。作为大规模的现象……它们要符合下述特征:1. 要塞;2. 市场;3. 有自己的法院和至少部分有自己的法;4. 团体的性质,以及与此相关的;5. 至少部分的自治与自主,也就是说,也通过行政机构进行管理,市民本身以某种方式参与行政机关的任命。在过去,这类权利往往采取等级的特权形式。因此,一个专门的市民等级作为这类权利的载体是政治意义上的城市的特点。"① 因此,在韦伯这里,城市化的进程必然伴随着社区权利的崛起,正是社区权利,消融了城市形成初期的城乡差异与权利冲突。

2. 城市膨胀中的权利冲突

城市化的进程往往伴随着人口集聚与城市蔓延两个阶段,在土地约束性强的国家,城市化往往集中体现为前者。但是由于大量的人口涌入,给城市带来了交通、环境等城市问题,在创造城市就业机会的同时,也挤压了原住民的机会选择。这些资源拥挤的现象尤其在特大型城市中表现得尤为突出。

仍然借助民族学的概念,我们可以通过梳理国外原住民的权利来思考城市化进程中的权利变迁。在加拿大,原住民与后来的欧洲殖民者的冲突,以及后来他们与政府的争端主要集中在三个问题上:第一是土地问题,欧洲移民认为自己拥有在所发现土地上建立所有权的权利,此为"发现的权利"。而原住民认为,土地并不为任何人所有,任何人都只是拥有使用的权利。第二是教育,实质是以教育为核心的原住民文化的存留问题。第三是原住民自治政府的权限和管理问题。② 结合城市政治学的研究,我们认为,从表面上看,发生在新老移民之间的权利

---

① 〔德〕马克斯·韦伯:《经济与社会》(下),林荣远译,北京:商务印书馆1997年版,第583页。

② 参见张桂华:《西方道德难题九章》,济南:山东人民出版社2010年版,第164—165页。

冲突主要集中在不同人群对于资源的所有权上,但是从本质上看,这种冲突则体现在不同人群对于城市与自身的关系的认识差异上,进一步说,体现在城市归属感以及城市治理如何保留原住民的文化传统等方面的认识差异上。

城市一定是不同人群甚至不同族群的混合产物,总体上来说,人口流动体现区域型流动的特点,在城市化进程加快的时期,这种区域性流动主要体现为农村向城市人口的单向流动。经济学家托达罗(M. P. Todaro)认为,农村地区与城市地区的就业机会差距越大,从农村向城市移民的潮流就越显著。李强教授也同意,城乡之间巨大的经济差距,是导致农民从农村大量流入城市的主要动力。[①] 在就业岗位恒定的假设中,农业人口进城可能减少原住民的就业机会,从而形成以就业为核心的权利冲突;但是,这样的假设并不完备,"劳动力的流动,实质上就是打破原有的劳动力供求状态,必然对均衡结构形成冲击,导致经济结构的调整或变迁。"[②]因此,农村劳动力涌入城市,与区域经济发展的关系并不必然呈现负相关关系。事实上,在一些城市之中,正是借助于廉价农村劳动力的涌入,为城市建设提供了最重要的资源。

3. 城市治理中的权利冲突

城市的任务首先就是提供人们良好生活的公共空间与社会生活,而在空间、参与、生活等方面的权利保障必然首先成为城市政治的重要任务。但是在城市治理中,公共政策的不当同样可以激起居民的权利冲突,而这种冲突同时存在于城乡居民之间和城市内部居民之间。

应该看到的是,城市居民并不是一直具有重要的政治地位,"一直到 11 世纪,法国世俗的居民几乎全部住在乡村里,而且差不多只包括两个阶级,即农民和武士。自 11 世纪末叶以后,产生了一个新的阶级,

---

① 转引自刘建娥:《中国乡—城移民的城市社会融入》,北京:社会科学文献出版社 2011 年版,第 28 页。
② 陈秋华等:《体制转换·结构变迁与就业》,北京:中国财政经济出版社 2000 年版,第 60 页。

它是世界史上前所未有的,被称为'burgenses'(城堡居民)即市民阶级。"①"城市生活的条件到十三世纪才被最后确定下来,至少在这个时候城市才开始在史料中出现。这个时期的城市生活和乡村生活有很大的区别。保护居民不受外来袭击的城墙,使他们不得不在一个很狭小的范围内过拥挤的生活。"②法国的城市基本代表了欧洲城市发展的特征,只是在中世纪以后,城市才开始逐步积聚政治权利,但是由于长期以来的自治传统,城市无法形成对于农村的权利掠夺。更需要说明的是,在西方现代化的进程中,纯之又纯的村庄已经十分罕见,即使是那些只有数百居民的村庄也大多通过选举成立了自己的市镇组织,继续维持传统的政治自治,并依法抵御大城市的蔓延。

只有在城市明确了自治权之后,城市治理才可以独立维护城市居民的政治、经济及社会权利。如果城市无法自行选举政治机构,只是国家政治结构纵向层级中的一环,那么城市就难以通过自治实现与居民的权利一致。在中国的城市治理中,由于区域经济不平衡性,形成了一些资源禀赋突出的大型城市甚至特大型城市,并吸引了大量人口。但是,由于公共资源的限制,城市政府往往对不同人群实行有差别的公共服务,从而形成巨大的权利冲突。同样的情况在北京、上海等城市均有发生,公共教育的权利冲突只是诸多权利冲突的一种。在城市内部,也同样存在权利冲突,比较普遍的就是城区和郊区的社会保障差异,在同一社区中存在不同的社会保障标准,从而更增加了城市治理中的权利冲突。

三、后城市化进程中的权利调整

城市既然是权利的共同体,其生长因此也是共同体生长的过程。但是,城市的过程并不是永远向着人口向中心城区集聚的过程。在二

---

① 〔法〕瑟诺博斯:《法国史》(上),沈炼之译,北京:商务印书馆1964年版,第177页。
② 同上书,第195—196页。

战以后的一段时期里,中心城区人口开始向郊区迁移,1961—1971年,大伦敦人口减少0.8%,英国另外6个大都市区人口减少1%;1971—1981年,它们的人口又分别减少10.1%和5.4%。在美国,30个最大的标准大都市统计区(SMSA)中,20世纪60年代有14个统计区的人口出现下降,70年代,这个数字则减少到9个,其中包括纽约、费城等古老都市。① 到了80年代,由于城市更新任务的完成,一些中心城区人口重新开始上升,这一郊区化与再城市化并存的趋势我们称之为后城市化进程,而权利冲突则有了新的内容。

1. 权利冲突的内在悖论

权利来自人权理念,在自由主义政治学看来,权利无疑是个体的;但是从权利整体来看,个体的权利又可以分解为政治、经济与文化等诸权利。事实上,良好的、整体实现的权利依然是人类的理想。其实在正义的历史叙事中,也存在过对于绝对正义的怀疑,罗马时期的怀疑论者就对正义的绝对性和唯一性充满质疑,也正是在这样的怀疑基础上,罗马时代的哲学家提出了自然法与人定法的区别。他们认为,只有自然法才是绝对正义的,人定法是约定俗成的,因而并非所有的人定法都是正义的。只有当人定法与自然法相符合时,它才具有正义性。②

于是正义与权利之间出现了内在的悖论,如果正义只能停留在自然法中,那么抽象的正义原则可能是永远无法企及的;如果正义仅仅泛化为特定个体的经济等具体权利,正义的价值就可能由于个体权利理解的差异而蒙受污名。因此,正如政治学在政治哲学与政治科学之间的摇摆一样,在城市权利分析中,正义的价值与权利现实之间存在着张力,城市政治是捍卫原则还是捍卫经验,就成为一个无解的难题。

---

① 参见许学强、周一星、宁越敏编著:《城市地理学》(第二版),北京:高等教育出版社2009年版,第78页。
② 参见常健:《当代中国权利规范的转型》,天津:天津人民出版社2000年版,第55页。

2. 后城市化进程中的权利交换

在后城市化的进程中,郊区化与再城市化都是西方普遍经历的环节。"随着时间的推移,城市的每一部分,每个角落都在一定程度上带上了当地居民的特点和品格。城市的各个部分都不可避免地浸染上了当地居民的情感。其效果便是,原来只不过是几何图形式的平面划分形式现在转化成了邻里,即是说,转化成了有自身情感、传统,有自身历史的小地区。在这种邻里范围内,历史过程的连续性被保持下来了,往昔的事物迭加到当今来,每一个地区的生活又在发展中形成自身有纪念意义的事物,并且同周围环境的生活与利益多少保持自身的独立性。"[①]但是,在后城市化阶段,这种传统街区的文化传统难以为继,在日益拥挤的内城中,文化传统与居住条件之间的权衡是许多中产阶级纠结的核心;同时,在美国中心城区,由于底层社会的涌入,出现了明显的阶级分化。由于大量保守的美国白人不愿与大批有色移民共同居住或工作,故在20世纪50和60年代出现了"白人出走"(white flight)现象——大批中产阶级白人和部分有能力的黑人搬向居住环境更好的郊区[②],从而实现了文化权利与社会(居住)权利的交换。

虽然,韦伯认可的社区性城市在中国并不存在,但是应该看到,这是和中国城市化进程的特定阶段和时代内容相关的。在中国,在城乡之间、不同城市之间和同一城市不同区域之间,由于政治制度设计滞后于大规模的人口流动,公民的政治、经济、社会等权利往往被分解成不同的层次,不同的居民(包括孩子)在城市中享有不同层次的权利,从而形成纵横交错的权利差异性。在中国的一些特大型城市,一些中产者也开始在郊区生活,这种权利差异既类似20世纪70年代美国的"公民权利"和城郊对立,也有中国自身的因素:一些中心城区居民搬离原居

---

① 〔美〕帕克、麦肯齐:《城市社会学》,宋俊岭、吴建华译,北京:华夏出版社1987年版,第5页。
② 参见王萍萍:《"合同城市"模式及其对中国城市的借鉴意义——以美国莱克伍德市为例》,载《国际城市规划》2013年第3期。

住地并非出于自愿,而是出于中心城区的城市更新运动而被强制拆迁安置;一些居民则是由于无法承担中心城区日益高涨的房价,而被迫放弃原居住地。但是总体上说,这些人均属于以文化权利换取社会(居住)权利。

3. 后城市化进程中的权利调整

后城市化同时伴随着郊区化与再城市化的进程,值得关注的是,在世界范围内,民族国家形成之后,族群权利冲突有了新的形态;在集聚性和流动性的城市生活中,族群生活空间的融合有可能淡化族群的身份认同和权利意识。在吉登斯看来,族群融合主要有三种途径:同化、熔炉和文化多元主义。① 但是仔细分析不难发现,这三种途径都建立在一个前提之上,即不同种族的权利平等。因此,族群融合与族群平等互为前提、互为结果。

1948 年通过的《英国国籍法》规定,英联邦国家的公民拥有优先移民权,从而直接推动了移民潮。伴随着一次又一次外来移民潮,少数族群彻底改变了英国的宗教组成结构。"尤其是英国的城市,现在成了多族群、多宗教的地方。在 19 世纪,来自爱尔兰的移民使英国的天主教人数陡增,许多移民定居的利物浦和格拉斯哥等城市尤其如此。"② 由于对族群歧视的法律性禁止及公共服务的平等供给,族群权利冲突有可能淡化;当然,只要族群存在,在社会变动期,族群权利冲突仍将以各种形态显现,少数族群仍然将面临巨大的政治和社会压力。

在后城市化进程中,中产者重新进入内城,对这种中产阶级化的形成学者们进行了分析。雷(L. ley)主要从内城住房需求和追求内城多元化生活方式的角度分析中产阶级化出现的原因,如为减少通勤时间和成本促使家庭接近内城工作地;郊区住宅成本上升,内城的房价较为

---

① 参见〔英〕安东尼·吉登斯:《社会学》,李康译,北京:北京大学出版社 2009 年版,第 404—405 页。
② 同上书,第 408 页。

低廉;出于独身生活方式的需要,或出于同性恋文化和非传统生活方式的需要;出于延续内城历史文脉,提倡多元化社会文化的需要等。① 因此,不难发现,在中产阶级重新进入内城的过程中,仍然存在权利的交换,即以经济权利换取社会(居住权利)和文化权利。

第三节 城市化进程中的权利平衡

一般认为,我们现代所使用的"权利",源自拉丁文中的"jus"。在古罗马,该词的原义并不专指"权利",而是指与权力相对的"正当"或"正义",它泛指法律、正义、义务、审判等。② 后来该词的分化有了诸多具体的内容,但是原义并没有完全消失,而是隐藏在具象的法律词语之中。从表面上看,城市化进程中的权利冲突建立在私权冲突之上,但是从本质上看,这种冲突建立在正义供给的差异上。因此,城市化进程的权利冲突的化解就不仅仅停留在私权的化解上,更加着眼于权利冲突背后的公权保障。

一、城市化是权利共同体的形成过程

无疑,在人类社会发展史中,城市在近 1000 年甚至是近 100 年里取得了长足的发展。从政治学的一般意义上看,城市与乡村都是人类生活的一种方式,不过前者规模较为集聚,矛盾较为突出,管理较为复杂而已。但是,城市毕竟是人类生活的新载体,这个新载体承载着人类生活的根本性变革。人类生活无法离开城市,即使那些逃离城市住到郊区的人,白天他们仍然大多要进入城市工作。从这个意义上看,城市

---

① 参见许学强、周一星、宁越敏编著:《城市地理学》(第二版),北京:高等教育出版社 2009 年版,第 78 页。
② 参见夏勇:《人权概念起源:权利的历史哲学》,北京:中国政法大学出版社 2001 年版,第 144—148 页。

是我们无法摆脱的命运,而构建良好的城市必须成为城市政治学的首要命题。

1. 权利是城市共同体的新形态

民族国家由多种族群、多种政治秩序与多种生活方式组成,国家建设即建立在不同区域的城市建设与乡村建设之上。无论人们身居何处,国家的原则都是对正义与秩序的供给,这种供给必须建立在权利的法定保护基础之上:"保障公民权利乃宪政的核心取向。就价值依据而言,这个取向派生于人权原则,但是,与作为道德权利的人权相比较,公民的法定权利在内容的充实性和实践的权威性等方面显然迈进了一大步。随着现代法治文明的日趋完善,在宪政架构下,生存权不仅被一般地理解为不得任意剥夺人的姓名,而且通过禁止酷刑、不受威胁与骚扰等法律规定而得到了进一步延伸"①。

正是由于权利派生于人权的原则,并具象化为法定的制度架构,因此,对于国家来说,无论人类生活以何种形态出现,都应当受到一致和无差别的保护。在日本的韦伯学派看来,共同体由"血缘共同组织"开始,在此基础上渐次形成了"农业共同体""城市"和"基尔特"等。在这些共同体的演变过程中,共同体底部的如血缘等"共同态"在历史的发展之中逐渐被稀释。② 那么,在城市尤其是现代城市之中,什么将成为新的共同体基础的"共同态"?

夏勇先生强调,从"jus"到"right","权利"一词释义的变换只不过反映了人权概念形成过程的一个侧面,"更为重要的是,我们从中看到,正义概念已经从侧重义务向侧重权利过渡,即从一种确立何为正当的理想法则体系以及如何遵从它,过渡到每个人拥有某物和做某事的各种权利主张。这对于一个人作为权利主体来主张自己的权利,具有重

---

① 张凤阳等:《政治哲学关键词》,南京:南京大学出版社2006年版,第22页。
② 参见〔日〕大塚久雄:《共同体的基础理论》,于嘉云译,台北:联经出版事业公司1999年版,第20—21页。

要意义。过去,正义指的是某种给定的状态下的正当事情,现在,正义则代表在两个或更多的人中间建立的以行为、财物或其他事情为实体物的合法关系的整体。这就是刚刚形成的独立的权利概念所包含的初始的、也是首要的含义,它是17世纪以来西方政治法律思想的要义所在。"① 因此,从这段分析中我们发现,城市与乡村一样,首先必须是人的共同体,因而也是权利的共同体。权利冲突表面上是私权主张之间的张力,但是背后意味着一种新的交往规则与政治社会秩序的确立。

2. 城市权利归根到底建立在公民身份之上

在马歇尔(T. H. Marshall)著名的演讲中,公民身份包括三个要素:公民、政治和社会。公民的要素由个人自由所必需的权利组成,包括人身自由,言论、思想和信仰自由,拥有财产和订立合效契约的权利以及司法权利,与之对应的是法院。政治的要素,指的是公民作为政治权力实体的成员或这个实体的选举者,参与行使政治权力的权利,与其相对应的机构是国会和地方议会。社会的要素,指的是从某种程度的经济福利与安全到充分享有社会遗产并依据社会通行标准享受文明生活等的一系列权利,与其紧密相连的机构是教育体制和社会公共服务体系。从时间上分析,每一个要素的形成则归之于不同的历史阶段:公民权利归于18世纪,政治权利归于19世纪,社会权利则归于20世纪。②

作为一种全球社会现象,世界范围的城市化主要发生在工业革命之后。18世纪到20世纪,世界范围的城市化浪潮风起云涌,18世纪60年代,蒸汽机的发明标志着工业革命的迅速崛起,人口迅速向城市积聚,以英国为例,棉纺织业中心曼彻斯特1770年只有居民1万人,到l841年竟达35.3万人。英国人口在1750年约为770万人,到1850年

---

① 夏勇:《人权概念起源:权利的历史哲学》,北京:中国政法大学出版社2001年版,第148—149页。
② 参见〔英〕T. H. 马歇尔:《公民身份与社会阶级》,载郭忠华、刘训练编:《公民身份与社会阶级》,南京:江苏人民出版社2007年版,第7—9页。

便猛增到2750万人,其中城市人口占一半以上,成为世界上第一个进入城市化社会的国家。到了1980年,全世界城市人口占全国人口一半以上的国家已经达到55个。① 因此,马歇尔的权利分类同时伴随着城市化的进程;正是工业化与城市化的力量,使马歇尔所说的三种权利形成坚实的政治基础。因此,城市化进程并不必然意味着公民之间的权利差距。但是,为什么在东西方一些国家,还会形成城郊对立与权利冲突?我们仍旧可以从马歇尔的公民身份理论的梳理上加以分析。在马歇尔看来,公民身份中的三个要素不可分离,正是完备的司法体系、政府体系与社会体系,才保障了公民身份的完整性。

3. 城市治理是为了维护城市权利的平等

正如权利概念的演变一样,抽象的政治原则无法取代具体的法律规定。《公民权利和政治权利国际公约》规定:所有的人在法律前平等,并有权受法律的平等保护,无所歧视。在这方面,法律应禁止任何歧视并保证所有的人得到平等的和有效的保护,以免受基于种族、肤色、性别、语言、宗教、政治或其他见解、国籍或社会出身、财产、出生或其他身份等任何理由的歧视。该公约还特别规定:每一儿童应有权享受家庭、社会和国家为其未成年地位给予的必要保护措施,不因种族、肤色、性别、语言、宗教、国籍或社会出身、财产或出生而受任何歧视。

从城市发展史看,城市依然是人类生活的新载体,世界范围内,日益增加的城市人口意味着权利保护的主要责任已经从乡村转向城市。不同的人群承载着不同的权利诉求,城市治理无法满足每一个个体的权利诉求,但是可以提供实现自身权利的公正的制度,因为"在各种德性之中,唯有公正是关心他人的善。因为它是与他人相关的,或是以领导者的身份,或是以随从者的身份,造福于他人。……所以,公正不是德性的一个部分,而是整个德性;相反,不公正也不是邪恶的一个部分,

---

① 参见王圣学:《城市化与中国城市化分析》,西安:陕西人民出版社1992年版,第41—42页。

而是整个邪恶。"① 因此,维护城市秩序必须是维护公正,国际公约中关于权利平等的要求并不能简单地理解为一种国际法的条文,更应该看作人类生活的基本性、原则性规定。

二、城市权利的实现:主体与内容的平衡

在亚里士多德看来,正义有整体正义与局部正义之分,在政治学的范畴中,世界与国家、国家与地方分别构成了整体与局部,正是局部正义完成了整体性正义的要求。同样的逻辑,城市政治是地方政治的重要内容,因此,城市政治必须实现局部正义;具体而言,在城市政府的公共政策中,任何违背局部正义的公共政策都应当被纠正。同时,由于权利平等是城市正义的重要内容,在城市治理中,维护不同个体、不同群体的权利平等就成为必需。

1. 宏观权利平衡:族群与阶级的视角

城市形成的历史早已证明,城市来源于人口的大量迁徙,而人口的迁徙并不必然导致权利差距,只是在城市的治理中,城市权利差距甚至空间隔绝才会出现,从而形成了权利之间的政治鸿沟。即使在城市治理中,形成城市权利差距的原因也是多种多样的,国家的政策歧视、资本驱使的力量和人群对更好环境的追求都可能形成新的权利差距,因此绝对意义上的权利平衡是困难的。

在一定制度下,这种权利差距起初不一定沿着阶级或族群的路线分化,在无产阶级的经典作家看来,当他们面临共同社会问题时,阶级联盟可以迅速跨越族群界线:"在过去的各个历史时代,我们几乎到处都可以看到社会完全划分为各个不同的等级,看到社会地位分成多种多样的层次。在古罗马,有贵族、骑士、平民、奴隶,在中世纪,有封建主、臣仆、行会师傅、帮工、农奴,而且几乎在每一个阶级内部又有一些

---

① 〔古希腊〕亚里士多德:《尼各马科伦理学》,苗力田译,北京:中国社会科学出版社 1990 年版,第 60 页。

特殊的阶层。"①这一结论也早已被法国大革命中的阶级联盟所证明,在法国,国家十分注意管制人工的使用,把人工都交给行会的行东支配。由于工资低廉,工人罢工经常发生,但是由于工人缺乏团结,这种罢工总归失败,这其中,"职务帮工"和"自由帮工"之间分裂尤其深刻。仅仅是由于生存问题,城市无产阶级才在革命时期行动起来。②

在中国,一些多民族混居的城市也能部分证明上述判断。晚清民国年间,呼和浩特市成为一座蒙、汉、回、满等多民族混居的城市,"总体而言,新城的满、蒙、汉、回族人民相处得很融洽。赵国鼎是一位出生于光绪二十一年(1895)、祖居绥远城的汉族老人,据他回忆说:'新城区以满族人为主,但他们不以征服者自居,话里很少有侮辱和讥刺的言语,倒是汉族和回族有自卑感。''驻防的满族官兵和军属,有严格的营规管束。如果违反纪律,经送至马营用黑牛鞭掐打。他们耍鹰架鹞,但并不上街滋事惹祸,更不跑到旧城为非作歹……他们公买公卖,从不向商号讹诈耍赖。那时,新城的满、蒙、汉、回各族人民相处得很融洽。''民国初年,满族人民的生计相当艰难。……满族人民在绥远城没种下仇恨,所以未遭到报复。蒙、汉、回人民对他们不是幸灾乐祸,而是同情。'"③

因此,在马克思主义政治学看来,并不存在阶级无法穿越的社会群体;在同一社会阶级内部,城市政治同样应该正视城市发展中的阶层冲突。公民权利作为政治权利、经济权利与社会权利的总和,在城市政治中必须得到尊重。社会运动理论中的"政治机会结构"理论已经证明,政治环境和外部资源的获得有可能激发社会冲突,因此,不当的城市政治与城市政策,有可能激发宏观意义上的权利冲突;良好的城市政治必须从维系这一公共生活的核心价值出发,优化公共政策,促进城市环境

---

① 《马克思恩格斯选集》第 1 卷,北京:人民出版社 1995 年版,第 272—273 页。
② 参见〔法〕索布尔:《法国革命(1789—1799)》,端木正译,北京:生活・读书・新知三联书店 1956 年版,第 13 页。
③ 王俊敏:《青城民族:一个边疆城市民族关系的历史演变》,天津:天津人民出版社 2001 年版,第 24 页。

与资源的统一,从而化解以权利冲突为核心的社会紧张。

2. 中观的权利平等:国家与市场的双重路径

亚里士多德认为,公正体现为两种形态,即分配的正义和交换的正义。不公正分为两类,一是违法,二是不均,而公正则代表守法和均等。公正就是比例,不公正就是违反了比例,出现了多或少。① 在亚里士多德的时代里,城邦是最重要的公共力量,因此,他必然把这种维持正义的希望寄托在国家身上。罗尔斯在《正义论》中呼应了亚里士多德的观点,再次重申了国家的力量。

国家主义的视角遭到自由主义者的批判,在自由主义政治学看来,国家正是权利不平等的制造者。诺奇克认为,自由主义正是建立在权利之上,因此捍卫所有具体的个人权利,指出这些所有的权利都是神圣不可侵犯的。他坚持认为,"正义即资格",如果每一个人对该分配中所拥有的持有物都是有资格的,那么这种分配就是正义的。正义的分配必须基于以下三个标准:第一,一个人根据正义原则获取了一个持有物;第二,一个人依据转让的正义原则从另外一个有资格拥有该持有物的人那里获得一个持有物;第三,除非上述的重复应用,否则任何人都没有资格拥有一个持有物。② 从持有正义到交换正义,诺奇克把抽象的权利具体化了,正义的分配于是有了可以密切观察的对象而非抽象的思考。

中观的权利平等必须建立在制度之上,正如马歇尔所说,权利的历史也是不断增加新内容的历史。在17世纪的英格兰,所有人都是自由的,英国农民的"先辈只有通过逃到自由的城镇才能获得的自由,如今已经成为一项权利。在城镇中,'自由'和'公民身份'这两个单词是可以相互替换的。当自由普及的时候,公民身份也就从一项地方性的制

---

① 参见〔古希腊〕亚里士多德:《尼各马科伦理学》,苗力田译,北京:中国社会科学出版社1990年版,第92—94页。
② 参见〔美〕罗伯特·诺奇克:《无政府、国家和乌托邦》,姚大志译,北京:中国社会科学出版社2008年版,第180—181页。

度发展为全国性的制度。"① 同样,在今天的中国,权利的不平等背后仍然是制度的缺位,"中国经济发展的深层次问题是权利的分配,或曰利益集团关系的摆布,而城乡关系中的权利分配最能集中反映我们在这方而存在的制度弊端。"② 一个完善的制度保障了权利的平等,但是需要强调的是,制度并非只有政治制度,良好的市场制度同样重要,西方城市权利的平等更多依托市场制度的完善,并倒逼着政治制度的发展。

3. 微观权利保障:城市基本公共服务的平等

城市归根结底是由一个个具体个体组成的,权利是由一个个具体内容构成的,因此权利的实现是当下必须完成的政治现实而非遥远的政治设想。仅仅以居住权为例,这一权利始于罗马法,查士丁尼《法学阶梯》写道:"对于房屋有使用权的人,他对房屋的权利只限于他本人在房屋中居住;他不得将他的权利移转于他人。在经过一番犹豫之后,才容许有使用权的人在房屋中招待客人,跟他的妻子、子女,被释自由人和象他的奴隶那样供他使用的其他自由人一起居住。如果使用权属于妇女,她也可以跟他的丈夫一起居住……但是,如果以居住权遗赠他人,或以其他方式设定居住权的;这种权利既不是使用权,也不是用益权,而是一种特种权利……朕公布了决定,不但允许享有居住权的人自己居住,而且允许他向他人出租其居住权。"③

但是,作为私法中的居住权利是否有可能成为公共议题? 在居住权这个最微小的权利中,刚性的制度应该如何保障? 仅仅以政府治理"群租"为例,我们不难看出居住这个微观的权利面临的制度困境。统计数字显示,目前我国流动人口已达 1.5 亿,其中刚毕业的大学生、低收入的打工族占了多数。他们为了栖身城市,经历一次次整治之后,仍

---

① 〔英〕T. H. 马歇尔:《公民身份与社会阶级》,载郭忠华、刘训练主编:《公民身份与社会阶级》,南京:江苏人民出版社 2007 年版,第 11 页。
② 党国英:《农村改革攻坚》,北京:中国水利水电出版社 2005 年版,第 158 页。
③ 〔古罗马〕查士丁尼:《法学总论:法学阶梯》,张企泰译,北京:商务印书馆 1989 年版,第 63 页。

然不断有人加入群租族。而群租族的居住权该如何保障,已经成为立法者和城市管理者所关注的重要问题。① 我们思考的是,在公共住房严重匮乏的情况下,我们应该以什么样的政策动机来治理群租? 如果仅仅是为了解决原住民的居住权利的扩张,那么我们为什么无视这些新移民在城市中的最基本的权利保障?

从前文中蒲鲁东对于自由的分析来看,公民权利必须从自由、平等与安全找到逻辑依据。在承认这样的前提之下,不难看出,城市化过程必然是一个权利再平衡的过程,也是自由、平等与安全再实现的过程。从这个意义上看,群租问题就不单单是一个城市政策的问题,而是一个至关重要的权利实现的问题;如果城市无法保障公民的居住权利,那么大量的人口将离开城市,因此群租政策的实施效果关系到城市是否还能承担自由的重任,关系到城市政治的核心价值。

三、城市权利的发展:城市与公民的双向进路

国家主义与市场主义无疑是分析权利平等的两个典型的视角。事实上,无论罗尔斯还是诺奇克,都在方法论上提供了如何维持正义的两个维度。在关于自由与发展的命题上,阿马蒂亚·森已经为我们提供了良好的辩论,我们无须再次重复。如果说在广泛意义的市场与国家之间,我们已经确定了权利发展的基本内核,那么自由这个核心命题自然无法被排除在城市发展与治理之外。借用阿马蒂亚·森的基本判断,我们认为,在城市政治中,只有自由,才是衡量城市权利发展的唯一尺度。

1. 自由城市中的权利发展

在马歇尔看来,权利发展并不是一个可以短期实现的过程,从政治学对于民主制度的诉求来看,从自由发展而来的公民权利的发展,最终

---

① 参见沈福俊:《论群租者居住权保护中的政府责任——以公共租赁房建设为视角》,载《上海财经大学学报》2011 年第 4 期。

需要借助于民主政治,因为"在所有政体中,民主政治是最自然,与个人自由最相合的政体。在民主政治中,没人把他的天赋之权绝对地转付他人,以致对于事务他再不能表示意见。他只是把天赋之权交付给一个社会的大多数。他是那个社会的一份子。这样,所有的人仍然是平等的,与他们在自然状态之中无异。"①

然而,现代城市毕竟是不同利益构成的新型共同体,庞大的人群聚居又呼唤着必要的政治秩序,权利与秩序的冲突变得无法避免。从城市的政治秩序出发,"坚持在社会和经济事务中的试验是一项艰巨的责任。否认试验的权利将给国家带来严重后果。如果一个勇敢的州,在它的人民的选择下,成为了一个试验室并尝试新的社会和经济试验,而且不会对国家的其他部分带来危险,那么这……将是一件可喜之事。"②但从个人权利出发,任何城市政策如果无视公众的自由,就可能形成权利的侵犯。

权利的发展必须建立在城市自由之上,一个不自由城市归根结底会缔造一个充满压迫的社会,"凡是在镇压他人的观点时残酷无情的人,对于反对意见总是特别敏感。"③在不自由的城市中,人们为有权者所肆意排序,并相继走向奴役之路。在自由的城市治理中,呼唤自由的政府,而自由的政府与个人权利紧密相连:"自由的政府不过就是有限政府,因为自由主义传统内的所有思想流派都赋予个人以各种权利或正义的主张,这是政府必须认可和尊重的权利,实际上也是个人用以对抗政府的权利。"④当城市最终成为社会权利的集合而非国家权力的单元时,城市个体的权利发展与城市的权利发展才能真正融为一体。

---

① 〔荷〕斯宾诺莎:《神学政治论》,温锡增译,北京:商务印书馆1963年版,第219页。
② 〔美〕杰弗利·斯通:《联邦主义的价值以及实现它们的一些方法》,载张千帆等:《中央与地方关系的法治化》,南京:译林出版社2009年版,第10页。
③ 〔奥〕斯蒂芬·茨威格:《异端的权利》,任晓晋、方红、尹锐译,北京:光明日报出版社2007年版,第177页。
④ 〔英〕约翰·格雷:《自由主义》,曹海军、刘训练译,长春:吉林人民出版社2005年版,第102页。

2. 普遍权利的共同发展

权利既然可以作多重分解,那么权利的实现就可能成为一个陷阱;如果任何单一权利都无法实现,那么我们又如何讨论权利的共同发展?为了解决权利的不平等,马歇尔认为,解决途径就是将社会权利纳入公民身份的地位当中,"并由此产生一种要求获得实际收入(real income)的普遍权利,而实际收入与其要求者的市场价值是成比例的。消除阶级差距仍然是社会权利的目标,但它已经获得了新的含义。它不再仅仅试图减少社会最底层阶级的贫困所带来的明显痛苦,而开始采取行动以改变整个社会的不平等模式。"[1]

因此,权利的实现是一个复杂的过程,我们并不追求,也无法奢望所有权利能够全部实现,但是,一个城市应该满足城市居民普遍权利的共同发展。在现阶段,国家秩序与个体自由之间的张力仍然不时地在城市中得到体现,如果无法处理这样的张力,城市依然无法实现自由,更难以获得政治学意义上的发展;同时,讨论城市自由与个体自由必须建立在必要的制度上,只有一个良善的政治制度,才能确保公民对城市的拥有权,而这恰恰是城市中最重要的、最普遍的权利;而在诸多的解决方案中,民主政治与城市自由形成内在的逻辑。

从城市比较的视角,"东方文明国家的城市没有发展出民主政治,但是西方民主政治的发展却离不开城市这个合适的载体,不管这个城市是雅典时代的城邦、中世纪晚期的自治城市,还是现代的都市。民主政治是一项奢侈的事业,而这种奢侈只有城市才负担得起。"[2]从城市自由的价值出发,城市必须持续开放权力,而开放权力的结果就是城市居民能够更多参与城市治理,也只有这样,才能使城市的命运与居民的权利发展形成内在一致。

---

[1] 〔英〕T. H. 马歇尔:《公民身份与社会阶级》,载郭忠华、刘训练编:《公民身份与社会阶级》,南京:江苏人民出版社 2007 年版,第 24 页。
[2] 张涛、王向民、陈文新:《中国城市基层直接选举研究》,重庆:重庆出版社 2008 年版,第 28 页。

3. 半城市化的权利及中国城市选择

2014年3月,中共中央、国务院印发了《国家新型城镇化规划(2014—2020年)》。该规划披露,目前我国城镇化水平不仅远低于发达国家80%的平均水平,也低于人均收入与我国相近的发展中国家60%的平均水平,因此有较大的发展空间。该规划同时披露一组对立的城镇化数据:我国常住人口城镇化率为53.7%,户籍人口城镇化率只有36%左右①,两个数据之间近18%的差距,显示了我国政治制度与人口自由流动之间的张力,也体现了公民城市权利获得的艰难。

自由前提的确定为新的城市发生及现有城市的发展提供了分析视角,从权利发展入手,我们到底需要什么样的城市化?需要什么样的城市?在中国显得"混乱"的城市体系中,既有直辖市、副省级市,也有地级市、县级市之区分,而在目前,是否可以增设"镇级市"同时成为讨论的焦点?不难看出,讨论的焦点在于城市化认识的起点差异,即从国家政治秩序出发,还是从社会自由出发?在政治秩序的视角下,不同层级的城市由于过于芜杂而难以梳理;但是从社会自由的前提出发,我们可以反思这样的"芜杂"并无不当:既然城市不是少数人的特权,不同类型的城市便不存在不平等的政治基础。

根据21世纪宏观研究院的梳理,全国有23个省份拥有10万人以上"大镇"206个,其中122个分布在东部和南部的北京、河北、上海、江苏、浙江、福建、山东、广东、海南,占59%。"大镇"数量前三名分别是江苏、广东和浙江、上海(并列)。② 这些"镇级市"的背后掩盖着一个基本事实——这些小城市的主体往往以农民为主,农民开始在中国历史上第一次拥有自己的现代城市,有权规划自己的城市及公共生活。在这样的思考背景下,"镇级市"可能恰恰代表了中国城市发展的新方向。

---

① 参见《国家新型城镇化规划(2014—2020年)》,中央人民政府:http://www.gov.cn/gongbao/content/2014/content_2644805.htm,访问时间:2014年9月25日。
② 参见何苗、丁辰:《"镇改市"机遇:10万人以上建制镇图谱》,载《21世纪经济报道》2014年8月28日。

因此,当城市回归普通民众时,城市也就重新拥有了自由的价值。

本章小结

　　如果我们承认权利与正义有关,那么权利的匮乏就与正义的匮乏有关。在孙哲看来,所谓的正义包括公共承认的社会正义和政府的法庭中所执行的法律正义两种,而法律的正义正以社会的正义为基础。[①] 如果两种正义缺失,权利就无法得到保障。法律正义是社会正义的底线,良好的社会正义是权利保障的主要原则。

　　从法律的角度,每一个法律意义上的人(个体、团体、国家)都有在法律的限度内追求和获取自己最大利益的正当权利,也有在法律的限度内维护和保护自己利益的正当权利。[②] 但是,在城市政治学的视野中,社会权利的内容仍然要回归政治权利的思考;因此,在城市政治学的研究中,在中国快速城市化的进程中,要尤其关注不同利益主体的权利平衡。

　　当然,如果自由权是权利的核心,而自由权又不等于特权,那么不同群体中的权利差异问题就容易解剖。城市生活并不是某些人的特权,拉丁语中,公民这个词的词根就是"城市"。[③] 只有拥有自由权的公民才有权选择什么样的城市、优先选择建设什么样的城市以及在什么样的城市生活。但是,城市如果也有权选择自己的居民,为了消除城市贫民窟,城市政府有可能通过高房价等手段来遏制外来人口的涌入,从而变相剥夺了城市原住民的权利,城市政治陷入了理想与现实的两难。

　　事实上,也许城市政治中的权利冲突恰恰由于不正当的制度,在现有权力结构下,只要区域经济社会不平衡存在,城市就永远面对不同类

---

① 参见孙哲:《新人权论》,郑州:河南人民出版社1992年版,第145页。
② 参见刘作翔:《权利冲突的几个理论问题》,载《中国法学》2002年第2期。
③ 参见〔美〕迈克尔·罗斯金等:《政治科学》,林震等译,北京:华夏出版社2001年版,第32页。

型的权利冲突,以无形的制度高墙来保障城市特定居民的权利高地并不符合政治学的一般原则。在中国,"实际上是以'群众'的观念而不是以'公民'的概念为指导思想。'群众'的观念着重社会某些阶层的社会和经济上的权利,而忽略了个人的自由权利。"①在今天的中国,城市发展也正是这种观念一定程度的体现。而城市毕竟是基于自由和正义之上的生活共同体,中国的城市政治学要关心的恐怕不是把外来人口赶出城市,而是如何为已经严重扭曲的城市权利结构买单。我们认为,一些纠正权利偏差的诸如美国肯尼迪总统时期"反歧视行动"措施必须尽快推出,需要强调的是,针对那些已经在城市中受到伤害的权利群体,"'反歧视行动'的基本理念不仅是建立一个人人平等的社会,更重要的是建立一个'不公平'的关怀和分享的机制。"②

---

① 甘阳:《序言》,载邹谠:《二十世纪中国政治》,香港:牛津大学出版社2012年版。
② 〔美〕洪朝辉:《论中国城市社会权利的贫困》,载《江苏社会科学》2003年第2期。

第四章
城市结构：冲突与融合

城市结构是什么？不同的学科有不同的回答。从城市规划学的学科分类看，城市结构其实是一种地理空间结构。这一学科认为，目前世界上城市空间发展大体上有两种模式：一是由同心圆向外扩展模式转变为沿轴线发展模式（称为发展走廊模式），二是由单中心向外扩展模式转变为多中心向外扩展模式。① 在城市社会学看来，城市结构是一种社会空间安排，这其中既包括城市人口的空间布局，也包括外来人口的城市适应；城市经济学则把城市结构纳入区域经济学的范畴，讨论城市增长的产业布局。从政治学的正义供给出发，城市政治学以秩序与自由的双重视角关注城市的发生与人的政治关系的融合，从权力与权利的形成、冲突与平衡之中寻找良好城市的制度性安排。

第一节 城市主体意识的觉醒

正如人类早期历史的普遍记忆一样，城市的兴起伴随着早期人类对于世界的朦胧认识。在相当长的时间里，早期人类生活无法摆脱对

---

① 参见秦应兵、杜文：《城市轨道交通对城市结构的影响因素分析》，载《西南交通大学学报》2000年第3期。

于自然无常的敬畏,即使古典城市已经建立起来,人类仍然无法摆脱命运的不可知性。从多元的神到垄断性的宗教,城市对于未知力量的敬畏一直延续到中世纪,因此,城市的成长史也是一部城市的觉醒史。

一、古典城市主体意识的萌发

在古代希腊群岛,分布着诸多古典的城市,这些城市既是国家,也是社会。在这些道德国家中,人们借助于各自崇拜的神的旨意进行生活,展开战争;从雅典到罗马,神的未知力量与世俗间城市的政治兴衰交互作用,而人的自我意识也在世俗主义与神秘主义之中缓慢生长。

1. 古典城市从神权的眷顾中脱离

正如人类早期的历史往往由神话记载一样,城市也是人类神话的发源地之一,在这些神话中,国家与神的旨意密切相关。在雅典时期,城市这种宏大的建筑集合体无疑体现着古代希腊神话的巨大影响。"希腊是一个很古老的民族。他们认为城市建设是一种宗教行为。他们请来占卜大师,测定建筑物的方向,通常会面向天体而建。城市的中心总是一个神庙。希腊的神庙不是聚会的地点,而往往是供奉神灵的地方,在这里人们为了得到诸神的庇护而向他们表示敬意。"[①]在古希腊时期,不同的城邦都有自己不同的神,这些神居于所有城市的中心地位,希腊人在神的召唤下形成自身的身份认同与独特的生活。

在亚洲,早期的城市同样是神圣之地。在美索不达米亚的城市中,祭司阶层是城市秩序的主要组织者,"他们负责阐释人高于自然的神圣法则,完善礼拜体系,在复杂的大型公共活动中规范很多往往看似无关的人们的活动。"[②]在神话体系中,由于自我认识的泛化,城市多被认为是世界的中心,在希罗多德对于巴比伦城的记载中,我们看到这座城市

---

① 〔美〕詹姆斯·E.万斯:《延伸的城市:西方文明中的城市形态学》,凌霓、潘荣译,北京:中国建筑工业出版社2007年版,第49页。

② 〔美〕乔尔·科特金:《全球城市史》,王旭等译,北京:社会科学文献出版社2014年版,第5页。

内部有两个中心,各有一座要塞,一座为王宫,另外一座则是宙斯的圣域。① 因此,巴比伦人把巴比伦城称作"众神之门"、印加人把都城库斯科称作"世界的肚脐"也就不难理解了。

神话演进的背后,是人的主体意识的觉醒与真实政治权力的变迁。据说远古时期的雅典臣属于地中海岛国克里特,因此雅典必须每年向克里特神牛奉献童男童女;后来雅典王子提秀斯在克里特国王女儿阿里阿德涅的帮助下,杀死神牛,胜利返回雅典,从此雅典进入了发展的重要时期。这一神话显然昭示了雅典作为一个政治主体的历史出场。在这一神话中,人类通过联合的形式战胜了自然,开始形成不依附于神秘力量的政治立场与政治形态,并尝试构建自身的政治权力。

当然在不同的国家,神话背后的政治权力体现也有不同,"公开的仪式与民间口传的神话故事,使得一个垄断政治权力的阶层的出现非常困难。在早期民族那里,权力的合法性来自于宗教,仪式、言语或文字都是被看作与神相沟通的媒介,政治权力是从这种交往媒介当中产生的。如果垄断与神交往的媒介,就是垄断神意的解释权,也就在事实上垄断了权力……但是,希腊的关于神的故事不仅保存在神庙与王宫之中,而且流传于民间,从而神圣仪式与神话具有公共性的特点,正是这个特点导致了城邦政治的产生。这种城邦政治的核心不在庙堂,而在广场。"②

正是希腊城邦独特的广场政治特点,使城市能够很快从神的唯一意志中摆脱。在亚里士多德那里,城市是人类生活的场所,人天生就必须生活在城邦之中,而三种常态政体对于三种变态政体的否定,意味着城市生活的评价标准已经逐步摆脱了神的旨意,并被逐渐注入理性主义精神,城邦逐步成为人类道德生活的新载体。在经历了从梭伦到克

---

① 参见〔古希腊〕希罗多德:《历史》(上册),王以铸译,北京:商务印书馆1959年版,第90页。
② 浦兴祖、洪涛主编:《西方政治学说史》,上海:复旦大学出版社1999年版,第31页。

里斯提尼的改革后,雅典的民主政治彻底建立起来,尽管这种民主建立在军事民主制之上,但是雅典依托这种民主逐步摆脱了城市的神性,正是由于这种世俗政治,雅典成为欧洲文明的灯塔。

2. 永恒城市观念的辩护

与所有人类历史上的古典文明相似,宗教与神话赋予了城市以神圣的规定性并伴随着雅典的始终。城市的发展伴随着宗教的变迁。在雅典之后,在基督教世界里,罗马无疑继续受到了上帝的眷顾,但是在公元410年,罗马这座永恒之城遭遇了挫折。在这一年,西哥特王阿拉里克军队攻入了罗马城,整个罗马帝国为之震动,虽然蛮族不过占领三日,但在时人眼中,"永恒之城"的陷落是难以置信的,它意味着世界末日的临近。①

罗马的失败带来了巨大争论,其中比较突出的观点认为这种失败是由于基督教的传播对罗马的精神损害。为了回应这样的指责,奥古斯丁撰写了《上帝之城》。在这本书里,奥古斯丁批评了对于基督教的指责:"野蛮人由于基督的缘故而赦免了那些罗马人的性命,可是谩骂上帝英名的难道不正是这些罗马人吗?殉道者的神龛和使徒的神殿都可以作证:在罗马城的废墟中,正是神龛和神殿为信教的和不信教的人都提供了庇护所。嗜血成性的敌人一路追杀到圣殿的门槛,然而刽子手的狂暴至此也收敛了。"②作为虔诚的基督徒,奥古斯丁坚信:"所有可见的事物中,宇宙是最伟大的;而所有不可见的事物中,上帝是最伟大的。世界的存在是我们能够看见的;而上帝的存在则是我们所相信的。"③他还告诉人们,上帝之城只能拯救人民的灵魂,人民毕竟生活在尘世即世俗之城中,即使这座城市可以称作是神圣之城;同时,如果说

---

① 参见夏洞奇:《"上帝之城"与"地上之城":奥古斯丁思想中的两分倾向》,载《现代哲学》2005年第3期。
② 〔古罗马〕奥古斯丁:《上帝之城》,庄陶、陈维振译,上海:复旦大学出版社2011年版,第2页。
③ 同上书,第159页。

在奥古斯丁那里,有一种善,即上帝,创造了所有的善,那么世俗的城市中,人们更多从经验的角度,认为公共善源于更多的人的贡献。

3. 古典城市主体意识的萌发

"埃吕尔写道,该隐创造了一个世界,他用自己的这座城市来代替上帝的伊甸园。"①上帝之城与尘世之城的区分解决了罗马失败的正当性难题,但是这种解释同时剥离了城市永恒的神话。在基督教看来,人生来是不完美的,体现在城市之中,如何建设一个美好的城市则成为城市学说和城市实践中的双重难题。建筑学家萨林加罗斯也陷入了这样的困惑:"我们很难说哪座城市更加接近理想中的上帝之城的形象,但是,我建议可以将中世纪意大利古老的城市中心作为上帝之城的实例。至少这里还没有引入更现代的建筑,从而也就没有破坏上帝之城的一些理想。"②因此,从建筑学家怀旧的情怀出发,我们姑且认为特定时期的城市是上帝之城的人间投射,但是中世纪城市的反复性命运也从另外一个方面证明了奥古斯丁为罗马失败辩护的正当性。

离开了上帝的眷顾,尘世之城必须寻求自身的发展命运。雅典的种族狭隘性使这座文明的城市付出了代价。公元前480年,雅典领导的希腊城邦联盟战胜了入侵的波斯军队,但是希腊城邦内部的战争仍然持续。公元前5世纪,斯巴达领导的城邦联盟摧毁了雅典,而在公元前338年,希腊城邦又为马其顿所征服。当希腊城邦步入覆灭轨迹之后,城市却以新的形式继续延续下去,从亚历山大到罗马,从西方到东方,一些国际化的城市开始跨越不同种族,并逐步形成自身的管理方式。虽然在罗马城中,神庙仍然占据城市广场的中心,但尘世间的城市开始逐渐有了自己的独特内容:"城市中自我意识的发展,通过村庄民俗和地区差异的冲突,产生出有反省能力的道德的各种早期形式;在相

---

① 〔美〕乔尔·科特金:《全球城市史》,王旭等译,北京:社会科学文献出版社2014年版,前言,第1页。
② 〔美〕尼科斯·A.萨林加罗斯:《反建筑与解构主义新论》,李春青、傅凡、张晓燕、李宝丰译,北京:中国建筑工业出版社2010年版,第95页。

当古老的时代,甚至连古埃及统治者本人也须在神祇前陈述自己行动的动机,并向神灵证明他在除恶扬善。在贸易和制造业越来越强的压力之下,社会本身变得更世俗化了,在这种背景下,城市作为法律与正义、理性与平等的基地的职能作用,便逐渐取代了城市作为宇宙的宗教性体现这种职能作用。为控诉不合理现象和非法暴力,人们就须向城市中的法庭请求保护。"①

这种觉醒是建立在古典城市的失败之后的,公元 476 年,罗马为日耳曼国王奥多亚克所控制,比赛用的跑道变成了农场,引水渠被废弃,到了公元 7 世纪,罗马人口只有 3 万。② 野蛮人摧毁了罗马,也摧毁了欧洲的城市文明与城市生活,更摧毁了欧洲城市自主意识的初步萌发的过程。在罗马衰败以后,欧洲进入封建制度为基础的农业社会,在这个社会中,"城市几乎不起作用,它们不再是行政中心,也失去了作为手工业生产和商业中心的意义,但是罗马式城市的结构仍然存在,并成了防御敌人入侵的设施,古代的大型公共建筑……仍然只是围绕着原有城市中最重要的、作为据点的那一部分建筑。"③

二、近代城市的政治觉醒

在人类理性逐步强化的时代,神秘主义的力量从来就没有消失,正相反,宗教力量在近两千年里迅速崛起,并贯穿着城市发展的始终。公元 1000 年左右,近代城市复兴,这些新兴的城市同样面临着错综复杂的权力争夺。

1. 宗教力量对于城市权力的据守

罗马衰落之后的欧洲文明不仅仅受到北方野蛮民族的武力威胁,

---

① 〔美〕刘易斯·芒福德:《城市发展史——起源、演变和前景》,宋俊岭、倪文彦译,北京:中国建筑工业出版社 2005 年版,第 54 页。
② 参见〔美〕乔尔·科特金:《全球城市史》,王旭等译,北京:社会科学文献出版社 2014 年版,第 62—63 页。
③ 〔意〕L. 贝纳沃罗:《世界城市史》,薛钟灵等译,北京:科学出版社 2000 年版,第 330 页。

在亚洲,公元 570 年,穆罕默德在麦加出生,伊斯兰文明开始在阿拉伯世界广泛传播。公元 628 年,穆罕默德在一年一度的朝觐时节率领一个庞大的代表团来到麦加,但麦加人拒绝让穆斯林朝觐团入城,协商的结果是拟订了《侯达比亚协定》。据此协定,穆斯林有权到麦加举行一年一度的朝觐。但是两年以后,麦加人违约,穆斯林在穆罕默德的带领下占据了麦加,打碎了克尔白神庙里的偶像,并和基督教、犹太教达成了和平。① 从这样的记载中不难发现,在宗教兴起的过程中,原始意义上的万物崇拜被禁止了,不同的宗教建立了自身的世界解释体系。

乔尔·科特金感叹道:"置身当今的世俗时代,我们很难想象在城市发展史的大部分时间里宗教在多大程度上扮演核心角色。"② 在城市的发展史中,宗教的力量不仅在于解释世界,更要获得世俗的权力。在《古兰经》第三章中有这样的记载:"真主啊,国权的主啊!你要把国权赏赐谁,就赏赐谁;你要把国权从谁手中夺去,就从谁手中夺去;你要使谁尊贵,就使谁尊贵;你要使谁卑贱,就使谁卑贱;福利只由你掌握;你对于万事,确是全能的。"③ 到了 750 年,阿拉伯世界的麦地那和麦加已成为文化和情趣的中心;库法和巴士拉则是学术中心。大马士革、福斯塔特、凯尔万和科尔多瓦诸城相继建立。④ 在这些城市的发展中,宗教力量逐步掌握了城市的权力,城市中古典诸神的神圣性已经为共同宗教的神圣性所取代。

在欧洲,整个中世纪及以后的时期,基督教的主教们和寺院的首脑们同样要求城市的统治权。一个城镇围绕着一个实体寺院生长的现象,在意大利以外的欧洲极为常见。其中,如英国的巴特尔(Battle)和

---

① 参见〔巴基斯坦〕赛义德·菲亚兹·马茂德:《伊斯兰教简史》,吴云贵等译,北京:中国社会科学出版社 1981 年版,第 26—27 页。
② 〔美〕乔尔·科特金:《全球城市史》,王旭等译,北京:社会科学文献出版社 2014 年版,第 5 页。
③ 《古兰经》,马坚译,北京:中国社会科学出版社 1981 年版,第 38 页。
④ 参见〔巴基斯坦〕赛义德·菲亚兹·马茂德:《伊斯兰教简史》,吴云贵等译,北京:中国社会科学出版社 1981 年版,第 26—27 页。

圣奥尔本斯(St. Albans),而位于德国多瑙河上的梅尔克(Melk)则是一个在欧洲很少见的从未世俗化的寺院,甚至当城市冒险赢得自主权之时,也会长期依附于教会的统治。它反映了这样的事实:初期的城市议会一段时间内是在教堂里举行的,直到一个独立的市政厅的出现才使这种权力的分类被明显地实体化。①

欧洲的教会不仅拥有城市的政治权力,也拥有城市的经济财富,布鲁克尔在《文艺复兴时期的佛罗伦萨》一书中揭示了在这一时期宗教界与世俗界的财富输送。他分析道:"宗教界和世俗界这种亲密而经常接触的情况激起了反教会的情绪,它在佛罗伦萨是相当流行的。教士和教会在一般人心中引起的敌意,恐怕主要还不是来自那些偶尔出现的、披着道袍的败类、恶徒,而是来自教士和修士无孔不入、随处可见这一事实。"②

2. 城市社会力量对于城市权力的争夺

宗教力量对于城市权力的占据一度居于绝对地位,这种地位是建立在教会对于君主的权力凌驾之上的。1073年,希尔德布兰当选为教皇,称格雷戈里七世(1073—1085),他在1075年发布的《教皇敕令》中宣称,"唯有教皇一人具有任免主教的权力";"唯有教皇一人有权制订新的法律,决定教区划分和设立新教区的权力";并声明"教皇有权废黜皇帝","一切君王应亲吻教皇的脚"。教会改革运动加剧了城市中的斗争,几乎所有的城市都分裂为两大派别:一派拥护教皇,反对皇帝,称"格尔夫派"(教皇党);另一派拥护皇帝,反对教皇,称"吉伯林派"(皇帝党)。③

当教会把城市的统治权建立在君主权之上,教会的垄断权力就岌

---

① 参见〔美〕斯皮罗·科斯托夫:《城市的组合——历史进程中的城市形态的元素》,邓东译,北京:中国建筑工业出版社2007年版,第84页。
② 〔美〕坚尼·布鲁克尔:《文艺复兴时期的佛罗伦萨》,朱龙华译,北京:生活·读书·新知三联书店1985年版,第248—249页。
③ 参见赵克毅、辛益编著:《意大利统一史》,开封:河南大学出版社1987版,第23—24页。

岌可危了,因为教会必须同时面临着封建国家权力的抵抗和城市成长过程中的社会压力。1110 年、1112 年,亨利五世两次率军进入罗马,迫使罗马教皇同意主教由教士选举产生,而皇帝对主教的选举有干预权。1378 年教会大分裂,在这一时期,一些欧洲城市如佛罗伦萨的公社政府相对于教会机构已处于十分有利的地位,"这个教会机构已不象教科书所说的那样铁板一块,等级森然,而是一些各不相干,并且彼此经常激烈争吵的组织单位的堆积,罗马教廷和当地主教对它们的控制也是很不完全、很不见效的。"①更为极端的案例是,在 1375—1378 年以佛罗伦萨为首的意大利城邦联盟反对罗马教廷的战争中,不仅宗教界被课以重税,甚至教会的财产也被征收。

3. 城市自治的普遍化趋势

在罗马时期,教会是按照罗马帝国行政区域来划分教区的,这种划分方式也在一定程度上保护了古典的城市,并为近代城市的复兴做出了贡献:"一般来说,每个主教管区相当于一个城市。因为教会组织在入侵时期几乎一点没有改变,结果在日耳曼征服者建立的新王国中,教会组织保留了它的城市特性……以至从 6 世纪起,城市一词具有主教管辖城市即主教管区的特殊含义。作为教会基础的帝国灭亡之后,教会得以幸存,因此教会在保卫罗马城市的生存方面做出了很大的贡献。"②因此,正是由于宗教信仰的存在,城市得以维持;而城市的复兴又意味着城市的自治力量必须在教权与王权之间的缝隙中艰难生长。

在中世纪的城市起源上,曾经引发很多理论争鸣,在亨利·皮雷纳(Henri Pirenme)看来,中世纪以来的城市是城堡与市场共同作用的结果,在他看来,城市有个历史的演变过程:"九世纪时在西部欧洲那种基本上以农业为基础的文明中,是否有城市存在? 对这个问题的回答以

---

① 〔美〕坚尼·布鲁克尔:《文艺复兴时期的佛罗伦萨》,朱龙华译,北京:生活·读书·新知三联书店 1985 年版,第 250 页。
② 〔比〕皮雷纳:《中世纪的城市》,陈国樑译,北京:商务印书馆 2006 年版,第 7—8 页。

所给予城市一词的含义而定。如果所指的是一个地方,其居民不是以耕种土地为生,而是从事商业和工业,那么回答应该是'否';如果我们把城市理解为一个社会,具有法人的资格,并拥有自己特有的法律和制度,那么问答也是否定的。反之,如果我们认为城市是一个行政中心或者一个堡垒,则我们不难相信加洛林时代几乎与其后的数世纪有着同样多的城市。这就是说存在于当时的城市没有中世纪和近代城市的两个基本属性——市民阶级的居民和城市组织。"①

随着商业力量的崛起,市民组织与城市组织这两个中世纪以后的城市属性逐渐强盛起来,从 1000 年后期开始,比萨、米兰、热那亚、阿雷佐等城市相继任命了自己的执政官,城市终于拥有市民阶级的居民和城市组织,拥有了高度自治的权力。当然,并不是所有的城市都如愿获得自治,1143 年,罗马爆发了手工业者和商人起义,并举行了元老院会议。会议决定把城市政权转交给公社,宣布成立罗马共和国。14 世纪中期,罗马再次爆发了市民起义,起义者再次宣布成立罗马共和国,虽然这次起义再次失败,但是仍然昭示普遍意义上的城市自身政治力量的崛起。

三、现代城市政治意识的交织

如果说中世纪城市的复兴是借助了商业力量实现在宗教与封建主之间的权力生长的话,到了中世纪之后,城市政治便进入新的历史阶段。从 19 世纪开始的工业革命则促使城市从传统城市实现了向现代城市转换的制度转型,在 400 多年的城市转型期,城市的政治意识在这一阶段尤其复杂。

1. 过渡时期城市主体意识的转型

在 15 世纪与 18 世纪之间,一种新的城市文化在欧洲形成,亨利·皮雷纳的判断在新型城市的兴起中得以证实,但在芒福德看来,新

---

① 〔比〕皮雷纳:《中世纪的城市》,陈国樑译,北京:商务印书馆 2006 年版,第 35 页。

的城市生活方式其实是源于三种新生事物的出现：新的经济形态即商业资本主义；新的政治结构即中央集权政治或寡头统治；由机械的物理派生出来的新的观念形态。这些新生事物在17世纪时瓦解了中世纪的体制与机构，从而使宗教商业和政治分离。① 当城市依托商业、集权政治与机械管理的时候，城市发展的内在悖论一定难以克服。芒福德用巴洛克城市的概念形容这一时期的城市，这种城市本身包含着两个互相矛盾的因素：一是这一时期城市要素的精确和井井有条，表现为严密的街道规划、正规的城市布局；二是这一时期的绘画和雕塑包含着感知的、叛逆的、放松的、反古典的、反机械的因素。在16、17世纪，两种因素互相作用，有时又在一个更大的整体内互相制约。②

毫无疑问，商业时代释放了人性与欲望，这种欲望的放纵注定会抵消集权政治的制度效果；在文艺复兴时期，教会建立的等级制度被人类的欲望冲垮了，文艺复兴时期的时代精神显示了历史的延续性，也显示了人性本身的崛起，因此这一时期的文艺作品既歌颂了中世纪城市的庄严秩序，也歌颂了那些被中世纪教会压制的人性的光芒。在秩序与人性的张力中，中世纪以后的欧洲城市显示了自身的内在矛盾，而这些矛盾的凸显，在很长时期内构成现代城市这枚"硬币"的两边：作为建筑的城市的严整性与作为人类聚居地的自由性。

2. 现代城市主体意识的更新

中世纪之后，自由城市国家与教会的冲突催生了自由主义政治思想，借助商业经济的发展，自由主义中的权利平等、思想自由、政治自治等思想伴随着拿破仑时代的到来传播到世界各地。在19世纪，各种社会思潮崛起，延续着转型时期的政治思想，"19世纪的城市中包含着彻底的效忠精神，也包含了社会文明过渡时期里特有的混乱和矛盾。在

---

① 参见〔美〕刘易斯·芒福德：《城市发展史——起源、演变和前景》，宋俊岭、倪文彦译，北京：中国建筑工业出版社2005年版，第364页。
② 同上书，第369页。

许多国家的中心城市里,新型工业在汇聚了社会的新能量的同时,也制定了新的社会规矩,并且把这些新事物推向了极致"①。

这一时期对于人的歌颂更加彰显,这些思想在一定程度上沿袭了自由主义思想,即顽强抵抗国家力量对于社会生活的规划,甚至对于任何国家与宗教力量保持深度的怀疑,如德国无政府主义者麦克斯·施蒂纳就公开鼓吹:"神的事是神的事业,人的事是'人'的事业。我的事业不是神的事,不是人的事,也不是真、善、正义和自由等等,而仅仅只是我自己的事,我的事业并非是普通的,而是唯一的,就如同我是唯一那样。对我来说,我是高于一切的!"②

然而,与自由主义对权力的深刻怀疑同步的是,在19世纪,基督教城市向标准化城市转型的特征更加明确;在欧洲的资本主义世界发展史中,全球化与工业化是重要的一环,这些也深刻地影响了现代城市的形态。借助于贸易与军事能力,荷兰的阿姆斯特丹已经成为欧洲北方重要的城市,但是在欧洲南部地区,商业力量的崛起对于刚性国家与单一思想的瓦解是显而易见的。在这一时期,由于欧洲国家的先后统一,城市身份认同已经从国家认同再次演变为城市认同,城市意识在文艺复兴之后的各种政治思潮中得以发扬。而在遥远的亚洲,古老中国的城市依然在国家权力结构中沉睡,国家尚未唤醒,更遑论城市的成长。

3. 现代城市主体意识的危机

在20世纪中期,世界范围内民族主义国家纷纷建立,全球化已经无须通过殖民手段和军事强权加以推进了,市场力量则在全世界范围内继续发挥重要的作用,在更加隐蔽的力量面前,世界性的城市危机悄然到来——由于资本正在重构权力与空间,城市主体性逐步消退,不同国家不同城市中的相同酒店的连锁经营、世界性城市规划大师的商业

---

① 〔美〕刘易斯·芒福德:《城市文化》,宋俊岭、刘翔宁、周鸣浩译,北京:中国建筑工业出版社2009年版,第168页。
② 〔德〕麦克斯·施蒂纳:《唯一者及其所有物》,金海民译,北京:商务印书馆1989年版,第5页。

建筑的同步设计、地方政府官员对于城市更新的持续热望、城市快速交通对于城市空间的无限压缩与平移,都共同促成了世界性城市的高度同质化趋势,城市陷入了前所未有的认识危机。

"现代性方案的基本特征是,开放的未来与人的自主性结合了起来,与此同时,人们相信,通过人的有意识活动积极形塑社会是完全可能的。这两个特征决定了现代政治秩序以及集体认同和辩解的前提。现代性政治方案的核心是,政治秩序的传统合法性依据崩溃;与此相应,建构政治秩序的各种可能性被开辟出来,在如何建构政治秩序的问题上,也出现了冲突的可能性。"[①]但是现代性城市的背后是资本的作用,资本化城市空间的背后是资本主义政治,新马克思主义城市理论深刻地批判了在城市发展中,资本对于城市空间生产中的人性疏离与精神控制的巨大作用。列斐伏尔指出,资本主义国家造成空间生产的具体形式有三种:政治空间生产、社会空间生产及精神空间生产,而资本主义社会关系的发展因此与资本主义空间的生产相结合。[②]

在资本最大化的运作过程中,城市日益失去了自由。在东方国家,正在思想启蒙中的城市同样受到了资本力量的冲击,在资本的驱使下,人们居住空间日益隔绝,社会共同体难以形成,每个城市独立的个体不得不面对资本与政治的权力联合,在城市追求现代性的同时,城市个体不得不面对现代性带来的社会性城市的颓败。城市在资本的奴役下,日益失去了中世纪以来自由城市的本意。而为了抵御城市的衰败,现代城市中的市民社会则以新型结社与社区自治的方式形成新的共同体,并在共同体的发展中形成自由的社会力量。

---

① 〔以〕S. N. 艾森斯塔特:《反思现代性》,旷新年、王爱松译,北京:生活·读书·新知三联书店 2006 年版,第 71 页。
② 转引自高鉴国:《新马克思主义城市理论》,北京:商务印书馆 2006 年版,第 99 页。

第二节　城市与国家：外部政治关系的变迁

一般认为，城市的发展主要聚焦于国家与市场，这就决定了城市研究的两个基本路径。从国家的视角，在希腊城邦发展过程中，不同的城邦之间的政治同盟为城市关系的研究提供了逻辑起点。同时，由于城市的发展还建立在一定的条件之上，因此只有在城市获得自主性之后，才有可能自主处理与其外部条件的关系，这其中既包括城市与国家的关系，也包括城市与城市、城市与农村的关系，在一定程度上来说，所谓城市发展就是城市与外部政治关系变迁的过程。

一、从城市的国家到国家的城市

城市的发展在多大程度上促成了国家的形成？国家对于城市政治干预的边界在哪里？在面临这个问题的时候，我们仍然无法摆脱城市与国家关系的历史性梳理的任务。在世界范围内，城市的变迁既有国家的历史投射，也有城市自身的历史反映。城市的历史其实是一部从城市国家向国家城市嬗变的过程。在这一过程中，城市权力实现了二次变换，一次是城市权力被国家权力替代的过程，另一次是国家权力重新赋予城市的过程。城市权力的两次变迁实现了城市权力的世俗化，也使城市在现代意义上得以延续。

1. 城市权力的国家化

在早期世界遍布"圣城"的时候，一个事实不容忽视，那就是一个拟神化的城市最终要落实到尘世之中，因为城市毕竟在人类真正的社会生活之中。众所周知的是，古代雅典不仅仅是一个城市，也是一个国家，在雅典乃至希腊诸多城邦中，城市与国家的权力是合一的。同时在两河流域，诸多的城市也在各地纷纷出现，城市之间的权力争夺日益加剧,在政治权力的争夺中,神性的城市陆续接受了一些政治和军事领袖的统治,这些政治强人获得城市统治权后,往往首先从清除城市中的神性入手,城市开始成为国家的城市。在公元前3000多年的两河流域,阿卡德帝国的创建者萨尔贡改变了城市政体,他允许土地私人所有,改变了土地只能归地方神的仆人所有的局面,从而从祭司手中夺取了经济控制权,而更重要的是,他在阿卡德建造了新的帝国中心[1],从而使城市成为他自身的产物。

应该说,即使在两河流域,阿卡德人建造了属于自身的城市,但是城市神圣性的权力仍然在很长时间里贯穿了城市政治的全部过程。芒福德分析了城市发展中的权力结构,他发现,"虽然说新兴城市的主要依靠是形形色色的权力,包括宗教的和世俗的,但城市的形成和发展趋向却越来越受到法律、秩序的新制度,以及社会关系的影响……发展到一定程度时,权力和控制才开始有了法律制裁的形式。"[2]应该说,芒福德的权力分析中没有对城市与城市国家加以区别,事实上,从希腊到两河流域,城市国家曾经遍布全境,但是由于战争的压力,不同的城市国家开始联合起来。在公元前6世纪希腊对抗波斯帝国的战争中,雅典和斯巴达结成了政治同盟,虽然希腊并没有实现自身的主动统一,但是长期的战争与结盟中,一个希腊逐步成为政治共识。而在其他区域城市国家兼并的过程中,世俗的权力都无一例外地开始逐步移位于神权之上,以城市为单位的国家日益减少,那些在古代史上无比辉煌的城市国家,大多在连续的战争中沦落为国家中的城市。

在经历了漫长的中世纪之后,欧洲城市共和国的命运开始扭转,弱小的城市共和国注定重复雅典与斯巴达式的政治联盟,因为只有联合才能形成强大的政治权力,同样这次的联合仍然是以国家作为目标。

---

[1] 参见〔美〕乔尔·科特金:《全球城市史》,王旭等译,北京:社会科学文献出版社2014年版,第15页。
[2] 〔美〕刘易斯·芒福德:《城市发展史——起源、演变和前景》,宋俊岭、倪文彦译,北京:中国建筑工业出版社2005年版,第54页。

1797年，威尼斯城市共和国被拿破仑占领，同年转归奥地利统治，1866年并入意大利王国。独立于12世纪初期的佛罗伦萨城市共和国在16世纪更名为托斯坎尼公国，在1739年归于奥地利统治，1860年并入撒丁王国，最终成为意大利王国的一部分。同样，在19世纪，经过公民投票，罗马也并入意大利，因此，在意大利统一的过程中，城市共和国成为国家权力移交与形成的主要力量。与意大利统一过程相似，欧洲的城市先后融入了民族国家之中，城市作为国家的政治权力逐步丧失。

2. 城市制度的国家化

中世纪的欧洲，城市自治权利和城市自治机构的法律基础有两种。一种是城市居民联合起来，共同订立一个互助的誓约，根据这种誓约组成一个自治团体。这种城市叫"宣誓的自治市"或"公社"。另一种是城市的领主与城市全体居民之间订立的一种契约。它以领主向城市颁发"特许状"的方式，解放城市居民。特许状对领主的专断权力进行限制，它往往给城市居民以人身自由，并对市民应缴纳的租税及各项义务作出明确规定。[①] 但是，这个时期的城市仍然属于教会，城市的权力与宗教相关，与国家却保持了一定的政治疏离。

中世纪以后，城市权力开始逐步向国家移交，这意味着国家是建立在城市政治体之上的共同体。这点不难理解，在国家联合之前，城市已经形成了成熟的政治制度，一些城市共和国的疆域早已超越了城墙，并与普通的封建国家无异，因此无论古典时期还是中世纪之后，城市制度必然深刻影响着国家的政治制度。正如皮雷纳所指出的那样，"城市制度在古典时代等于政府组织制度。当罗马帝国将其统治伸展到整个地中海世界的时候，就把这种制度作为帝国行政制度的基础。"[②]

同时需要指出的是，在中世纪城市拱手交出政治权力的背后，是城市共和国的政治制度合法性的逐渐丧失。在13—14世纪，除了威尼斯

[①] 参见丛日云：《西方政治文化传统》，哈尔滨：黑龙江人民出版社2002年版，第461页。
[②] 〔比〕皮雷纳：《中世纪的城市》，陈国樑译，北京：商务印书馆2006年版，第36—37页。

共和国和热那亚共和国以外，大多数意大利的城市共和国逐渐沦为寡头政治甚至家族政治。1382年，佛罗伦萨大富商马索·德利·阿尔比齐掌握了城市政权；两年之后，银行家科西莫·德·美第奇则推翻了阿尔比齐家族的统治，夺取了城市政权。为了加强本家族的统治，他们采取了一系列措施：(1) 严厉打击敌对势力，将他们大批放逐；(2) 实行恐怖政策，规定对当权一派的任何冒犯，即使是一言一语、一举一动，一概严惩不贷；(3) 拟订新的抽签选举办法，把敌对分子的名签从选举袋中抽出，把自己朋友的名签放进去，并决定执掌生杀大权的职位永远只能从他们这一派的领袖中推选；(4) 为了拉拢迷惑群众，从经济上政治上打击竞争对手，实行按财产征税以代替人口税的政策。科西莫通过推行这些政策，实际上统治佛罗伦萨达30年之久，共和国因此名存实亡。[①]

在中世纪，城市的自治权力处于窒息状态，城市日益失去维系自身运行的政治制度，而随着工业革命的到来，城市又进入了新的时代。芒福德发现，现代城市已经变得非常陌生了，"城市文明发展到这时的工业阶段，城邦和它的精神已经从工业聚落里消散不见了；雄踞于社会顶端的是政治。古老城邦社会有机体的鬼魂，如今凭借有代表性的政府和普选手段，分散游荡到了国家或者帝国的全部领地。选票的吸引力，把人们的政治兴趣吸引到了各种抽象问题上；议会则试图以纯法制的程序去解决本来该经过具体试验才能实施的事项，而且还要通过与社会各界的合作，包括联合工程师、建筑师、行政官员以及艺术家。"[②] 因此，正是国家政治制度对城市的超越，使城市政治从具体的城市事务中脱离出来，逐渐消失在国家的事务之中。

---

① 参见赵克毅、辛益编著：《意大利统一史》，开封：河南大学出版社1987年版，第38页。
② 〔美〕刘易斯·芒福德：《城市文化》，宋俊岭、刘翔宁、周鸣浩译，北京：中国建筑工业出版社2009年版，第210页。

3. 城市治理的国家化

当城市政治制度变化为国家制度时,城市治理也为国家治理所取代。托克维尔在论述美国的乡镇时发现,与欧洲不同,美国的乡镇是政治生活的起源,而政治生活首先从公民生活发展而来:"在一个被征服的国家里,爱国心是不会持久的。新英格兰居民之爱慕乡镇,并不是因为他们生于那里,而是因为他们认为乡镇是一个自由而强大的集体……他们是乡镇的成员,而乡镇也值得他们精心管理。而在欧洲,统治者本人就经常缺乏乡镇精神,因为他们许多人只承认乡镇精神是维持安定的公共秩序的一个重要因素,但不知道怎么去培养它。他们害怕乡镇强大和独立以后,会篡夺中央的权力,使国家处于无政府状态。但是,你不让乡镇强大和独立,你从那里只会得到顺民,而决不会得到公民。"①

在城市回归国家之后,现代治理仍然无法避免国家治理与城市治理的权力重构;而在国家与城市的政治关系变迁中,究竟是选择国家治理还是城市治理,是由城市在国家政治生活中的政治地位决定的。在托克维尔看来,城市治理与国家治理分离的背后,是欧洲和美国不同的政治权力结构。"在法国,是国家的税务人员去收村镇的税;而在美国,则是乡镇的税务人员去收州的税。也就是说,在我们法国,是中央政府把它的官员借给了村镇;而在美国,则是乡镇把它的官员借给了州政府。"②因此,我们不难看出,在国家治理与城市治理的过程中,同时存在一个权力行使的合法性过程。在集权主义传统深厚的国家,城市治理无疑从属于国家治理;在一个分权传统深厚的国家,中央政府并不存在粗暴凌驾于地方政府之上的权力,地方政府的合法性也并不来自中央的授权,正相反,"如果地方政府缺乏能力自行决定本地商品和服务的

---

① 〔法〕托克维尔:《论美国的民主》(上卷),董果良译,北京:商务印书馆1988年版,第74页。
② 同上书,第73页。

融合及本地税率,那么有人会说,地方政府仅仅是中央政府的管理分支,选举地方代表的意义不大。"①

二、国家形成中的城市因素

在城市政治学的视野中,城市究竟是国家政治还是地方政治是存在争议的,彼得森指出:"城市往往被当成民族国家来看待。也就是说,我们关于国家政治的认知被应用于国内城市的政治;同时,从城市政治中所了解的一切也可用于国家政治。城市属小型政治系统、卫星共和国,抑或是小到清晰可辨而易于研究的国家政治。"②在城市与国家的此消彼长中,城市在彼此联盟与斗争的过程中形成了国家,也形成了国家难以撼动的城市政治传统。我们试图说明,在国家形成的过程中,城市将如何保持其独立的个性,从而在国家形成之后依然保持不同于一般地方政治体的历史特征。

1. 城市联盟形成中的民族因素

在摩尔根的分析中,从家族到氏族,从氏族到民族,从民族到国家的过程是不同政治体的合并过程,"凡属有亲属关系和领土毗邻的部落,极其自然地会有一种联盟以便于互相保卫的倾向。这种组织起初只是一种同盟,经过实际经验认识到联合起来的优越性以后,就会逐渐凝结为一个联合的整体。因为他们生活在永无休止的战争中,所以,在那些智力和生活技术的发展水平足以理解到这种联盟组织的利益的部落中,这一自然的倾向就会加速地付诸实现。这只不过是把氏族联合成部落的原则加以扩大,由低一级的组织产生出高一级的组织而已。"③

诚如摩尔根所言,人类的政治史确实是联盟的历史。从家庭到氏

---

① 〔英〕戴维·贾奇等:《城市政治学理论》,刘晔译,上海:上海人民出版社2009年版,第269页。
② 〔美〕保罗·E.彼得森:《城市极限》,罗思东译,上海:上海人民出版社2012年版,第2页。
③ 〔美〕路易斯·亨利·摩尔根:《古代社会》(上),杨东莼、马雍等译,北京:商务印书馆1977年版,第120页。

族,从部落联盟到城市国家,权力的妥协与交换是人类趋向联合的重要途径,也是国家得以实现的基本手段。在城市的政治演变中,在中世纪乃至以后,城市联盟的目的往往是为了捍卫各自城市的政治独立;但是对于联盟将走向国家的原因,摩尔根进行了如下解释:"联盟所造成的氏族社会比之单个部落的氏族社会要复杂得多,但它仍然清清楚楚地是一个氏族社会。然而,联盟是趋向于民族形成的过程中的一个阶段,因为就在这种氏族组织下产生了民族性。"①这样的解释无疑也适用于城市的形成。张质君先生认为,民族的本质体现在三个方面:共同的自然环境、共同的文化与共同的生活,其中共同的自然环境区别了种族和民族,共同的语言文字形成了共同的文化,有助于打破空间的隔离与时间的限制,共同的生活既适应了环境,也创造了文化。② 因此,正是民族性的凸显,使城市拥有走向国家统一的内在动力。

2. 城市联盟中的国家属性

早期城市向国家过渡的历史是非常曲折的,民族性城市并不必然形成民族国家,但是,民族性却为国家的形成了提供了合法性。在意大利,中世纪以来的长期战争就伴随着城市的联盟和斗争,在此消彼长的联盟组成与瓦解中,任何城市都无法抵御外敌的入侵,因此,意大利国家统一的历史无疑就是民族性论证国家合法性的历史。在神圣罗马帝国入侵意大利时,意大利城市共和国组成了政治联盟进行抗争,"腓特烈一世在克雷莫纳和米兰的骇人暴行,不但没有吓倒意大利北部各个城市,反而促使它们在 1167 年联合起来,共御外侮,同赴国难,组成了伦巴底联盟。参加联盟的有米兰、克雷莫纳、布列什亚、曼图亚、威尼斯、别尔加莫等 15 个城邦。"③

但是一旦外敌被击退,各个城市之间的国家属性便迅速回归,在城

---

① 〔美〕路易斯·亨利·摩尔根:《古代社会》(上),杨东莼、马雍等译,北京:商务印书馆 1977 年版,第 131 页。
② 参见张质君:《人类社会与民族国家论》,上海:商务印书馆 1946 年版,第 91—92 页。
③ 赵克毅、辛益编著:《意大利统一史》,开封:河南大学出版社 1987 年版,第 28 页。

市中间,以国家名义展开的斗争重新燃起,如威尼斯与热那亚两个城市共和国之间的商业竞争就同时伴随着军事斗争。15世纪末,针对意大利的战争重新燃起,1494年底,为了抵御法国的侵犯,威尼斯、米兰、罗马教皇、神圣罗马帝国皇帝和西班牙结成"威尼斯同盟"并击败了法国;1508年,针对威尼斯的政治扩张,反威尼斯的势力联合起来,建立"康布雷"联盟;在击败威尼斯之后,1511年,教廷又联合西班牙和威尼斯,展开了反对法国的战争;1525年,威尼斯、佛罗伦萨、米兰和战败的法国又签署了共同反对神圣罗马帝国皇帝查理五世的协议。

在长期的战争中,意大利各城市国家都被严重削弱了。在政治联盟与政治斗争中,民族认同逐步取代了城市国家认同,形成统一的民族国家于是成为这一时期城市政治的使命。经过了长期的战争,意大利终于在1871年实现了统一,城市共和国在政治联盟中削弱了自身的政治独立性,而成为国家的政治单元。

3. 国家发展中的城市个体

在国家与城市的发展进程中,城市依然拥有自身的历史因素,这种因素无法为国家所改变。"虽然国家倾向于革命性的激变来转型,但是城市却倾向于坚韧耐久的进化。"[①]在中世纪神权的护佑下,城市起码保持了古老的建筑形式,这种形式为中世纪以后的城市复兴提供了历史合法性与现代可能性。自形成以来,城市就形成了相对独立的自治传统,这种传统即使在实质上屡遭破坏,但是城市政治形态起码在外部保持了共和主义的传统,城市在统一的国家之中,依然以财富、工业化的进步意义维持乔尔·科特金在《全球城市史》中所确定的"神圣"地位。

但是问题在于,既然城市必须在国家之中生长,城市自身又保持着高度自治的历史合法性,那么在单一的城市进入国家以后,国家如何在政治吸纳的过程中,继续保持城市的自由属性?加埃塔诺·莫斯卡在

---

① 〔美〕詹姆斯·E.万斯:《延伸的城市——西方文明中的城市形态学》,凌霓、潘荣译,北京:中国建筑工业出版社2007年版,第22页。

《政治科学要义》中巧妙地回答了这个难题:"现代政治的体制的最大优势在于:它承认自由原则与独裁原则的创造性平衡,议会和地方政务会议代表自由原则,而永久性官僚体制则代表独裁原则。"① 因此,正是中央与地方选举等制度的运作,实现了国家一致性与城市自治性的融合。

当然,在国家一致性与城市自治性之间,仍然存在一定的政治张力。在拥有自由主义与地方主义传统的西方国家,城市可以通过区域蔓延与政治联合等手段控制国家的权力扩张。马克·格特迪纳和莱斯利·巴德发现,在美国的许多时常被提及的地方,如洛杉矶、拉斯维加斯或纽约,其实都不是真正的城市,而是都市化了的多中心大都会区域。在欧洲,都市(mega polis)和大都会(metropolis)这两个词被反复交换使用,用以描绘像伦敦和巴黎这样各不相同的城市,如今这个词已经让位于城市区域(city-region)。② 城市正是通过这种多中心的权力结构,继续以新型结盟的形式显示自身的政治地位。

三、城市转型中的双向吸纳

从城市国家到国家城市,城市的发展已经不可避免地与国家的命运相互联系。在中世纪以后的城市发展中,城市政治确实面临着一个从国家政治到地方政治的转型过程,这一过程也为现代城市在后来的转型中奠定了基础。

1. 国家因素与城市因素的双向吸纳

在历史制度主义看来,政治的合法性存在于制度的历史变迁之中,曾毅博士把历史制度主义的代表保罗·皮尔森和斯考切波的主要观点总结为两个方面的内容:(1)需要在长期的历史进程中考察复杂历史

---

① 〔意〕加埃塔诺·莫斯卡:《政治科学要义》,任军锋、宋国友译,上海:上海人民出版社 2005 年版,第 492 页。
② 参见〔美〕马克·戈特迪纳、〔英〕莱斯利·巴德:《城市研究核心概念》,邵文实译,南京:江苏教育出版社 2013 年版,第 6 页。

过程的因果关系;(2)注意事情的先后出场次序。① 我们认为,这样的判断适用于城市政治的研究。在世界范围,城市与国家的出场顺序确实是难以区分的,但是总体来说,城市与国家确实有着一个双重吸纳的过程。从历史上看,国家与城市都是由微型的政治体转变而来,因此在社会契约论者看来,无论国家还是城市不过是不同的政治形态而已。从国家的角度,政治治理建立在秩序之上;从城市的角度,政治治理是一个自治完善的过程,中世纪以来的国家对于城市的吸纳并不摧毁这种城市自治,正相反,城市赋予了国家政治自治的特质,并在中央与地方关系的重新构建中,为整体秩序与个体自由的政治平衡保留了足够的空间。

国家与城市的双向吸纳在不同的时期有着不同的表现形式,在现代工业体系崛起之后,随着民族国家的建立,仍然保留着一些城市国家,这些国家提供了我们认识国家与城市关系演变的样本。而当我们对一些城市共和国如新加坡进行考察的时候,便会发现这些城市国家中的国家属性与城市属性难以区分。从政治过程看,国家与城市也难以割裂,一般认为,即使在古典城市中,其实也不存在严格意义上的直接民主制度;同时在中世纪以后,随着大型国家与大型城市的建立,代议制解决了直接民主制的不足,成为国家与城市普遍的政治制度,城市因素与国家因素于是在双向吸纳中实现了政治一致。

2. 国家结构与城市结构的双向吸纳

在国家与城市的关系变迁中,国家与城市确定了新型的政治结构。虽然在国家政治体系中,城市政治属于地方政治,但是不同的国家体系决定了城市的不同功能。在单一制国家中,城市政治是国家集权政治的组成部分,中央与地方的政治关系通过城市加以体现。我国秦汉时期,京师、郡治和县治三级城市政治体系控制着中国的广大乡村,这样的城市政治体系体现了对国家政治结构的吸纳。而在意大利城市史

---

① 参见曾毅:《新发展主义的历史制度主义分析》,载《马克思主义与现实》2011年第2期。

中,城乡关系同样是其最有意义的论题之一,"对多数意大利城市来说,城乡关系中的主要方面是领地在城外的强有力的封建家族对城市生活的巨大影响。热那亚的政治、社会史打上了那些统治着她的贫瘠的亚平宁山区内陆的封建大家族的鲜明烙印,而在罗马和米兰,则都可感到其原有贵族世家的强大压力"[①]。

在中国,由于隋唐科举考试终结了传统的贵族制度,贵族制度在秦汉以后并不影响着中国的政治活动;同时,城市政治与乡村政治也无本质不同,城市只是一个区域的政治中心,在专制制度下,经济活动只是城市政治的附属之物,而非城市政治的核心;在城市逐步承载了工商业职能之后,作为晚清"新政"的一种尝试,中国的城市政治才开始有了地方自治的内容。这种自治经过了民国时期的转换,到新中国成立之后便宣告结束。当代中国宪法区分了城市政治与乡村政治,但是在中国的行政管理体制中,实际上形成了以下的政治结构:国务院——省级政府(含直辖市)——地级政府(含地级市)——县级政府(含县级市)——乡级政府(含镇),从而使城市治理结构湮没在地方政治体系之中。在20世纪80年代以后,我国普遍实行"市管理县"体制,城市从一般的地方治理体系中凸现出来,再次被赋予重要的控制功能。在这一结构中,城市政治仍然与自治无关,而是重新吸纳了国家政治结构并成为纵向政治体系中的一环,在这一结构中,中央政府通过压力传递对城市政府、农村政府逐级施加影响。

在联邦制国家,城市无须承担纵向控制的政治功能。由于国家形成中的地方主义与联邦主义传统,在联邦成员之下,城市作为地方政府保留了自治权。在美国,地方政府无须对上级政府负责,也不存在上级政府对于下级政府的考核与管理,地方政府只对选民负责。从国家的层面,联邦政府可以通过财政拨款等间接措施影响城市政治。因此,在

---

① 〔美〕坚尼·布鲁克尔:《文艺复兴时期的佛罗伦萨》,朱龙华译,北京:生活·读书·新知三联书店1985年版,第8页。

不同的政治背景下，国家的政治结构与城市政治结构有着一个双向吸纳的过程，在集权主义国家，城市本质上与乡村一样，都是纵向政治结构的一个层级，而并无特殊意义；在分权主义国家，城市与乡村是社会的一个单元，是控制国家的重要力量。正是在国家与城市政治的双向吸纳中，不同的国家与城市实现了制度耦合，并保持不同的政治变迁路径。

3. 国家发展与城市发展的双向吸纳

自从中世纪以来，城市逐渐摆脱了神性，走向了世俗生活，国家的世俗化同时伴随这一过程。从城市与国家的关系来看，城市的发展与国家的发展有一定的逻辑交织，在国家主导性的政治体系中，城市发展不是一个自为的过程，而是一定程度上国家意志的体现。为了保障政治体系的稳定性，我国《宪法》第 10 条规定城市的土地属于国家所有，但是农村和城市郊区的土地，除由法律规定属于国家所有的以外，属于集体所有；宅基地和自留地、自留山，也属于集体所有。因此，当失去了土地的自主权时，城市发展在一定程度上有可能仅仅成为国家行政区划的代名词，我国一些欠发达地区的城市化政策就充分体现了这种国家意志。

在改革开放以后，一些发达地区的城市发展有着自身的社会与市场化逻辑，但是这种发展仍然可能最终体现为国家与城市的双向吸纳。20 世纪 80—90 年代，在浙江省的一些地区，一些农村集镇如前文所提及的黄岩市路桥镇（现台州市路桥区）的发展就依托了国家以外的力量。在这些地区，由于放开了城市户籍的限制，农民"自带口粮"大量进城务工经商，从而促进了农村集镇的发展，当路桥镇的发展遭遇更多的制度限制时，国家通过行政区划调整（路桥镇升格为县级区）等手段解决了路桥发展的障碍。

第三节 市场与社会：城市内部结构的调整

在中世纪初期，市镇在法国开始出现并逐渐发展起来。一些较大的城市建立了市政府，并具备司法和市政管理的职能，市镇的最高行政官吏从居民中选出。这些市镇与封建式的旧市镇有很大的不同，它孕育着贸易、市民和市政三个转化社会结构的要素。① 城市的发展就在三个要素的彼此转换之中逐渐形成了自身的结构。

一、城市政治中的社会力量

一般认为，社会是作为国家的对立面来加以认识的，当城市以国家形态存在时，社会作为一种批评的力量在城市内部延续。事实上，在城邦的鼎盛时期，就伴随着对于制度的怀疑甚至反叛，这些城邦社会的边缘群体一样有着自身的信仰。因此，随着城市中社会力量的生长，城市的发展同时面临更为复杂的政治关系调整过程。

1. 社会力量的崛起伴随着城市政治的全部过程

在雅典时代，城市的国家属性并不能掩盖其社会属性。"希腊人与游牧部落的区别在于：希腊人是生活在舒适城市中的自由人，而游牧部落则是生活在巨大的奴隶群中。他们明知有着共同的文化，却不去争取政治上的统一，因为他们的力量和优势基于城邦的范围内，这就使得在每个团体内能存在着小集体的自由……'祖国'这概念用于文字，它意味着祖先的土地，自己父辈的土地。"② 贝纳沃罗对希腊人与游牧部落的区别，也解释了为什么希腊人城邦认同的社会原因。在雅典时期，城市不仅仅是政治共同体，更是社会共同体。

---

① 参见李普者编著：《当代国外行政制度》，昆明：云南科技出版社2005年版，第121页。
② 〔意〕L. 贝纳沃罗：《世界城市史》，薛钟灵等译，北京：科学出版社2000年版，第93页。

正是由于城邦中国家与社会共同体的双重性质,因此在雅典时代,虽然城邦是公民的城邦,但是公民之外的社会力量始终无法被城邦清除:"古代城邦把某些阶级排斥在市民范围以外,这一运动就从这些阶级中兴起,即从妇女、奴隶、外国人中,无须说还从那些心怀不满的被疏远的市民中兴起来的……这是那种私人的,隐秘的,在俱乐部、友好社团、丧葬团体、同行业兄弟会中形成的生活……随着城邦社会的瓦解,这类结社组织演变成一些秘密的城邦,专门为被排斥的外族人,有时甚至为奴隶服务。"①因此,社会力量不仅仅是城邦中的政治力量,甚至有可能成为城市形成的源头。

在中世纪以来的城市复兴中,市场往往在教堂周围逐步形成,从而给冷冰冰的城市增添初步的商业内容。在 10 世纪以后,一些市场逐渐形成,手工业与商业逐渐繁荣,行会组织随之出现,并逐步成为城市自治重要的政治力量。从行会产生的原因来看,城市兴起的初期,由于市场狭小,手工业者的利益很容易受到封建主的侵犯和逃亡农奴的竞争,手工业者为了避免这种情况的发生,组织了同行业的联盟——行会,成立了行会的武装。行会组织对于内部而言主要是为了防止成员之间的竞争,对外则追求本行业的垄断地位。② 当然,行会组织有着严密的等级结构,在行会初期,能够参加行会的只有作坊主,即匠师。英国 1536 年《禁止对城市、自治市镇徒工勒索钱财的法令》就严厉批评了行会成员对于学徒自由的剥夺与权利的压榨:"许多行会会长、理事、会员,运用各种欺诈手段,肆行规避,并且迫使学徒或青年自开始充当徒工时,凭圣经发誓,以后在他们学徒满期后,非得会长、理事、会员同意,不得设店开业,不能像自由人那样从事职业,违者剥夺自由或处以其他刑罚。"③正是这种相对封闭的政治组织,在后来反对封建主的斗争中形成

---

① 〔美〕刘易斯·芒福德:《城市发展史——起源、演变和前景》,宋俊岭、倪文彦译,北京:中国建筑工业出版社 2005 年版,第 215 页。
② 参见朱寰主编:《世界古代中世纪史》,北京:北京大学出版社 1993 年版,第 261 页。
③ 齐思和、林幼琪选译:《中世纪晚期的西欧》,北京:商务印书馆 1962 年版,第 222 页。

了城市自治的社会力量,而这种力量和古典城邦中一些社会力量既形成了呼应,又形成了不同的政治任务。

2. 城市社会力量来源的市场属性

在中世纪以后,直至文艺复兴时期的城市建筑群中,往往体现着严格的等级结构。在 15 世纪的意大利城市比恩萨,重要的建筑明显区别于非重要建筑,"主要不是表现在规模上,而是表现在更为重要的建筑艺术上(其权威性不是表现在物质手段上,而是表现在文化优势上)。"[①]但是城市建筑标志的政治不平等很快就为社会力量的崛起所打破。伴随着城市公民社会的崛起,对权利平等的追求开始走上城市历史舞台。如果说城邦中的政治力量主要体现为国家力量的话,那么在中世纪以后,行会则把社会力量组织起来,并成为国家治理的重要力量。行会的指导原则是排除竞争,为本行业创造垄断地位,但是应该看到的是,这种原则是建立在行会内部所有会员平等之上的,正是这种平等地位的获得,使城市社会力量成为国家治理的重要补充。

在古代中国,行会与国家的权力关系更加显著。马斯培罗在《论古代的中国》中这样记载:每一个城市都有一个市场。这种市场是一个宽大的方形的广场。在市场活动的日子,司市居于广场之中央,等到一切都准备好了,就升旗开市,农民和行商在四周围摆设自己的商品,卖同一样货品的人就聚集在一处,有米行、工具及家具(桌椅之类)行、瓷器行、金属制造品行,商品都有各种的规定:一块布或一块绢都有一定的宽和长,荷车有一定的范围。[②] 因此,在国家权力制定市场范围与运作流程之后,行会承担着本行业的具体运作流程,国家除了维持市场运作的外围秩序之外,权力并不过多介入市场内部运作。

在外来资本的扩张下,行会确立的市场垄断地位受到了冲击,中国古老的行会在 20 世纪陷入了困境,同时,行会内部专制的管理制度也

---

① 〔意〕L. 贝纳沃罗:《世界城市史》,薛钟灵等译,北京:科学出版社 2000 年版,第 578 页。
② 参见〔俄〕柯金:《中国古代社会》,岑纪译,上海:黎明书局 1933 年版,第 141—142 页。

受到了自由精神的冲击,"师傅对于徒弟固是一家亲似的,如父兄之爱其子弟;可是事实上,师傅之虐待徒弟而滥用其专制的淫威者亦复不少,加以自由平等的呼声洋溢宇内,稍有自觉的徒弟当然起而作解放运动了。行会的衰落说明了市场地位的提升。"①因此,从行会与市场的关系不难看出,行会的崛起建立在市场经济完善之上。

3. 城市社会力量来源的国家属性

在城市政治中,国家和行会的关系固然是国家与市场关系的一种折射。但是在中国的社会发展史中,社会力量并不仅仅来自市场,更多来自国家权力的让渡。施坚雅在对中国传统社会,尤其是晚期以来的农村市场体系展开研究时,认为在行政体系和市场体系之间存在着平衡点:"任何一种对于传统中国社会结构的观察,只要把它与相关联的市场体系进行比较作为重点,就必然会随着层次的提高越来越注意到行政体系。早期的分析,受中国学者官方的偏见的影响,假定行政体系最为重要……与其说要反驳这种分析,倒不如说是要推进平衡——在今后的研究中取得一种共识,即传统中国社会中处于中间地位的社会结构,既是行政体系和市场体系这两个各具特色的等级体系的派生物,又纠缠在这两个体系之中。"②

无疑,施坚雅的结论不仅受到了中国农村社会发展的支撑,也为中国晚清以来的城市政治发展所证明。晚清的地方自治过程中,政治权力调整也时有出现。光绪三十四年(1908年)十二月,清政府颁布《城镇乡地方自治章程》,其中第一章"总纲"对于"城镇乡区域"中有如下规定:凡府厅州县治城厢地方为城,其余市镇村庄屯集等各地方,人口满五万以上者为镇,人口不满五万者为乡。城镇乡之区域,各以本地方固有之境界为准。若境界不明,或必须另行析并者,由该管地方官详确

---

① 全汉升:《中国行会制度史》,天津:百花文艺出版社2007年版,第187页。
② 〔美〕施坚雅:《中国农村的市场和社会结构》,史建云、徐秀丽译,北京:中国社会科学出版社1998年版,第55页。

分划,申请本省督抚核定。嗣后城镇乡区域如有应行变更或彼此争议之处,由各该城镇议事会拟具草案,移交府厅州县议事会议决之。由于城与乡的范围认识差异与利益博弈,在晚清的城镇乡自治中,很多地方围绕行政区域的划分均发生了激烈的争论。因此,当市场体系形成以后,国家、社会与市场就进入此消彼长的复杂权力调整阶段,晚清以来的市镇自治制度也标志另外一种社会力量的崛起,即从国家权力结构中让渡的社会力量的成长,也就是说,在城市发展过程中,即使在专制主义盛行的中国城市,只要国家的力量有所放松,社会自治的力量就会显示出来。

4. 城市社会发展中的多重属性及其博弈

国家、社会与市场在相互融合、权力博弈中形成了中国的乡村结构,也塑造了中国传统的城市结构。当然,权力博弈的结果一定是市场体制、社会力量与地方主义的崛起。在施坚雅看来,"研究中国社会的人类学著作,由于几乎把注意力完全集中于村庄,除了很少的例外,都歪曲了农村社会结构的实际。如果可以说农民是生活在一个自给自足的社会中,那么这个社会不是村庄而是基层市场社区。我要论证的是,农民的实际社会区域的边界不是由他所住村庄的狭窄的范围决定,而是由他的基层市场边界决定。"[1]

中国许多城市的发展同样证明了施坚雅的基本判断,以南昌的坊市制变迁可以看出各种力量的交汇在城市发展中的作用。唐宋时期,南昌城内设坊。在坊市制崩溃后,经宋元的发展,明清时期南昌城内的坊区逐渐演变为城市的基层组织。光绪末年,居民户籍与城市地理区域单元不相符合,坊已名存实亡。[2] 此外,以苏州地区为例,吴滔发现就江南地区而言,作为市场单位的市镇在明清两代与传统基层区划逐步

---

[1] 〔美〕施坚雅:《中国农村的市场和社会结构》,史建云、徐秀丽译,北京:中国社会科学出版社1998年版,第40页。
[2] 参见戴利朝、肖可:《自西向东:近代南昌道路与城市经济空间的转换》,载《江西师范大学学报》(哲学社会科学版)2013年第5期。

融为一体,市镇辖区即所谓市镇"固有之境界"有一个逐渐被建构起来的过程,直至清末民初,才逐渐产生出我们今天所理解的"镇管村"的机制。① 同样,这一系列的研究证明了中国城市变迁中多重力量的交织,也同样说明,在中国传统农业社会向现代城市社会转型的时候,国家对于社会、市场的吸纳机制仍然有着较高的绩效。

二、城市政治中的市场角色

城市到底是一种政治现象、社会现象还是一种经济现象,在不同的历史背景下有不同的结论。在"今天,商人阶层往往被视为生机勃勃的城市区域的主要塑造者(如果不是决定力量)。然而在古代世界,甚至当商人和手工业者已经积累了可观的财富时,权力仍然集中在祭司、军队和官僚手中。商人往往只是简单地作为中间人,为国家或者祭司阶层的贸易牵线搭桥……埃及法老是'唯一的批发商'。"②在公元1000年以后,西欧城市开始复兴,虽然经历了很多的争论,但是商业发展已经成为中世纪城市崛起的普遍结论。

1. 现代城市是社会经济现象的政治结果

诚然,在早期的城市中,并不乏商业城市的足迹,甚至在公元前9世纪,腓尼基人已经建成了许多精美的城市,北非的迦太基就是其中的典型。作为腓尼基文化和政治理想的承载者——迦太基人,其人口数量在顶峰时可达到15万到40万人。他们以城邦体制来组织行政机构:选举产生执政官(suffetes)、元老院和民众大会,而具体的组织形式通常由商业贵族所控制。③

在中世纪以后,欧洲的城市借助商业而复兴,正如科特金所言,伟

---

① 参见吴滔:《明清江南基层区划的传统与市镇变迁——以苏州地区为中心的考察》,载《历史研究》2006年第5期。
② 〔美〕乔尔·科特金:《全球城市史》,王旭等译,北京:社会科学文献出版社2014年版,第21页。
③ 同上书,第25—27页。

大城市最美好的未来并不取决于上帝或国家的权力,而取决于对财富孜孜不倦的追求。① 作为对神圣权力的替代,资本帮助城市重拾自由:"经过战争,经过索要交换条件,经过直接购买,或者经过这种种手段的综合使用,城镇开始拥有权利开办市场了,开始有权利铸造钱币,建立自己的度量衡体制;开始有权利在市民诉讼中只接受自己地方法庭的审理,也有权利佩戴武器,保卫自己的家园。所有这些权利,可能导致了本地完全的自治,或者也不曾可能完全做到,例如我们在汉萨城市同盟(the great Hansa towns)的实例中所见到的。但是,无论如何,依照现今眼光看来,可以叫做主权国家的标志物,它把许多都应许给了当地社区了。"②

从 1500 到 1650 年,欧洲超过 1 万人口的城镇接近 200 个,城市居民占总人口的比例从 7.4% 上升到 10%。③ 同时在 15 世纪,随着欧洲殖民主义的兴起,不同的文化更新首先在富裕的、交通便捷的城市里出现,到了 15 世纪,欧洲的经济边境开始扩展。在那之前,东部只是间接地体验了通过中间人与东部边界的地中海一带狭窄的交易。但是在葡萄牙航海家的主导下,追随亨利王子的足迹,经济边境迅速向东部移动,荷兰人、西班牙人、法国人以及英国人都相继加入欧洲经济边界的外围扩展中。英国人更是计划将他们的贸易领域扩展到北大西洋。此外,来自鲁昂、圣马格、拉罗谢尔,以及来自法国大西洋沿岸其他渔业和贸易城镇的新教徒商人们加入了这些活动。④

---

① 〔美〕乔尔·科特金:《全球城市史》,王旭等译,北京:社会科学文献出版社 2014 年版,第 126 页。
② 〔美〕刘易斯·芒福德:《城市文化》,宋俊岭、李翔宁、周鸣浩译,北京:中国建筑工业出版社 2009 年版,第 29 页。
③ 参见〔美〕乔尔·科特金:《全球城市史》,王旭等译,北京:社会科学文献出版社 2014 年版,第 127 页。
④ 参见〔美〕詹姆斯·E.万斯:《延伸的城市——西方文明中的城市形态学》,凌霓、潘荣译,北京:中国建筑工业出版社 2007 版,第 196 页。

2. 商业活动对于城市自由的确认与损害

中世纪，通过手工业者和商人的联合运动，最终形成了有组织的政治势力，于是自由城市和城市共和国成立了，在城市和国家的建设过程中，法律承认了不同集团和个人的经济地位以及世袭的地位。① 在国家吸纳城市之后，城市的自由价值依托商业活动保留了下来。

但是在利润的追逐中，城市自由的核心理念往往受到冲击，而这直接可能导致城市的衰落。科特金发现，像他们的腓尼基先祖一样，正是迦太基人固执的商人本性导致了其衰落。除了追逐利益外，他们缺乏扩张所需的更明确的使命感和原则性。甚至同其他殖民地结系在一起时，迦太基人也没有试图去建成一个统一的帝国。维持一个由商业利润所驱动的国家是他们首要和优先的选择。为商业而设计的都市远远逊于为了征服而建造的城市。建基于利润和狭隘自我利益基础上的意识形态远不能抵抗帝国的理念，而正是这种理念统治了近代来临之前的城市史。②

城市的商业化趋势强调了城市是市场活动的结果，也强化了城市政治对于商业活动的依附性。随着工业革命的爆发，城市社会进入了工厂政治时期。在蒸汽机的轰鸣声中，工厂政治顺应了城市商业化的趋势，也改造了城市的内在价值，在许多城市中，原先的自治与繁荣走向了另外一面，"这些地方的发展也不再是那样生机勃勃，其原因是出现了贸易和技术上的程序化倾向，在大西洋彼岸也能看到同样的倾向。"③在20世纪末，一些城市遭遇了增长的危机，拥挤的交通、污浊的环境迫使大量城市居民迁移到附近的郊区，1980—2000年，英国的人口

---

① 参见〔意〕L.贝纳沃罗：《世界城市史》，薛钟灵等译，北京：科学出版社2000年版，第338页。
② 参见〔美〕乔尔·科特金：《全球城市史》，王旭等译，北京：社会科学文献出版社2014年版，第25—27页。
③ 〔意〕L.贝纳沃罗：《世界城市史》，薛钟灵等译，北京：科学出版社2000年版，第657页。

增长并不明显,但是建设面积却增加了两倍以上。①

城市居民向郊区大量迁徙,证明了城市在聚集过程中的悖论:城市既保障了自由,也损害了自由。在富裕人口向郊区迁移时,城市的贫困人口比例则相对提升,贫民窟大量涌现,对他们来说,城市生活日益艰难。在发展中国家,城市图景同样显示出阶级重叠,从1900年到1937年,上海人口从3.7万上升到350万之上。上海除了是欧洲人心中繁华的商业中心之外,也滋生了黑社会帮派、贩毒和妓院。一位牧师曾经这样批评上海:如果上帝让上海长期存在下去,他就得向撒旦和那座因为居民罪恶深重而被神毁灭的古城蛾摩拉道歉。②

3. 资本对于城市控制的深化

更为严重的是,在现代工业革命之后,城市发展的经济属性日益明显,在世界范围内,城市资本对于城市的控制日益加深并更加隐蔽。在《论住宅问题》中,恩格斯深刻地揭示了资本在工业革命过程中对于城市的控制:"现代大城市的扩展,使城内某些地区特别是市中心的地皮价值人为地、往往是大幅度地提高起来。原先建筑在这些地皮上的房屋,不但没有这样提高价值,反而降低了价值,因为这种房屋同改变了的环境已经不相称;它们被拆毁,改建成别的房屋。市中心的工人住房首先就遇到这种情形,因为这些住房的房租,甚至在住户挤得极满的时候,也永远不能超出或者最多也只能极缓慢地超出一定的最高额。这些住房被拆毁,在原地兴建商店、货栈或公共建筑物。波拿巴政权曾通过欧斯曼在巴黎利用这种趋势来大肆敲诈勒索,大发横财。但是欧斯曼的幽灵也曾漫步伦敦、曼彻斯特和利物浦,而且在柏林和维也纳似乎也感到亲切如家乡。结果工人从市中心被排挤到市郊;工人住房以及一般较小的住房都变得又少又贵,而且往往根本找不到,因为在这种情

---

① 参见〔美〕乔尔·科特金:《全球城市史》,王旭等译,北京:社会科学文献出版社2014年版,第215页。
② 同上书,第234页。

形下,建造昂贵住房为建筑业提供了更有利得多的投机场所,而建造工人住房只是一种例外。"①

在 20 世纪中期,资本对于城市的控制并无弱化的趋势,达尔发现,在 1957 年的美国纽黑文市,在竞选之间用以影响选民和官员选择的资源配置是不平等的。以财产为例,50 个最大的财产所有者,在数量上不及纳税人总数的万分之一,却拥有这座城市所有不动产总估值的 1/3。②在今天的中国,城市人口的资源配置能力也显示了巨大差距,民生银行与胡润百富于 2015 年 4 月 2 日在北京发布的《2014—2015 中国超高净值人群需求调研报告》显示,中国 5 亿元人民币资产以上的超高净值人群达到 1.7 万人。他们的总计资产规模约 31 万亿,平均资产规模 18.2 万亿元,其中 45% 居住在北京、上海和广州三个一线城市,其他 55% 分布在二三线等低线城市。③ 也就是说,假设居住在北京、上海、广州的富人中有 1/3 居住在上海,那么他们的总计资产规模约为 4.65 万亿元。而与之相对的统计资料显示,2014 年上海市全市税收总计为 1.2 万亿元④,地区生产总值为 2.356 万亿元⑤,因此,说他们"富可敌城"并无不妥。

借助资本的力量,在城市化与再城市化的进程中,城市社会产生了严重的居住隔离。在美国,一些城市政府的鼓励和怂恿使得包括种族隔离在内的居住分离现象在更新过程中不仅没有消除反而更为严重。在更新运动大规模的清理拆迁中,由于对动迁居民(主要是黑人)的重

---

① 《马克思恩格斯选集》第 3 卷,北京:人民出版社 1995 年版,第 144 页。
② 参见〔美〕罗伯特·A.达尔:《谁统治》,范春辉、张宇译,南京:江苏人民出版社 2011 年版,第 7 页。
③ 参见《民生银行与胡润百富调查:55% 超级富豪隐匿二三线城》,联合早报:http://www.zaobao.com/finance/china/story20150404-464800,访问日期:2015 年 4 月 4 日。
④ 参见《上海市 2014 年税收收入统计情况表》,上海市国家税务局、上海市地方税务局:http://www.csj.sh.gov.cn/pub/xxgk/sstj/201405/t20140505_407849.html,访问日期:2015 年 4 月 4 日。
⑤ 参见《2014 年上海市生产总值》,上海统计:http://www.stats-sh.gov.cn/sjfb/201501/276531.html,访问日期:2015 年 4 月 4 日。

新安置没有予以及时和合适的解决,结果使低收入阶层尤其是黑人的利益受到损害,动迁后大多数黑人因新住宅租金昂贵而被排除在外。据1965年美国民权委员会对77个城市的调查,在重新安置413万户家庭的115项复兴计划工程中,其中3万户为非白人家庭。这些非白人家庭只有一小部分在政府公共住房中重新定居,大部分迁入了早已拥挤不堪的其他黑人聚居区内。另据统计,1950—1960年间,芝加哥新建造的28万套住房,黑人所得不足0.15%。黑人四处流散,被迫挤住在条件更差的地区。他们常常住在被清理的土地周围,形成新的贫民窟,让本来就过于拥挤的其他贫民窟地区更加拥挤。因此,一些批评家指责城市更新是真正的"黑人迁移",是将贫民窟从城市的一处迁至另一处。①

因此,在城市的发展进程中,与早期工业革命时期的层级政治不同,资本对于城市的控制有可能消弭城市民主治理的成果,从而把城市政治权力以更加隐蔽的方式引向资本寡头,正如戴维·哈维所指出的,"贯穿整个资本主义历史,城市化从来都是吸收剩余资本和剩余劳动力的关键手段。"②

三、城市政治中的力量融合

从西方到东方,从古典雅典到现代东京,城市形成了不同的社会形态。但是从城市历史逻辑来看,从城市国家到国家的城市,从市场的城市到社会的城市,城市变迁其实是在多种力量交织下而形成的政治结果。

1. 城市运动中的力量交汇

中世纪,"城市运动不是一个全国性的运动。它是出现于中欧和西

---

① 参见陈劲松主编:《城市更新之市场模式》,北京:机械工业出版社2004年版,第27页。
② 〔美〕戴维·哈维:《叛逆的城市》,叶茂齐、倪晓晖译,北京:商务印书馆2014年版,第43页。

欧的各个地区和各个民族之间的一种社会经济现象,无关种族、语言或边界的。运动的性质虽然是相同的,但它在各个国家内的形态是不同的:这些差别是由历史传统、环境、物质与精神文明以及地方政治情况的分歧来规定的。然而,地理因素,对于一个中世纪城市生活的发展,是具有最大影响的。尤其重要的,地理的位置和它周围的自然资源使城市获得了经济特征和重要地位。"①然而,从城市史的角度看,单一的经济力量有可能损害城市社会的健康发展,"很多情况之下,城市的巨大扩展并没有促成财富和权利的相应增加。城市的如此发展代表着城市历史悲剧性的致命断层。无论在希腊—罗马世界、中国或穆斯林帝国时代、意大利城市复兴时期,还是在北欧的工业化时代,大城市的发展往往是由于经济和政治财富的加速增长促成的结果。"②

在城市的发展中,经济力量无疑依然有着积极的作用,马克思主义城市学派对于城市资本的批判揭示了资本对于城市自由价值的损害,也为国家力量的介入提供了理论前提。事实上,经济发展确实不能论证城市的全部合法性,国家与社会、国家与市场、社会与市场的力量交换势必影响着城市的内在权力结构的调整。爱德华·格莱泽强调:"一个开放的城市不可能存在于一个封闭的国家里。在20世纪初,阿根廷是全球最开放的国家之一,布宜诺斯艾利斯是一座充满了活力的国际化都市,到处都是来自英国、西班牙、意大利甚至瑞典的企业家。到了20世纪末,阿根廷关闭了它的边境,布宜诺斯艾利斯变成了一座与世隔绝的城市……在1790—1970年的每一个十年中,除了第一个十年以外,美国城市的人口增长率均高于19.5%。只有在20世纪30年代,美国城市的人口增长急剧地放缓;当时美国经济遇到了极大的困难,关税

---

① 〔美〕汤普逊:《中世纪经济社会史(300—1300年)》(下),耿淡如译,北京:商务印书馆1963年版,第408页。
② 〔美〕乔尔·科特金:《全球城市史》,王旭等译,北京:社会科学文献出版社2014年版,第235页。

实际上关闭了边境。"①

2. 城市运动中的结构性冲突

在美国,城市被纳入地方政府的范畴,因此研究城市建设就必须要研究州与城市的政治关系。在地方政府和州的关系上,基本上有两种理念:一种以托马斯·库雷法官为代表,他依照美国宪法第十修正案的说法而引申,认为人民有权独立缔结宪章,规定地方政府的结构和权力范围;另一种是约翰·狄龙法官创造的州法优先的"狄龙法则",即地方政府仍然被视为"州的产生物",地方政府也只是拥有州政府"授权立法"的权力,并且只能从事那些州政府允许的活动。因此,地方政府争取自己权力的过程,基本上也就是自治理念和"狄龙法则"相互博弈和斗争的过程。尽管地方自治理念的影响力很大,但是在处理州和地方政府关系的过程中,"狄龙法则"仍然被多数人所接受。即地方政府在制定法规和进行具体管理的过程中,仍然要接受州的制约,不能超越州的法律和各种标准的限制。②

在中国城市社会发展的过程中,权力结构及权力来源也不是一成不变的,城市政治中的国家力量仍然起着重要的作用。不过,国家力量并不是唯一的政治力量,在国家严密的制度之中,地方政府和社会的力量仍然可以有所突破。清政府《城镇乡地方自治章程》第 4 条关于乡镇的调整由该镇董事会或乡董呈由地方官申请督抚核定的规定,既赋予了地方自治,也明确了国家对于社会自治的控制。

与晚清相比,当代中国城市政治中的国家力量显著增强,但是城市的发展必须是各种力量的平衡,即使在高度集权的城市规划体制下,在一些地方社会力量的引导下,国家的政治意图往往也会遭遇挫折。2014 年,因反对黔东南州政府将镇远、岑巩、三穗三县合并建市的决定,

---

① 〔美〕爱德华·格莱泽:《城市的胜利》,刘润泉译,上海:上海社会科学院出版社 2012 年版,第 232 页。
② 参见张江涛:《授权与制约:美国地方政府治理的权力逻辑——以美国西雅图市为研究对象》,载《天津行政学院学报》2011 年第 2 期。

并将市行政中心设在镇远县,贵州三穗市民发起示威。大规模群体事件爆发后,当地政府决定将三县合并计划暂缓进行。①

在国家传统治理与社会自治之间,新加坡同样存在制度性张力。新加坡现行的社区组织其实有两个源流:一是独立初期的乡村社区组织;二是新镇体制下的现代社区体系。这两种社区组织是有质的区别的。传统的社区组织,如公民咨询委员会和居民联络所管理委员会,由于人口的迁徙和新镇体系的发展,这些传统的社区领袖失去了原有的自然性区域的基础;而新的社区组织,如居民委员会和新的社区领袖则既不具有同政府的历史性联系,又不具有群众认同基础。因此,现行社区组织的认同度有所下降。新加坡政府虽然认识到问题的严重性,并积极采取措施,但一直没有解决好这一矛盾。政府委任社区领袖以及国会议员在选区内的政治核心地位问题,一直是反对党的攻击目标之一,民间也存在要求社区领袖民选的呼声,因此,社区领袖的产生机制受到挑战。②

3. 城市运动中的功能性平衡

对世界城市发展的历史稍作比较便不难发现,城市化的进程在不同的历史条件下,存在着不同的发展动力,从而形成城市形态的差异。在古典城市的形成上,东西方城市的形成往往都有国家的烙印,城市的政治意义远甚于经济意义和社会意义;但是在中世纪以来的城市复兴中,商业经济的繁荣、新大陆的发现与世界贸易的发展、工业革命的腾飞都给现代城市带来了持续性动力,城市陷入国家组织、经济组织以及社会组织的定位困惑之中。

在城市结构的讨论中,必然涉及特定的城市功能。只要民族国家依然有其合理价值,那么城市中的国家功能无疑极其重要,这种功能在

---

① 参见《中国贵州三穗县连日示威 政府叫停合并建市》,http://www.zaobao.com/realtime/china/story20141013-399818,访问日期:2015年8月25日。
② 参见叶南客:《都市社会的微观再造:中外城市社区比较新论》,南京:东南大学出版社2003年版,第36—37页。

单一制国家之中非常明确的体现——这种体现往往通过政治命令直接明示——"在这种方式下……城市发展,既是官僚主义的,又是标准化的"①;在联邦制国家中,国家或次国家政治体可以通过财政转移支付等手段鼓励城市履行国家或次国家的政治功能——尽管这种鼓励比较隐蔽。其实,类似施坚雅对于中国农村市场体系背后的权力结构分析同样可以分析不同国家之中的各种力量的对比与交换关系。在中国传统的政治体系里,国家对于市场和社会的力量是高度防范的,但是,城市一旦形成,其中的社会力量就可能依托市场力量形成对国家专制传统的阻击力量。同样,在西方国家,市场体系也不是驱使城市蔓延的当然力量,借助立法机器与行政命令,许多国家有效控制了城市的蔓延。

在明确城市的国家功能之后,城市中的地方主义和社区主义也日益提升。与国家相比,地方政府更加关注地方利益,"他们明白,除非社区的经济福利能够维持,否则,地方上也将蒙受损失,工人会失去就业机会,文化生活将趋于凋敝,城市土地价值缩水。为避免这种惨淡前景,公职官员努力制订有助于社区经济繁荣的政策。"②同样在美国,在社区权力的提升上,由于未经控制的城市增长、环境污染导致生活质量的下降,各社区都在进入开始维护自己权力的阶段。其中一些社区正在实行管理规划,并在对当地的标准规范尺度进行反思。1991年,美国联邦政府下放了交通决策权,加州波特兰市就根据这一授权对街道进行了"瘦身",使之更适应居住。③ 在中国的一些特大型城市如上海,街道政府的经济功能已经不再被着重强调,提升公共服务质量,使城市社区更加适应居住已经成为城市政治的重要议程。

---

① 〔美〕布赖恩·贝利:《比较城市化》,顾朝林等译,北京:商务印书馆2010年版,第194页。
② 〔美〕保罗·E.彼得森:《城市极限》,罗思东译,上海:上海人民出版社2012年版,第31页。
③ 参见〔美〕迈克尔·索斯沃斯、伊万·本-约瑟夫:《街道与城镇的形成》,李凌宏译,北京:中国建筑工业出版社2006年版,第133页。

本章小结

城市的形成是一个历史变迁的过程,从雅典时期到中世纪,城市摆脱了神权、教会的束缚,最终落入了世俗政权的怀抱。于是从城市的国家到国家的城市,从城市权力到城市权利,城市注定在秩序与自由之间,在国家与市场、国家与社会之间构建城市的国家属性、市场属性与社会属性,从而形成城市复杂的政治结构。

在民族国家形成以后,作为独立的政治体,城市首先与国家的发展紧密联系,中央与地方关系变迁一定会深刻影响城市的结构,并在很大程度上互构彼此的政治形态。同时应该看到的是,城市的市场属性往往与社会属性紧密联系,从而形成城市的地方属性,使中央与地方的关系更加复杂:在单一制国家中,城市的国家属性有可能克服城市政治的地方属性;在联邦制国家,城市的社会属性则有可能克服城市政治的国家属性,因此城市的政治结构必然是国家、市场与社会形态的综合体现。

城市终究是为了人类更好的生活而形成的,国家、市场与社会的力量解释了城市的起源和发展的一般规律,也预测了城市发展中的可能性风险。从国家的视角,城市是可以建构的,但是没有市场和社会力量的支持,这种建构的城市只能作为军事堡垒而存在;同样失去社会的支持,资本堆积的城市只是建筑的坟墓,一座座"鬼城"既嘲笑了资本的无能,也指明了城市的发展方向。其实,只有社会,才是城市的起源,也是城市的目的。

第五章
城市过程:控制与参与

政治生态学与政治系统论已经证明,政治是一个组织体系不断适应内外环境的调适过程,是一个持续进行的"刺激—反应"的过程。城市的历史无疑是一部城市生活的发展史,因此城市政治其实就是关于如何促进城市有机发展的研究。在凯文·林奇看来,作为一种空间现象,有三个理论分支致力于对城市的研究。第一个分支,称作"规划理论",研究怎样制定或者应该怎样制定复杂的城市发展决策;第二个分支,为"功能理论",更侧重于城市本身,因为它试图解释为什么城市会有这种形态,以及这种形态是如何运转的。第三个分支,是一支发展得比较薄弱、需要我们关注的理论,称作"一般理论",用于处理人的价值观与居住形态之间的一般性关联。① 基于这样的判断,我们试图从三个角度来分析城市运作中的政治关系、政治参与和政治发展。

第一节 城市规划中的政治嵌入

城市是一个特定条件下的空间政治演变过程,这种过程首先体现在城市的规划之中。具体而言,在国家权力结构之外,城市的支持体系

---

① 参见〔美〕凯文·林奇:《城市形态》,林庆怡等译,北京:华夏出版社2001年版,第26页。

还包括了城市经济布局、地理空间与社会空间的设计。在城市科学看来,城市规划与城市设计的区别仅仅在于涉及城市区域的大小而已,城市规划是区域性的总体设计,而城市设计则是涉及街区和建筑的微观规划。在政治学的视野中,城市规划无疑是城市公共政策的重要组成部分,这一政策的实施效果关系到城市生活的基础和内容,正如威尔达夫斯基(A. Wildavsky)所说,规划是"控制我们行动结果的尝试"[①]。

一、城市规划的政治属性

城市规划是专业工具的体现还是利益博弈的结果,决定了城市规划与政治学的关系。城市规划在很大程度上是19世纪末以来的产物,其目的在于解决日益增长的、无限拥挤的城市中无处不在的公共交通、公共卫生和公共住房等一系列城市问题。

1. 城市规划中的工具主义

在城市规划学看来,城市规划是充满工具主义色彩的。横跨百年的两次工业革命催生了一系列的城市问题,如城市结构受到致命的破坏而难以修复、城市居住条件和城市环境的恶化。赵和生认为,引起城市结构破坏和城市环境恶化的原因主要有两个方面。一方面,城市这一农业文明的"壳"根本无法包裹工业文明的"核",城市原有的结构框架无法接纳工业革命带来的新功能;另一方面,城市的主体力量——新兴的资产阶级对日益增长的物质财富表现出极度的贪婪性,这种贪欲必然会不择手段、不顾一切地疯狂追求财富如吸血鬼般地榨取工人劳动的剩余价值。[②]

但是在城市规划学者看来,价值的批判可以通过工具加以解决。在他们看来,城市问题往往是一致的,因此解决的方案往往也无差别,城市规划无非是空间、建筑的关系问题;在建筑师看来,城市问题的解

---

① 转引自杨帆:《城市规划政治学》,南京:东南大学出版社2008年版,第62页。
② 参见赵和生:《城市规划与城市发展》,南京:东南大学出版社1999年版,第6—9页。

决同样必须从重建建筑这种"凝固的音乐"入手。国际现代建筑会议于1928年在瑞士的拉·萨拉兹成立,来自8个国家的24名建筑师认为:建筑家的使命是表达时代精神,应该用新建筑来反映现代精神、物质生活;建筑形式应随社会经济等客观条件的改变而改变。会议谋求调和各种不同因素,把建筑在经济、社会方面的地位摆正。国际现代建筑会议(CLAM)的诞生不仅显示新的现代建筑趋势已经形成,成为一般大众所能接受的新的建筑方向,同时也表明建筑在目标、方法及美学理论上出现了趋于一致的倾向。①

当城市规划由规划师与建筑师掌控时,城市问题的解决似乎就变得尤其简单。简·雅各布斯尖锐地批评了这种简单化的城市规划:"直到今天,大城市的规划者和住宅计划者们都认为他们手中掌握着他们面临的问题的答案,或者是真理,他们就是依照这种真理试图把城市街区重新塑造成建立在只有两个变数基础上的模式,一个因素(如空旷场地)的变化只是直接地、简单地依赖于另一个因素的变化(如人口)。"②简·雅各布斯在后来的论述中,讨论了这种无限复杂的问题并不必然导致城市规划的失败,城市规划的失败正在于,在这种工具主义的简单思维背后,是城市规划者们对于城市与自然关系的曲解,是这种工具主义对于城市活力的摧毁;而这种试图解决城市问题的规划,才是真正的城市问题所在。

2. 城市规划中的政治出场

在加文·帕克和乔·多克看来,"规划学牵涉到利益群体之间的权力差别,术语'公共利益'的使用如技术一样也是政治的。它会被用作证明一种相当功利结果的正确性"③。政治行动恰恰是借助政治权力分

---

① 参见赵和生:《城市规划与城市发展》,南京:东南大学出版社1999年版,第22页。
② 〔加拿大〕简·雅各布斯:《美国大城市的死与生》,金衡山译,南京:译林出版社2006年版,第400页。
③ 〔英〕加文·帕克、乔·多克:《规划学核心概念》,冯尚译,南京:江苏教育出版社2013年版,第108页。

配公共利益的过程。在城市的规划中,城市规划并不仅仅体现为工具属性,正相反,规划的背后是权力的差距,是权利的不平等,是在城市规划中公共参与的不足:"真正的专制统治者并不是人,而是规划……这个规划是在远离市长办公室或市政厅的愤怒,远离选民的哭泣和社会受害者的悲伤条件下制订出来的……规划本身的才智扫除了一切社会障碍:选举产生的权威、投票的公众、宪法和法律结构。"①

19世纪中叶,乔治-欧仁·奥斯曼男爵对巴黎进行了大规模的改造,在他的力推下,巴黎的公共交通、公共卫生有了很大提升;但是由于摧毁了部分中世纪历史建筑,这一城市规划至今仍饱受诟病。但是毋庸置疑的是,奥斯曼时期的巴黎城市规划就是典型的政治权力作用的结果。在强势的城市改造中,历史传统与公共建议显得并不重要,城市规划充满专制主义的色彩。

从城市到街区,城市规划体现为建筑空间的重新安排,体现为住房的建设。现代城市规划首先出现在19世纪末20世纪初的伦敦,伦敦进步党(Progressive Party)决定为"工人阶级租户"在伦敦的郊区建造住房。这项旨在消除贫民窟的城市规划得到了伦敦议会的支持,从1900年到1914年,这项计划在郊区安置了1.7万户居民,并在远郊安置了1.1万户。② 因此不难看出,现代城市规划是政治过程的产物,它往往体现为化解城市问题的公共政策,这一政策在城市蔓延阶段首先支持了大量住宅的建造;而建设住房以解决城市贫民窟,也成为现代城市规划的原初动力。19世纪末20世纪初,美国的城市规划在芝加哥登场。1909年著名的"芝加哥规划"完成,在这一规划中,一个放射性的、同心圆的高速公路系统从城市中心向外延伸了60英里,因此,这个规划既

---

① 〔美〕詹姆斯·C.斯科特:《国家的视角》,王晓毅译,北京:社会科学文献出版社2004年版,第150—151页。
② 参见〔英〕霍尔:《明日之城——一部关于20世纪城市规划与设计的思想史》,童明译,上海:同济大学出版社2009年版,第52—53页。

是城市规划,也是一个区域规划。① 但是直到20世纪二三十年代,城市规划与政治仍然被隔绝开来,规划师通常只向非政治性的规划委员会汇报工作。规划的非政治性导向是错误的,"如果任命一个由一群著名人士组成的非专业委员会,那这实际上就是一种政治学的决策……,没有人是真正完全脱离政治的,因为每个人都有利益和价值观,那是政治学的物质基础。"②这一判断同样给我们以思考,当城市规划属于政治学的研究范畴时,如何确保城市规划的正义性则成为城市过程的起点。

在不同的时期和不同的国家,城市规划还有国家整体性规划和区域性规划两个方面的内容,如何处理整体性规划与区域性规划的关系就显得尤其重要,政治价值因此拥有核心的地位。在20世纪中叶,以色列赢得了国家独立,这个年轻的国家中的大量人口涌入了三个主要的城市,其中至少43.8%的人口居住在首位城市特拉维夫。为了限制人口过分涌入首位城市,以色列的城市规划师从国家的政治安全入手,制定了国家城市化的五项战略目标:在人口稀疏区域建立定居点防止区域不平衡增长;基于战略考虑,占领边境地区以形成国家势力;开放"资源边境区";通过限制特拉维夫及其周围城市的集中性来改变城市体系的首位结构,建设"缺失"的中等规模城镇;促进各区域建立完整的城镇体系。③ 因此不难看出,在以色列,城市规划是一项国家战略,分散化的城市规划并不是市场发展的结果,而是这个国家的政治抉择。与以色列不同的是,在20世纪初,中国东北地区的城市却是一个区域性战略的结果。1898年沙俄开始在东北修建中东铁路,开启了东北交通变革的历程。从1898年至"九一八"事变前的几十年间,东北修筑铁路累计达6225公里。一些地区因处在铁路及水路运输的交汇处,工商业

---

① 参见〔美〕约翰·M.利维:《现代城市规划》,孙景秋等译,北京:中国人民大学出版社2003年版,第36页。
② 同上书,第85页。
③ 参见〔美〕布赖恩·贝利:《比较城市化》,顾朝林等译,北京:商务印书馆2010年版,第122页。

发展十分迅速,形成了大小城镇和港口。另一些地区因铁路与矿业开发相结合,形成了像鞍山、抚顺等新兴的工矿型城市。①

需要强调的是,城市规划中的政治出场,也有可能存在负面的结果。在同一城市的内部,由于权力的分置,仍然有可能出现规划的冲突。中国的城市规划是由城市国民经济和社会发展规划、城乡规划、土地利用规划、生态环境保护规划等多个规划组成的,而这些规划分别由从中央到地方各级政府发改、国土、环保和住建等不同的部门分别制订,在政府单边主义的治理框架下,中国城市规划存在着同一城市、不同蓝图的混乱局面,从而割裂了城市规划的统一性。

3. 城市规划中的人文关怀

现代的城市是民主的城市,"民主的真正好处,并非像人们所说是促进所有阶级的兴盛,而只是对最大多数人的福利服务。"②现代的城市也是民生的城市,奥斯曼的巴黎注定要服务大众,因为城市毕竟是和具体的公共生活相关联,而"所谓现代城市的问题,只不过是一个主要问题的多种表现形式。这个问题就是:怎样才能使环境最妥善地符合城市人民的福利?"③

作为重要的城市公共政策,现代城市规划依然必须回归具体的公共生活。在城市规划过程中,人的尺度必须得到充分的尊重:"人的尺度是一个设计原理,它既是对人的简单愿望的反映,也是对新的分散化的经济的反映。主张人的尺度,表达了人们正在回避执行从上至下的项目,正在厌倦无个性的住宅区,正在逃避可望而不可即的社会机构……从社区讲,人的尺度意味着以街区为中心和一个鼓励日常交流

---

① 参见李书源、徐婷:《铁路与近代东北区域经济差异:1898—1931》,载《江西师范大学学报》(哲学社会科学版)2014年第4期。
② 〔法〕托克维尔:《论美国的民主》(上卷),董果良译,北京:商务印书馆2004年版,第266页。
③ 转引自〔英〕埃比尼泽·霍华德:《明日的田园城市》,金经元译,北京:商务印书馆2000年版,第55页。

的氛围。"①但是,在西方城市规划中,大量的人口导入郊区,郊区逐步形成了新的城市,又暴露了新的城市问题;城市问题因此形成了内在的悖论——城市蔓延解决了中世纪以来中心城市拥挤的问题,而蔓延却成为今天的城市问题。因此,基于工业革命的机器政治思想在城市规划中也步入了困境。作为对工具理性的批判,人本主义城市思想家霍华德、盖迪斯和芒福德认为,正是大型城市,才是城市问题的根源。

从政治学的发展路径来看,当政治制度完备之后,人本主义必然成为重要的政治议题,城市规划也不例外。在城市化进程经历了人口集聚、郊区化、分散化和再城市化的过程时,宏观的城市规划必然让步于微观的城市设计,因为只有具体的街道和社区,才是人类生活的场所。

二、城市设计的街区差异

一般来说,城市一直是国家或地方权力的核心,统治者居住城市之中,行使着对于城市和农村的管辖权,因此规划城市就是落实权力。但是城市不仅仅是权力的中心,城市还是由街道、市场和社区构建的地理区域,它涉及建筑的高度、道路的密度与公园的合理分布,因此,城市规划既包括城市总体的宏观安排,也包括城市具体辖区的微观设计。

1. 城市规划的多样性

英国雷丁大学规划学者加文·帕克和乔·多克认为:"规划不能从它在其中运作的又对其做出反应的社会的、经济的和政治的语境中割裂出来。出现于规划中的不完善、偏爱以及实施的鸿沟,是生产领域的一种折射。这意味着参与者与决策者、法律组织与更广的社会态度之间的相互关系,产生了规划的特殊形式,规划的形成反映出它们的权利'网络';这就是说,人、条件和信息已经影响了这项规划。"②

---

① 〔美〕彼得·卡尔索普、威廉·富尔顿:《区域城市——终结蔓延的规划》,叶齐茂、倪晓辉译,北京:中国建筑工业出版社2007年版,第24页。
② 〔英〕加文·帕克、乔·多克:《规划学核心概念》,冯尚译,南京:江苏教育出版社2013年版,第24页。

除了权利多样性,世界城市的历史已经证明,在不同的历史阶段,存在着不同的城市;即使在同一时代的城市,也存在着不同历史性的投射,从而形成丰富多彩的城市形态。现代城市来自工业革命和全球贸易的推动,因此在现代城市规划者那里,城市的古老历史及其形成的文化政治生态往往难以得到充分的重视,不同城市逐渐被标准化了,城市规划出现了大量同质性的内容,既形成了巨大的空间压缩,也造成现代城市多样性的丧失。

在城市地理学看来,城市的多样性还取决于地理条件的差异;而在城市社会学看来,城市不过是一个个社区的有机组合,"也许,多样性最明显的结果是如何创造一个在使用和人口构成上具有多样性的社区。作为一个规划原理,多样性呼唤返回混合使用的街区,那里包容了各式各样的功能、形态各异的住宅类型、多种多样的人群。"① 因此,城市规划意味着地理空间与社会空间的双重规划,即既存在不同地理区域形态各异的城市,也存在社会传统迥然差异的城市。在特定的区域中,城市的设计或依河流,或傍高山,显示城市对于自然风貌的从属性;而对于社区来说,地理的差异性并不必然决定城市生活的不同,一般认为,只要在现有的条件下,尽量满足并提升城市公共生活就可以了;但是城市同一区域,不同的族群、不同的文化背景又可能形成社区生活的差异性,这就形成了不同空间格局的城市可能有着相近的城市生活;而不同类型的城市生活,恰恰可能在同一城市之中发生。

2. 城市设计的政治差异性

在中国的历史传统中,城市显然与政治等级密切相关,不同爵位的王公贵族拥有的城市各有差异,这种差异或体现为城墙的高度,或体现为城池的面积;在城市内部,城市的空间布局如坊市分布、建筑的安排、中轴线的设定也有明确的规定,但是随着政治的稳定与商业的作用,这

---

① 〔美〕彼得·卡尔索普、威廉·富尔顿:《区域城市——终结蔓延的规划》,叶齐茂、倪晓辉译,北京:中国建筑工业出版社2007年版,第24页。

种政治上的总体规定性很快就为城市的市场属性所瓦解。同样在西方,随着中世纪以后的城市神性的剥离,世俗的城市距离那些神圣的原则渐行渐远,为了适应工业革命的发展需要,大量的人口迁居到郊区。在20世纪的前30年里,美国的郊区分别被称为铁路郊区、有轨车郊区、汽车时代郊区和广亩城市。在美国建筑师弗兰克·劳埃德·赖特看来,分散才是保证个人自由的唯一方式,而要做到这一点,离不开整个国家的高速公路系统。①

城市规划并不能单独存在,城市规划必然是特定时空条件下的经济、政治和社会综合产物。在城市总体规划之下,是城市设计。"城市设计介于规划与建筑之间,它进行城市大范围的组织和设计,进行建筑物及建筑物之间的组合与组织,但不进行建筑单体的设计。"②那么城市规划中,城市设计应该从哪些方面入手实施,是设计一群建筑还是一个街区? 设计一个社区还是设计一个区域? 答案是多样的。美国社会学家刘易斯·沃斯(Louis Wirth)指出,城市影响着社会关系,由于背景不同,不同类型的人口往往强调视觉的认同和象征主义。③ 因此在这样的情况下,城市规划并不必然要求所有街区和建筑都必须保持严格的一致。事实上,建筑、街区一致的城市是可怕的,因为这样的城市无疑是放大了的韦伯式的"铁笼",它无视人的个性的差异,因此也违背自由城市的核心理念。

3. 城市设计中的整体主义

才华横溢的城市设计者们总是趋向于设计一种标新立异的建筑或空间,但是历史已经证明,城市有一个整体演进的过程,它既有外部的形态的变迁,更有内在结构的连续性和一致性。"如果经历了那些有机

---

① 转引自〔美〕彼得·卡尔索普、威廉·富尔顿:《区域城市——终结蔓延的规划》,叶齐茂、倪晓辉译,北京:中国建筑工业出版社2007年版,第34页。
② 〔美〕约翰·M.利维:《现代城市规划》,孙景秋等译,北京:中国人民大学出版社2003年版,第157页。
③ 参见〔美〕布赖恩·贝利:《比较城市化》,顾朝林等译,北京:商务印书馆2010年版,第16页。

整体的城镇,我们就能十分强烈地感受到这种特性。在某种程度上,我们可以找到它是一种历史现象。同时,也可以简单地在现时结构中感觉到它是一种历史的沉淀。"①

城市设计的差异性并不一定表现为建筑物与街区的形式刻意变化,事实上城市设计并不意味着那些充满猎奇的建筑的堆砌,"迄今为止,建筑被认为是一连串相互联系的空间,每一个空间有其特定性质,并且每一个空间总是和其他的空间联系着的。设计的目的就是要影响使用空间的人们。而在建筑构图中,当人们在其中运动时,这种影响产生的效果是一种连续不断的感触和印象。"②因此,所谓城市设计的差异性是指能够尽可能满足不同群体城市生活的多样性,从而使公众能在拥挤的城市街区中创造自由的地理空间和社会空间;更为重要的是,城市设计的差异性还意味着一种城市生活选择的权利——人们可以在不同的城市、不同的街区自由迁徙以获得更好的服务。而对于城市不同公共部门来说,城市设计的目的在于人口与优质资源的竞争,只有那些能够提供更整洁、更优美的城市街区与公共服务的城市,才是城市公众向往之地。因此,城市设计是个人主义的,更是整体主义的。

整体主义的城市设计并不意味着对于个体自由的剥夺。新制度经济学对于个体自由的强调在一定程度上影响着制度政治学的分析。在对诺齐克的反思中,多大规模的国家符合自由主义的合法性引发了布坎南的思考。"根据诺齐克的解释,我们不应该有意地设计法律和制度,而应该在人们之间促成竞争性和阻止非竞争性的契约协议。在最小保护国家中,个人之间的自由练习或许会达成限制性和有效率的协议。尽管在某些热情的自由放任主义理论家的梦想中,关于国家公认的历史性角色就是限制竞争,不管是否存在具体的制度安排,我们似乎

---

① 〔美〕C.亚历山大、H.奈斯、A.安尼诺、I.金:《城市设计新理论》,陈治业、童丽萍译,北京:知识产权出版社2002年版,第8页。
② 〔美〕埃德蒙·N.培根:《城市设计》(修订版),黄富厢、朱琪译,北京:中国建筑工业出版社2003年版,第20页。

都无法相信'自然'力量的信条能够为经济网络提供一个可行的竞争性秩序。"①

在布坎南的逻辑中不难看出,城市设计作为一种涉及街区、建筑与社区的行为,其实是一种具体的城市公共政策,这种政策的实施必然受到资本的深刻影响。但是只要这种设计关系到公共生活,那么,这种秩序就不能仅仅由市场来加以完成,因为国家总会有意地设计法律和制度来维系国家整体性秩序。作为国家政治结构的组成部分,城市政府也会有意地设计地方性法律和制度来维系城市局部性秩序。按照诺齐克的逻辑,由于这些设计后的街道、建筑和社区构成了城市公民生活的场所,因此这种地方局部秩序构成了城市最低限度的正义。

三、城市更新中的利益整合

城市规划解决了城市部分住宅拥挤的难题,但是规划本身并不能去挽救城市内部的衰败。城市历史已经证明,任何城市都有从兴盛到衰落的过程,破败的建筑和街区既是城市发展的负面代价,也是城市更新的现实起点。

1. 城市更新的问题起点

1937年,美国国家资源委员会(National Resources Committee)提出了一份名为《我们的城市:它们在国家经济中扮演的角色》的报告,在这份报告中,委员会认为国家对于城市问题的关注普遍少于其他问题,国家在城市问题的化解中应该着力做好以下工作:提高城市生活标准,改善生活水平;消除城市的不良现象,首先取缔贫民区,对工业用地进行良好规划;国家与城市齐心协力解决城市安全与就业问题。② 应该说,委员会的报告启动了城市更新的问题视角,在他们看来,城市蔓延并不

---

① 〔美〕詹姆斯·M.布坎南:《制度契约与自由——政治经济学家的视角》,王金良译,北京:中国社会科学出版社2013年版,第44页。
② 参见〔美〕布赖恩·贝利:《比较城市化》,顾朝林等译,北京:商务印书馆2010年版,第34—35页。

能化解内城的衰落,"对于建设理想城市环境这个问题,现实的答案并不是依靠大规模的人口分散,而是通过与前瞻性和良好的规划相一致的系统发展及再发展来合理地重塑城市社区和区域。"①

在日益衰败的城市中,委员会提出的问题是尖锐和复杂的。在20世纪初,这些城市问题可以通过城市蔓延的方式加以解决,但是在城市更新理论看来,这些外部的蔓延回避了内城的衰败。二战期间,大量的白人迁往郊区,黑人则填补了他们的空白。到1960年,居住在南部以外地区的近2/3的黑人生活在全国最大的12个城市的中心②,这些收入水平微薄的黑人居住区既加速了内城的塌陷,也形成了居住的隔离。在其他一些国家,中心城区的塌陷未必都有与美国相似的种族隔离内容,但是中心城区建筑、街区的陈旧与公共服务的低下确是全球城市面临的共同困境。

2. 城市更新的利益整合

在城市更新的初期阶段,住房建设被视为城市更新的同义词,但是城市更新如果仅仅限于住房建设,那么城市就很难吸纳到足够的资本参与。1937年,美国根据《公共住房法案》(Public Housing Act)成立了美国房屋管理局(US Housing Authority),开始向穷人提供住房援助,这也为大规模城市更新提供了必要性。1949年,联邦《住房法案》(Housing Act of 1949)通过,"城市更新运动"(Urban Renewal)开始。1954年,联邦议会通过对1949年《住房法案》的修正案,对城市更新的目标进行部分调整,把住房建设与中心城市再开发全面结合起来;大幅度增加拨款;允许拨款的20%到35%用于非住房建设。③

非住房建设吸纳了市场力量的介入,一些房地产公司相继成立了。在推土机的轰鸣中,资本借助于政府的法案,在内城重新恢复了商业中

---

① 参见〔美〕布赖恩·贝利:《比较城市化》,顾朝林等译,北京:商务印书馆2010年版,第35页。
② 参见王旭:《美国城市史》,北京:中国社会科学出版社2000年版,第236页。
③ 同上书,第243页。

心。虽然城市更新重新获得了内城的繁荣，但是这种效率优先的城市更新政策在催生了利润最大化的同时，也损害了一些街区生活的正义。在美国，一些成熟的少数族裔居住区被强行拆迁，从而损害了城市更新的人文关怀。在20世纪60年代，推土机式的大规模城市更新遭到了广泛的批判，简·雅各布斯尖锐批评道："针对贫民区和里面的居住者，现行的规划理论采取的完全是一种居高临下的态度。这种家长式的作风产生了一个问题，那就是规划者希望带来彻底的变化，但采取的却又是非常表面的做法，这两种行为都不可能实现他们的想法。想要解决贫民区的问题，我们必须要把贫民区居住者视为和我们一样的正常人，能够根据他们自己的利益来做合理性的选择"①。当然，雅各布斯发现，所谓的贫民区是一个动态的过程，城市政府给一些稳定的、低收入街区打上所谓的"贫民区"的标签是不正确的，正相反，即使一些街区经过了严格的规划，但是由于大量有经济能力的人口出走，这些经过规划的街区仍然有可能沦为贫民区，因此真正的贫民区是那些经济低迷，人口大量出走的街区。

3. 城市更新的价值重建

市场导向的城市更新受到了广泛的质疑之后，城市更新于是在20世纪60年代以后进行了两次调整，即在正义与市场之间的政策调整。在随后的城市更新中，一系列反贫困的公共政策在美国或其他国家城市更新中先后涌现，城市更新逐渐形成三个趋势：(1) 城市更新逐渐从关注小地区区域更新，发展到具有总体规划的城市更新，再从关注一个城市的更新中跳出来，到以区域观点考察城市更新。(2) 从大刀阔斧的推倒重建到逐步结合当地实情的渐进式改造。(3) 从关注城市的效率的物质层面的更新转向以经济利益为驱动再到综合考虑社会价值、

---

① 〔加拿大〕简·雅各布斯：《美国大城市的死与生》，金衡山译，南京：译林出版社2006年版，第247页。

人群利益以及可持续发展。① 在深刻反思城市内在问题之后,一些学者发现,在城市发展中,广大的乡村地区并不为城市规划者所重视,当城市问题层出不穷时,对于城乡生活的分割就必须检讨。

霍华德、盖迪斯和芒福德认为,城市建设应该与社会建设加以结合,在霍华德那里,城市的扩张是一种生活方式对另外一种生活方式的否定,即以城市生活消灭乡村生活,现代城市一定是社会性的,"城市磁铁和乡村磁铁都不能全面反映大自然的用心和意图。人类社会和自然美景本应兼而有之。……城市和乡村必须成婚,这种愉快的结合将进发出新的希望、新的生活、新的文明。"②霍华德的田园城市观念体现了现代城市与社会生活的内在联系,反映了人们在工业革命驱动下城市乡村非均衡发展的社会后果,也反映了人们对于城市公共生活异化的焦虑。

第二节 城市过程中的政治控制

城市政治在历史上曾经是国家政治的代名词。在民族国家成立以后,由于国家往往由众多的城市组成,城市过程因此成为国家政治过程的组成部分。伴随着城市蔓延及越来越多的城市相继出现,城市政治关系和政治过程日趋复杂,这种关系与过程既体现为中央与地方的互动,也体现为地方与地方之间、国家与社会之间的互动。在城市内部,同时包含着不同的政治主体,政治过程因此还包括了治理者与参与者之间的互动。从一定程度上,所谓城市政治过程既是城市权力控制与运行的过程,也是公共参与的过程;既是国家治理的重要部分,也是地

---

① 参见陈劲松主编:《城市更新之市场模式》,北京:机械工业出版社2004年版,第17页。
② 〔英〕埃比尼泽·霍华德:《明日的田园城市》,金经元译,北京:商务印书馆2000年版,第9页。

方治理和社会治理的重要内容。

一、国家政治过程中的城市布局

在不同的国家政治体制下,城市的表现形式及其政治内容各有不同。在美国,城市在一定程度上是一个法律名词,城市扩张不受县或州的行政边界约束;但是在中国,城市是否具有相应的名称和政治权力,既是一个国家城市战略的结果,也是一个国家治理中城市政治确认和授权的过程。

1. 国家通过行政区划调整控制城市布局

《国务院关于行政区划管理的规定》指出,自治州、县、自治县、市、市辖区的设立、撤销、更名和隶属关系的变更以及自治州、县、自治县、市人民政府驻地的迁移,由国务院审批;县、市、市辖区的部分行政区域界线的变更,国务院授权省、自治区、直辖市人民政府审批;批准变更时,同时报送民政部备案。因此可见,城市是国家行政区划的组成部分,城市边界设定及其调整须经国务院批准,城市在很大程度上是一个行政区划的结果,而非行政区划的起点。

在美国等西方国家,城市是一个社会共同体的形成过程。帕林顿在谈到清教主义遗产的英国背景时,对于欧洲近代社会转型有过一段精辟的概括:如果将现代社会的演变看作两个广义的阶段,那么第一个阶段就是由团体的封建秩序向不加管制的个人社会的转化,第二阶段则是由自由的个人重新组合成共同体(commonwealth)[①],而城市,正是这种共同体首要的地理表现形式。在这一形式中,并不存在严格的城市行政等级,不同的城市政府在自身的区域内各自行使管理权限。在狄龙法则破解之后,城市自治主义更加深入人心。

无论东西方的城市政治制度存在何种差异,城市都是行政区划的

[①] 参见原祖杰:《从上帝选民到社区公民:新英格兰殖民地早期公民意识的形成》,载《中国社会科学》2012年第1期。

组成部分。在中国,城市作为一个需要审批的行政单位,其区划与边界受到严格的政治约束,一些地方政府的行政边界也因此抵制了周边城市的蔓延。除了一些"飞地"①,很少有超越行政区划的城市存在。

国家对于城市的审批并不完全按照城市设立的经济发展水平进行,有时候由于特定的城市布局或政治需要,一些人口较少、经济规模较小的地区也设立了城市。例如在2015年3月16日,国务院批复同意撤销林芝地区和林芝县,设立地级林芝市。林芝市辖原林芝地区的工布江达县、米林县、墨脱县、波密县、察隅县、朗县和新设立的巴宜区。从权力架构上看,不过是林芝市取代了林芝地区行署,但是更为重要的是,地级市的设立背后是国家在中西部的城市布局,这对于我国经济社会发展的区域平衡和政治安全,具有积极的意义。

2. 国家通过级别调整进行城市授权

中国的传统政治是国家精英的制度设计与文化支持的精神契合的结果。在专制主义时期,中国并不存在公民和社会的政治地位。中国政治精英设计的政治制度从一个不受约束的权力中心生发而来,以直接派遣官员的形式维系着中央对于地方的直接控制。而城市作为区域性的政治权力中心,承担着中央对于地方和社会控制的核心功能,作为政治中心的城市因此成为中国传统国家宏观控制的立足点,同样,城市布局也是传统中国政治权力中心与边缘关系的连接点。

作为区域性政治中心,我国目前的城市分为直辖市、地级市、县级市三级,《国务院关于行政区划管理的规定》第4条的规定赋予了国务院确定我国不同城市行政级别的权力。在我国的地级城市体系中,事实上还有18个"较大的市"②和15个副省级市③等两类城市;"较大的

---

① 如加格达奇,作为黑龙江大兴安岭地区行署所在地,属地却在内蒙古自治区。
② 国务院分四次共批准了19个较大的市:吉林市、大连市、唐山市、大同市、包头市、邯郸市、鞍山市、本溪市、抚顺市、齐齐哈尔市、青岛市、无锡市、淮南市、洛阳市、宁波市、淄博市、苏州市、徐州市、重庆市(后因升格为"直辖市"而不再属于"较大的市")。刘志峰编:《中国改革开放十五年大事记:1978—1993》,北京:新华出版社1994年版,第315—316页。
③ 目前副省级市除了已经直辖的重庆外,尚有广州、武汉、哈尔滨、沈阳、成都、南京、西安、长春、济南、杭州、大连、青岛、深圳、厦门、宁波共16市,其中非省会城市5个。

市"拥有地方立法权,而15个副省级市则更进一步在国民经济和社会发展规划中拥有省一级的部分行政权力。对于各级城市来说,升格意味着更高的行政权力;在中央的授权体系中,县级市希望升格为地级市,而地级市则希望升格为副省级市,副省级市则希望升格为直辖市,城市政府因此进入了"政治锦标赛"的跑道。

1994年以来,中央政府不再批准新的副省级市和"较大的市",城市的升格也被叫停。直到2015年2月19日,《国务院关于同意海南省调整儋州市行政区划的批复》同意撤销县级儋州市,设立地级儋州市,以原县级儋州市的行政区域为地级儋州市的行政区域。① 2015年3月,在面临城市日益增长的立法权的诉求压力之后,中央政府作出重大让步,《中华人民共和国立法法》第72条规定,设区的市的人民代表大会及其常务委员会根据本市的具体情况和实际需要,在不同宪法、法律、行政法规和本省、自治区的地方性法规相抵触的前提下,可以对城乡建设与管理、环境保护、历史文化保护等方面的事项制定地方性法规,法律对设区的市制定地方性法规的事项另有规定的,从其规定。从而给地级市升格为"较大的市"进行了松绑;但地级市升格为副省级市、副省级市升格为直辖市仍然没有放松审批的趋势。

3. 国家通过城市标准调整控制城市

正是由于政治级别的存在,在具体的政治过程中,国家通过城市标准调整来控制城市数量。我国撤县设市起始于1983年,国务院批转民政部《关于调整设市标准和市领导县条件报告的通知》规定:非农业人口六万以上,年国民生产总值二亿元以上,已成为该地经济中心的镇,可以设置市的建制。少数民族地区和边远地区的重要城镇,重要工矿科研基地,著名风景名胜区,交通枢纽,边境口岸,虽然非农业人口不足六万、年国民生产总值不足二亿元,如确有必要,也可设置市的建制。

---

① 参见中国行政区划网:http://www.xzqh.org.cn/index.php?s=/Home/Article/detail/id/7523.html,访问日期:2015年6月2日。

通知还规定,市区非农业人口25万以上、年国民生产总值10亿元以上的中等城市(即设区的市),已成为该地区政治、经济和科学、文化中心,并对周围各县有较强的辐射力和吸引力,可实行市领导县的体制。一个市领导多少县,要从实际出发,主要应根据城乡之间的经济联系状况,以及城市经济实力大小决定。① 该设市标准是国务院为推广以市领导县的行政体制而制定的。

城市标准的设定往往伴随着城市规模的控制。1989年《中华人民共和国城市规划法》确认我国城市为三个等级:大城市是指市区和近郊区非农业人口50万以上的城市,中等城市是指市区和近郊区非农业人口20万以上、不满50万的城市,小城市是指市区和近郊区非农业人口不满20万的城市。城市规模与城市人口控制是相互联系的,在这部法律中,还提出了我国总体城市控制的基本原则,即严格控制大城市规模、合理发展中等城市和小城市的方针,促进生产力和人口的合理布局。这一方针在很长时间深刻影响着中国的城市化政策选择。

表5.1 城市(镇)数量和规模变化情况② (单位:个)

	1978年	2010年
城市	193	658
1000万以上人口城市	0	6
500万—1000万人口城市	2	10
300万—500万人口城市	2	21
100万—300万人口城市	25	103
50万—100万人口城市	35	138
50万以下人口城市	129	380
建制镇	2173	19410

注:2010年数据根据第六次全国人口普查数据整理。

---

① 参见《国务院批转民政部关于调整设市标准和市领导县条件报告的通知》,国务院:http://www.gov.cn/xxgk/pub/govpublic/mrlm/201208/t20120820_65479.html,访问日期:2015年6月1日。
② 资料来源:中共中央 国务院印发《国家新型城镇化规划(2014—2020年)》,国务院:http://www.gov.cn/gongbao/content/2014/content_2644805.htm,访问日期:2015年6月5日。

1993年民政部《关于调整设市标准的报告》中,城市设立的标准包括了人口密度、产业比例、财政收入等指标。以每平方公里人口密度400人以上的县为例,达到下列指标,可设市撤县:县人民政府驻地所在镇从事非农产业的人口不低于12万,其中具有非农业户口的从事非农产业的人口不低于8万。县总人口中从事非农产业的人口不低于30%,并不少于15万;全县乡镇以上工业产值在工农业总产值中不低于80%,并不低于15亿元;国内生产总值不低于10亿元,第三产业产值在国内生产总值中的比例达到20%以上;地方本级预算内财政收入不低于人均100元,总收入不少于6000万元,并承担一定的上解支出任务;城区公共基础设施较为完善。其中自来水普及率不低于65%,道路铺装率不低于60%,有较好的排水系统。① 虽然1993年设市标准比1986年有较大的提高,但是自1983年以来的我国县改市的浪潮仍然没有得到遏制,一些地区在县改市过程中出现了大量占用耕地等情况,一些贫困地区的城市化有虚假性,从而打乱了全国性的行政区划,因此中央政府在1997年暂停撤县设市。直到2013年,县改市才重新启动。

2014年,国务院印发《关于调整城市规模划分标准的通知》,对原有城市规模划分标准进行了调整,明确了新的城市规模划分标准。该标准以城区常住人口为统计口径,将城市划分为五类七档:城区常住人口50万以下的城市为小城市,其中20万以上50万以下的城市为Ⅰ型小城市,20万以下的城市为Ⅱ型小城市;城区常住人口50万以上100万以下的城市为中等城市;城区常住人口100万以上500万以下的城市为大城市,其中300万以上500万以下的城市为Ⅰ型大城市,100万以上300万以下的城市为Ⅱ型大城市;城区常住人口500万以上1000

---

① 参见《国务院批转民政部关于调整设市标准报告的通知》,民政部区划地名司:http://qhs.mca.gov.cn/article/zcwj/qhgl/200711/20071100004351.shtml,访问日期:2015年6月1日。

万以下的城市为特大城市;城区常住人口 1000 万以上的城市为超大城市。① 在这一调整之后,国家对于不同规模的城市实施有区别的政策,主要体现在人口规模的依次收缩等方面,以控制特大城市尤其是超大城市的迅速膨胀。

二、地方政治过程中的城市自治

世界各国的城市发展都无法回避中央和地方政治关系的调整。作为地方政府的城市无非两种形式:或为一级地方行政实体,或为地方自治区域单位。作为行政实体的城市与中央的关系包含着中央和地方的政治关系;而作为社会实体的城市与中央的关系则主要体现为国家与社会之间的关系。

1. 作为地方政治的城市自治

"与政治哲学和政治发展相关,地方政治历来与民主管理方式的生长和壮大相连……总之,自由政治哲学将自给自足的地方政治与高效合理的自我管理结合起来。"②作为国家治理的组成部分,城市作为地方政治主体介入国家整体政治过程,因此,城市治理过程首先就是地方政治的过程。

地方政治的首要目的就是对公民权利的捍卫,在美国,地方政治无疑是最底层的政治,"尽管国家将公民权赋予了个人,但是公民的许多权利和义务却在地方层面实现。人们通常在城镇层面和公职人员接触,享有来自州的服务和福利,并在团体中组织到一起。"③在中国,地方自治于晚清时期开始推行。1908 年,宪政编查馆拟定九年预备立宪逐年筹备事宜清单,规定:第一年,颁布城镇乡地方自治章程;第二年,筹

---

① 参见《国务院关于调整城市规模划分标准的通知》,国务院:http://www.gov.cn/zhengce/content/2014-11/20/content_9225.htm,访问日期:2015 年 6 月 2 日。
② 〔英〕米勒等:《布莱克维尔政治学百科全书》,邓正来译,北京:中国政法大学出版社 2002 年版,第 456 页。
③ 〔英〕戴维·贾奇、格里·斯托克、〔美〕哈罗德·沃尔曼编:《城市政治学理论》,刘晔译,上海:上海人民出版社 2009 年版,第 190 页。

办城镇乡地方自治,设立自治研究所,颁布厅州县地方自治章程;第二年至第五年,续办城镇乡地方自治,筹办厅州县地方自治;第三年,续办城镇乡地方自治、筹办厅州县地方自治;第四年,续办城镇乡、厅州县地方自治;第五年,城镇乡地方自治,续办厅州县地方自治;第六年,城镇乡地方自治一律成立;第七年,厅州县地方自治一律成立。① 这一时期的重要法律除了《城镇乡地方自治章程》,还有《府厅州县地方自治章程》《府厅州县议事会议员选举章程》等。

孙中山先生在谈到考察日本政治制度时曾经指出:"政治的基础,在于地方自治。日本的市、町、村都很健全。日本之强,非强于其坚甲利兵,乃强于其地方组织之健全。要看,最好看看他们的地方自治。"② 因此,《建国大纲》第 16 条规定,凡一省全数之县皆达完全自治者,则为宪政开始时期,国民代表会得选举省长,为本省自治之监督;第 23 条亦规定,全国有过半数省份达至宪政开始时期,即全省之地方自治完全成立时期,则开国民大会决定宪法而颁布之。

民国时期,北京政府先后制定了《市自治制》等法律,以确保地方自治的制度化,而城市作为地方政治主体的一部分,参与了中国近代化的全部过程。在光绪年间,《城镇乡地方自治章程》明确规定了中国的城镇自治事宜限于学务、卫生、道路工程、农工商务、善举、公共营业、筹集款项等,从而明确了自治政府可以提供哪些最直接的公共服务。在晚清之后,大量的城市实现了自治,并延续到了民国时期。值得关注的是,城市自治一旦设立,就会形成极大的社会惯性,1914 年上海市政厅被取消,上海自治宣告结束。虽然北洋政府在一些文件中一直宣示要恢复自治,但迟迟没有实行。袁世凯复辟帝制失败后,中国的政局为军阀势力所主导,社会日益动荡不安,在这种状态下,从中央回复自治的

---

① 参见《宪政编查馆资政院会奏宪法大纲暨议院法选举法要领及逐年筹备事宜折》,载《清末筹备立宪档案史料》上册,第 61—67 页。
② 《孙中山全集》第 4 卷,北京:中华书局 1985 年版,第 491 页。

希望变得渺茫。而各省独立性的增强反而为自治的恢复提供了较大的空间。在上海士绅阶层不懈努力下，1923年上海市公所成立，上海地方自治进入市公所时期。①

2. 城市政治的再次集权化

"从帝制时代晚期起，中国的协调和控制的效力就开始衰退了，这种衰退过程，主要伴随着国家机构试图把集中控制加强到超出某一必要的或可以支持的限度。"②但在晚清以后，这种集权化的趋势一直没有完全停止，袁世凯曾经一度下令各地停办城镇乡和县自治会，尝试以官治取代自治。虽然这种官治最终为地方自治所取代，但是也暴露了中国城市自治的脆弱性。钱穆先生指出："中国政治上的中央集权，地方没落，已经有它显著的历史趋势，而且为期不短。地方官一天天没有地位，地方政治也一天天没有起色，全部政治归属到中央，这不是一好现象……国家统一是我们政治应该绝对争取的。但如何使国家统一而不要太偏于中央集权，能多注意地方政治的改进，这是我们值得努力之第一事。"③

中国共产党在取得全国政权之前，曾在其管辖的根据地规划和设置过建制市。中华人民共和国成立以后，在原有的院辖市（直辖市）和县辖市基础上，进一步确认了专员公署对于辖区内的省辖市拥有管辖权的现实，同时又将直辖市交给大行政区管辖，从而形成了大区辖市、省辖市、专署辖市三种市建制。④ 市制作为一种行政区划的结果，并不具有自治规模和等级之意。

在新中国成立以后，为什么能够再次形成行政体系的集权化，也许这并不能从钱穆先生对于地方政治衰落的分析来加以判断，因为新中

---

① 参见周松青：《20世纪20年代的上海地方自治》，载《近代中国》2004年辑。
② 〔美〕吉尔伯特·罗兹曼主编：《中国的现代化》，陶骅译，上海：上海人民出版社1989年版，第637页。
③ 钱穆：《中国历代政治得失》，北京：生活、读书、新知三联书店2001版，第171页。
④ 参见于鸣超：《中国市制的变迁及展望》，载《战略与管理》1999年第5期。

国与民国时期的政治发展有着不同的历史使命。"南京政府试图在各省重建强有力的中央控制来扭转中央政府影响的丧失,但却无能为力……从长远的观点看,1949年以后新建立的共产党政权也面临着同样的问题:重建一个多世纪以来就非常薄弱,半个世纪以来似乎不复存在了的中央统治权。"①但是值得关注的是,中国共产党重建中央权力的过程是通过加强地方控制完成的,"在这些统治的初期,日益强化的政治体系被置于经济的现代化之前。中国共产党所承继的这样一个国家在经济上甚至比苏联更落后,他们首先的目标是形成一个能够控制经济变革的政治组织。行政管理机构的迅速增长反映在现实中,到1960年,农村3200万人口中有100万是公社、大队、生产队的干部。全省近100万人是共产党员。"②由于中国共产党强大的动员力量,中国自上而下被严密组织起来,城市同样处于这样的组织体系之中;在政治秩序的优先原则下,城市只要能被国家控制,自治的权力就可以被忽视。

3. 中国城市发展中的地方主义的再崛起

阿尔蒙德认为:"当我们把社会结构和机构作为正在起作用的系统功能来思考的时候,我们在社会科学领域中的解释和预测能力就会大大提高……政党和行政机构就其本身来讲意义并不大,只有当我们把它们视为与其他机构交互作用产出公共政策,并在国际国内事务中实施的时候,它们的意义才更明晰。"③在西方国家的政治过程中,政治过程既有全国性政治过程,也有地方性政治过程。

在《半主权的人民》中,谢茨施耐德警告说,"在市政改革运动中,强调取消地方政府中的党派倾向,这可能使地方政府在不知不觉中失去对公共利益的关注。那种主张不分党派的地方自治政府观念存在着深

---

① 〔美〕吉尔伯特·罗兹曼:《中国的现代化》,陶骅译,上海:上海人民出版社1989年版,第378页。
② 〔美〕傅高义:《共产主义下的广州:一个省会的规划与政治(1949—1968)》,高申鹏译,广州:广东人民出版社2008年版,第332—333页。
③ 转引自〔美〕尼考劳斯·扎哈里亚迪斯主编:《比较政治学:理论、案例与方法》,宁骚、欧阳景根译,北京:北京大学出版社2008年版,第165页。

刻的内在矛盾。"①但是,地方政治的政党竞争激烈化倾向仍然成为普遍的政治现象。1974 年,英国都市郡(metropolitan county)成立,1986 年被保守党政府撤销,部分原因就在于这些都市郡主要由劳工党控制,是右翼政府的政敌。②

中国自秦汉以来就拥有深厚的中央集权主义的传统,这种传统同样施加于中国城市之上。在中国的政治体系中,城市政治即使不是中央政治的一种,也未必就自动成为自由主义者所谓地方政治的一种;在集权主义看来,城市与乡村在政治管理上并无本质上的差异。但是在20 世纪 80 年代以来,得益于中国改革开放的政策和市场经济的崛起,地方主义在地方利益的支持下日益兴起,并改造了数千年以来的政治结构一致性。在中国的地方政治中,由于"财政联邦主义"与"地方政治锦标赛"的权力分配与平衡机制,中央政府能够对以城市政府为主体的政治结构进行有效的控制,但是这种控制本身就是对地方政治的确认。城市政治主体无法摒弃地方利益还与其选举政治相关,随着选举透明度与竞争机制的导入,城市政治有可能从向中央的一维依赖转变为向中央政府与地方民众的双重依赖。更为重要的是,今天的中国政治体系中,由于香港、澳门特别行政区充满特色的制度设计,城市政治的地方主义也有可能鼓舞中国更多城市政府的利益诉求与相应的政治过程。

三、政治互动中的城市多元参与

《布莱克维尔政治学百科全书》对地方政治进行了三个层次的解释:第一,在对地方选举行为或地方政党竞争的研究中,地方政治被描述为最低一级当选政府内部的政治行为;第二,地方政治是指地方政治

---

① 〔美〕E.E.谢茨施耐德:《半主权的人民——一个现实主义者眼中的美国民主》,任军锋译,天津人民出版社 2000 年版,第 9 页。
② 参见〔英〕约翰·伦尼·肖特:《城市秩序:城市、文化与权力导论》,郑娟、梁捷译,上海:上海人民出版社 2011 年版,第 313 页。

组织、政党或官僚机构为了达到地方单位的特定目的而如何干预上一级政治单位的活动;第三,地方政治是指地方政府结构作为一个整体代表其集体利益向国家政府或者各上级政府施加影响的方法。① 因此,所谓城市政治过程并不仅仅局限于特定区域,正相反,城市政治还有一个全国与地方、地方与地方、国家与社会的复杂利益交换过程。

1. 城市发展的区域治理

城市的发生意味着治理结构的出现,在远远落后于欧洲城市发展的美洲殖民地,一种独特的市政组织形式——市镇会议在17世纪中叶开始产生,到18世纪初才走向成熟。② 单一的城市居住单元给城市治理的单一性带来了便利,但是到了20世纪后期,彼此隔越的城市已经日益稀少了,人们逐渐生活在那些连绵的都市区域之中。截止1950年,美国168个大都市区中,将近70%的人口居住在913个中心城市中,到1990年,320个大都市区中超过60%的人口居住在郊区。③

按照美国人口普查局的定义,每一个大都市区(metropolitan area)都有一个人口超过5万人的中心城市,中心城市周边是密度较高的人口聚居地区。④ 1960年美国财政部门对大都市区的定义为:"一般概念的大都市区是指拥有一个被认可的人口和新的经济社会一体化单元……标准化大都市统计区包含了一个中心城市及其周围的县,这些县具有都市化的特征,并在经济和社会上与中心城市有着紧密联系。"⑤ 随着越来越多的新的城市的出现,大都市区中心城市的数量也日益增加,到20世纪末,美国320个大都市区中一共有522个中心城市。⑥

---

① 参见〔英〕米勒等:《布莱克维尔政治学百科全书》,邓正来译,北京:中国政法大学出版社2002年版,第456页。
② 参见王旭:《美国城市史》,北京:中国社会科学出版社2000年版,第23—24页。
③ 参见〔美〕戴维·鲁斯克:《没有郊区的城市》,王英、郑德高译,上海:上海人民出版社2011年版,第5—6页。
④ 同上书,第6页。
⑤ 〔美〕布赖恩·贝利:《比较城市化》,顾朝林等译,北京:商务印书馆2010年版,第32页。
⑥ 参见〔美〕戴维·鲁斯克:《没有郊区的城市》,王英、郑德高译,上海:上海人民出版社2011年版,第6页。

因此，城市的连绵区日益成为美国城市无度蔓延的结果。在中国，虽然严格的行政边界约束了城市的边界蔓延，但仍然出现大量的区域性城市问题难以治理。也就是说，单一的城市政府无法解决区域性的问题，因此城市必须联合起来才能解决区域性问题，其中既包括不同城市的合并和兼并，也包括不同城市之间松散的联合。

在中国，城市合并往往又分两种：一种是地位较小的城市并入较大的城市，而后者辖区扩大，城市名称不变。2000年，广东省撤销番禺市和花都市设立广州市番禺区和花都区；2002年上半年，浙江省撤销余杭市和萧山市设立杭州市余杭区和萧山区；江苏省撤销吴县市设立苏州市吴中区和相城区；山东省撤销长清县设立济南市长清区。浙江省的宁波市、金华市、温州市和绍兴市，江苏省的南京市、无锡市、扬州市和淮安市也相继进行变更行政区划、扩大城市区域的工作。2003年，广东省南海、顺德、三水、高明四市成为地级佛山市的区级单位，使佛山市辖区达到3813平方公里，从而成为广东第三大城市；此外，城市合并还表现为城市辖区内部的调整。2009年，国务院同意撤销天津市塘沽区、汉沽区、大港区，设立天津市滨海新区。2010年，国务院同意撤销北京市东城区、崇文区，合并设立新的北京市东城区；撤销北京市西城区、宣武区，合并设立新的北京市西城区。①

2. 城市治理中的多元主义

"组合主义（corporation）被界定为多元主义（pluralism）的对立面……多元主义假定社会中存在各种集团间的公开竞争，并且存在着潜在均衡的、几乎不受限制的进入政治权威中心的机会。组合主义认为这是不真实的……它发现，利益代表具有一定的层级，并且其进入政

---

① 参见姚尚建：《流动的公共性——区域政府研究》，北京：北京大学出版社2012年版，第192页。

治权威中心的机会是制度性不均衡的。"①

事实上,在不同的国家体制中,组合主义与多元主义是一个硬币的两面,在集权制国家,组合主义更加具有实践的操作性;而在联邦制国家,多元主义更具有道德正义感。但是在城市政治理论中,这两种理论都指向一个对象,即在城市区域性问题的治理中,要突破地方城市政府单边治理的固有思维,积极吸纳利益相关者参加区域治理。例如,美国阿巴拉契亚地区的开发中,修公路、建大坝、筑水库和开发其他资源所需要的巨额资金,41%来自联邦政府,39%来自州县政府,其他来源为20%。日本北海道开发厅只负责北海道开发中的直辖部分,其他辅助部分交由北海道地方政府负责,也是一种双重负责的开发体制。但开发的主要责任由中央政府开发机构负责,以利于在各省、厅之间进行协调。② 因此,城市作为地方政府,既要积极争取中央政府的支持,也可以在地方政府的合作中收获利益。

在城市政府的合作模型中,实体性的行政区划调整固然可以形成区域问题的内部化,但是超大城市带来的城市污染、交通、公共服务等问题也是难以克服的。2000年11月24日,浙江省东阳市和义乌市签订了有偿转让用水权的协议,根据协议,义乌市向毗邻的东阳市支付2亿元购买横锦水库5000万立方米水资源的永久使用权。这是我国首例城市间水权交易,这一交易之所以引发关注,在于地方政府合作过程中市场机制的重要作用,而市场机制的背后,是对中国长期以来集权制度下的城市不同利益的确认。

3. 城市边界约束中的利益博弈

1982年,87岁的刘易斯·芒福德在自传中写道:"当大城市的权力

---

① 〔美〕尼考劳斯·扎哈里亚迪斯主编:《比较政治学:理论、案例与方法》,宁骚、欧阳景根译,北京:北京大学出版社2008年版,第165页。组合主义或译为法团主义、统合主义、合作主义等,为尊重原文翻译,本书仍然使用组合主义。
② 郑良芳:《借鉴美日开发经验更好地推动我国西部开发》,载《投资研究》2000年第8期。

与财富达到顶峰时,法律与秩序则崩解。"①城市过程也是诸多利益关系调整的过程,这种关系既体现在城市之间,也体现在城市内部。城市作为政治共同体与社会共同体的双重特征决定了城市同时具有国家属性与社会属性。事实上,国家属性与社会属性并不冲突,但是试图厘清二者之间的利益关系又是复杂的。在刚性的耕地红线约束下,分税制和政治锦标赛刺激了地方利益的主张,城市蔓延和城市更新损害了村庄,也破坏了传统的社会形态和社会结构,社会不满的普遍性蔓延使全国政治面临合法性危机。

城市蔓延必然导致对城市边界的约束。我们知道,欧美等国家的城市规模是一个自发形成的过程,不同的城市人口形成不同的城市和村镇,城市人口增加还是减少在很大程度上是城市个体选择的过程。20世纪80年代以来,中国的人口流动性加大,并在很大程度上突破了户籍的限制。从国家的层面上看,人口的大规模流动并不为城市分类制度所接受。相反,为了防止人口向大型城市流动带来了一系列社会问题,国家试图通过城市规模控制来调配人口或资源。2014年,中共中央、国务院印发《国家新型城镇化规划(2014—2020年)》。该规划回顾了我国30余年来城市化的结果,提出了"管住总量、严控增量、盘活存量"的原则,严格控制城市边界无序扩张。根据这一要求,现有的数百个城市都将制定城市边界,从国家的层面对城市的蔓延进行控制。

第三节　全球体系中的城市治理

改革开放以来,中国的城市化进程加速。最新的数据已经表明,中国的城市居民总人口已经远超过农村人口,而在这一进程中,中国的城

---

① 转引自〔英〕霍尔:《明日之城:一部关于20世纪城市规划与设计的思想史》,童明译,上海:同济大学出版社2009年版,第444页。

市问题已经倒逼治理困局。因此,如果无法解决诸如城市发展与治理水平低下等诸多矛盾,那么就无法真正解决中国城市发展的可持续性。而随着全球化的到来,中国的城市治理既是普遍性的全球城市治理的一部分,也是中国治理的组成内容。

一、全球化时代的城市再结盟

在21世纪初,中国加入了世界贸易组织,而在此前的数百年中,西方社会已经在全球化进程中打造了马克思所说的"世界历史",历史问题开始向世界历史转化,中国的城市治理从此也成为世界城市历史的组成部分。

1. 世界城市体系的重建

1986年,英国社会学家弗里德曼(Friedman)按照"世界城市"的标准对全球一些主要城市进行了划分,他把纽约、芝加哥、洛杉矶、伦敦、巴黎、东京作为第一等级的核心城市,新加坡、里约热内卢和圣保罗作为第一等级外围的主要城市;波士顿、迈阿密、悉尼、约翰内斯堡、米兰、维也纳等作为第二级的核心城市,首尔、墨西哥、布宜诺斯艾利斯和中国的台北、香港等作为第二等级的外围城市。[①]

1991年,芝加哥大学社会学教授沙森(Saskia Sassen)首创"全球城市"(global city)一词,所谓全球城市是指那些能够影响世界事务的重要城市,如伦敦、纽约、巴黎和日本等。[②] 正如褚劲风所说,全球城市是新的国际分工和跨国公司发展的产物,是世界经济的权力中心、金融中心、贸易中心、产业中心,具有国际金融资本集中、第三产业为主、服务业专业化程度高、国际贸易发达、国际交通通讯便捷等五方面特征。[③] 这一概念也明确地告诉我们,在世界不同的国家,城市在资本面前重新

---

① 参见任庆昌、王浩、廖敏:《全球化视野下城市特色的思考》,载《规划师》2008年第3期。
② 参见〔美〕丝基雅·沙森:《全球城市:纽约、伦敦、东京》,周振华等译,上海:上海社会科学院出版社2005年版,第2页。
③ 参见褚劲风:《试论全球城市的基本特征》,载《人文地理》1996年第2期。

获得政治等级。

2. 全球治理中的城市再结盟

城市是人类文明的重要标志,在城市的形成与发展中,伴随着城市主体意识逐渐苏醒,同时由于权力结构与利益交换的需要,不同的城市在不同时期或形成利益同盟,或形成竞争对手,从而构成纷繁复杂的政治关系。"在伯罗奔尼撒战争爆发之前,已经有许多迹象表明,希腊城市在其发展过程中已经接近绝路了。他们不进行血腥的征讨便不能向更远的地区殖民,他们不组成紧密的政治联盟便无力在四周强大帝国的威胁面前保卫自己,不在相互援助的基础上他们也无法继续供养本身庞大的人口。"①

这一描述解释了在国家层面的城市形成权力联盟的外部原因,在民族国家与现代城市建立的过程中,在全球化、城市化的浪潮中,受益于市场经济的巨大冲击,城市外部与内部政治结构结成了新的城市关系。全球化借助于资本的力量,在客观上淡化了传统民族国家的政治边界与地理边界,现代城市的政治属性也逐渐为市场属性所取代。在沙森看来,全球体系中,城市日益承担着新的功能,主要体现在四个方面:(1) 世界经济组织高度集中的控制点;(2) 金融机构和专业服务公司的主要集聚地;(3) 高新技术产业的生产和研发基地;(4) 作为一个产品及其创新活动的市场。② 沙森发现,20 世纪 80 年代以来的全球城市格局中,一些城市在全球经济活动的地位与自身需求是不合比例的,并在全球体系中日益居于支配地位,"这里存在的基本动力是,经济越是全球化,中心功能在少数几个城市(即全球城市)狙击的程度越高。"③

---

① 〔美〕刘易斯·芒德福:《城市发展史——起源、演变和前景》,宋俊岭、倪文彦译,北京:中国建筑工业出版社 1989 年版,第 183 页。
② 参见〔美〕丝奇雅·沙森:《全球城市:纽约、伦敦、东京》,周振华等译,上海:上海社会科学院出版社 2005 年版,第 3 页。
③ 同上书,第 1—2 页。

民族国家的城市结构于是被资本解构了,原先建立在政治结构之上的官僚制城市体系面临合法性危机。在全球化进程中,城市之间的联系并不仅仅局限于国家的政治边界之内,越来越多的城市开始关注自身在全球市场中的支配地位。为了在全球化体系中形成"定价"机制,一些城市形成新的联盟,而资本在全球范围之内重新构建了城市空间,与那些建筑和街区构建的空间不同,这种空间的再生产比那些古典的封闭式城市和社区更为隐蔽。

3. 资本能否抽空城市政治

资本固然在空间的再生产中起着重要的作用,但是资本能否完全取代国家的作用是值得怀疑的。福山在《历史的终结及最后之人》中指出,黑格尔把"终结"定义为一种自由的国家形态,马克思则将之确定为共产主义社会,"历史终结并不是说生老病死这一自然循环会终结,也不是说重大事件不会再发生了或者报道重大事件的报纸从此销声匿迹了,确切地讲,它是指构成历史的最基本的原则和制度可能不再进步了,原因在于所有真正的大问题都已经得到了解决。"[1]

世界的历史能否最终消灭国家的历史,同样的逻辑,建立在资本之上的全球体系能否带来一致的价值观是值得怀疑的。福山告诉我们,自由民主的政治制度有可能成为人类最后的政治制度;如果这样的判断成立的话,那么最终的城市历史就有可能是基于个人选择的城市。但是在资本的控制之下,我们能够建立多大程度上自由的城市?如果这种自由无法建立,那么建立在自由之上的政治制度又能如何运作?在社会发展的进程中,资本并不是唯一的动力,在人本主义城市理论看来,城市的归宿只能是从国家的城市、资本的城市最终走向社会的城市。只有建立在全球社会的城市,才可能揭示城市发展的最终目标。

---

[1] 〔美〕弗朗西斯·福山:《历史的终结及最后之人》,黄胜强等译,北京:中国社会科学出版社2003年版,第3页。

4. 全球公民社会中的城市体系

"全球公民社会(Global Civil Society)概念及分析框架的提出可被视作20世纪末最重要的学术贡献之一。它将20世纪70年代以来炽热的全球化论题和公民社会话语相结合。不仅努力描述现实政治,而且试图通过对全球秩序的重新定义和再阐释,以勾勒人类社会的未来。"[①] 20世纪80年代末期,全球公民社会的合法地位在世界范围得以确立,公民社会又一次穿越了国家政治边界,以全球一致行动的方式瓦解了国家的传统治理。

全球治理中,城市不仅作为一个政治体还作为一个社会体重新引起我们的关注。在传统的政治体系中,并不存在跨越国家边界的城市,资本以及社会的作用只有在国家范围之内才能对城市政治起作用。但是在全球化体系中,资本与社会的力量都走向了国家的解构;既然国家都是虚幻的共同体,那么城市在多大程度上能够保持其完整的政治边界?我们认为,在不同的国家政治制度下,城市的联合远不及资本与社会力量的联合更加有效,资本与社会的一致性容易遮蔽不同国家不同城市化程度的进程和任务。一份数据表明,在1050—1975年间,发展中国家的城市地区吸纳了大约4亿人口,1975—2000年,则增长到近10亿,这一增长率是工业化国家同期增长率的3—4倍。[②] 在西方国家中心城市人口疏解的同时,发展中国家的人口正通过大量集聚继续塑造大型城市。

二、中国的城市治理转型

世界历史下的全球城市体系加速了世界城市的同质化,也给中国的城市发展提供了复杂的外部条件。在国内,城市发展与政治发展、经

---

① 郁建兴、周俊:《全球公民社会:一个概念性考察》,载《文史哲》2005年第5期。
② 参见〔美〕布赖恩·贝利:《比较城市化》,顾朝林等译,北京:商务印书馆2010年版,第226—227页。

济转型和社会成长处于共同阶段,因此中国的城市发展面临双重压力——既要解决城市发展的特有问题,又要顺应世界城市发展的普遍趋势。

1. 城市发展的模式并行:经济与政治

作为一个农业大国,中国的城市发展是一个漫长的过程,新中国成立以来,中国工业化启动加快了这一进程。有学者总结了从新中国成立后到改革开放以前中国的城市化进程,认为这一时期的中国城市化主要呈现出以下几个特点:政府是城市化动力机制的主体;城市化对非农劳动力的吸纳能力很低;城市化的区域发展受高度集中的计划体制的制约;劳动力的职业转换优先于地域转换;城市运行机制具有非商品经济的特征。① 同样,在中国城市化的进程中,国家城市建设政策先后经历了重点发展中小城镇到重点发展中小城市的演变,城市规划也逐步演变成为城乡共同的规划。伴随着政策的调整,我国的城市建设也出现大城市模式、中等城市模式和小城镇模式等三种模式并行的趋势。②

在中国的城市发展中,城市化既作为社会发展的必然结果,也是地方政绩考核的重要指标,一些地方政府把农民转为市民的数量作为地方政府年度工作目标。事实上,这种在短时期内大规模把农民迁入城市的城市化进程在世界范围是罕见的,多重模式的并行既在一定程度上加剧了中国城市化进程的无序性,也反映了中国城市化进程对于政府动力的单一依赖的制度性缺陷;同时,市场力量也在中国城市化进程中发挥着越来越重要的作用,如浙江省龙港等城镇的崛起就是典型的市场动力推进下的产物。但必须指出的是,即使有着市场因素的积极推动,中国的政治体制仍然对城市发展加以干预。与国外的城市化进程不同的是,中国的城市在发展过程中还必须与特定的政治级别捆绑

---

① 参见胡纹主编:《城市规划概论》,武汉:华中科技大学出版社2012年版,第59页。
② 参见李强:《中国城市化:三种模式外的选择》,载《人民日报》2006年12月8日。

起来,这种捆绑甚至以法律加以限定。这种城市化中的政府因素既在一定程度上催生了城市的崛起,也干扰了城市中的市场要素的作用。因此,中国的城市问题或"城市病"不能全部依靠市场方案,也要依靠政府的自我变革。

2. 中国城市治理的全政府方案

在中国,现代城市的形成首先是政府规划的过程,因此,建立在政府全能主义之上的城市规划必然强调"城市病"的预防与治理。尤其在政府推动下的"城市病"的形成,在很大程度上正是由于政府规划不当而形成的治理困局。在现代城市建设中,不仅仅是城市规划中的问题需要政治学的介入,在城市治理中,"城市病"背后所掩盖的不仅仅是公共卫生、公共住房、公共教育、公共交通等困境,更是城市政府的公共服务无法适应城市蔓延的基本要求而显示出的需求—服务的关系紧张。

在东部沿海或者中西部一些地区,城市蔓延使一些互相远离的城市日益接近,在长三角、珠三角等区域,许多单个的城市已经连接起来,众多区域性城市开始演变为城市区域。城市区域的形成既形成了一定的人才、资源集聚,也形成一定的城市政府之间为抢夺人才、资源而产生的消极竞争。因此,城市政府的政策制定就不能仅仅局限在某一个城市,而必须是考虑特定区域的人才和资源流动。在户籍制度尚未完全放开的情况下,"用脚投票"仍然能够在一定程度上有效平衡城市间公共政策的巨大差异;而在户籍制度放开的区域,可以消解城市政府对于城市居民的政策保护,并促进城市之间、城市与乡村之间的要素自由流动。

从政策过程来看,在强政府的体制下,城市发展中的一些问题本身正是对于政府不当政策的负面体现。而为了解决已有政策的负面性,政府不得不出台更新的政策,从而形成了政策的嵌套,目前房地产政策悖论就是其中的一个典型。房地产政策的失败既是公共住房政策的失败,也是政府自利性在制定政策中的消极作用的体现。因此,城市政府作为城市公共政策的制定主体,要积极克服政府的自利性,强化城市治理的公共属性。同样,公共卫生、公共教育、公共交通等城市政策也必须首先确认政策的公共性,并使政府利益逐步从政策要素中摆脱出来。

3. 中国"城市病"的全社会方案

相对于市场经济比较成熟的国家,中国的城市治理尚面临社会缺位的不足。在城市阶级的形成中,社会因素的介入可以缓解城市政治的阶级对立,并使社会流动能够在不同的阶级之间形成自由流动。20世纪20年代,芝加哥学派开设了城市社会学的课程。这门课程解释了经由不断循环产生的隔离:当移民进入城市外围地区时,原来处于这一地区的向上流动群体随着社会的向前运动而在城市中获得了较好的位置,与此同时,他们原来的位置被新的进入者取代。[①] 这种基于移民而产生的社会流动有一定的积极意义,但是这样的移民流动并不仅仅适用于中国的城市社会阶层变迁现实。

中国的城市发展也可能导致新的城市社会阶层的分离,在现有的城市阶段,基于薪酬、住宅、权力等基础之上的社会成员开始分化,并可能影响公共政策。有学者通过北京市居住和收入特征的调查,发现小康家庭集中在北三环和北四环之间。他们还揭示了,较多富裕者居住的地区对应着1982年总体规划以来市政府划分出来的集中文化、教育、科学研究和政府部门活动的地区。这不仅标志着首都城市规划的中心转移——从工业和行政中心转向现代的、以服务为基础的城市经济,还标志着新富阶层在房屋选择上在文化和教育方面的倾向性。[②]

在中国的城市社会流动中,不能简单地把城市地理与城市社会简单地连接,中心城区的高房价使一些原住民无力更换住房而变得贫困,社会分化导致这些社会成员从城市核心区域分离出去,也使这些社会

---

① 参见〔澳〕路易吉·汤姆巴等:《中国城市中产阶级的建构》,载《国外理论动态》2004年第12期。
② 同上。

群体从社会核心被剥离出去,从而形成了社会断裂。应该看到的是,公共政策在修复社会结构性断裂方面有着重要的作用,但是在城市治理方面,社会力量的崛起自身有可能成为城市治理的重要方案。在城市更新中,在大规模的城市人口无法就地安置的情况下,社会力量的崛起有助于鼓励城市居民的社区认同而非城区认同,从而以社会服务缓解政府治理的不足,弥合社会差距,缓和社会矛盾。

因此,从城邦政府到城市政府,自由的发现与捍卫构成了城市治理的核心价值。在城市扩张过程中,城市空间扩张与社会阶级分离带来的治理困境在一段时间内仍然将困扰中国的城市发展与政府发展。从理论的角度,相对于城市社会学的发展,城市政治学在中国还没有获得应有的地位,城市问题与治理问题被分割开来。事实上,在中国积极推进城市化的过程中,政府面临着国家的政府、社会的政府和人的政府的三重定位;同样,城市也交织着国家的城市、社会的城市和人的城市等三重属性。城市治理必须同时解决城市发展中的政府治理问题与政府治理中的城市发展问题,只有这样,才能实现城市发展与政府转型的双重目标。

本章小结

从城市规划、城市设计到城市更新,涵盖了林奇三种理论的全部内容。城市过程无疑是极其复杂的,但是在工业革命和社会转型的鼓吹下,这些复杂的过程被忽视了,城市规划、城市更新在许多国家和地区被简化为推土机作业的代名词,而城市设计则变成那些设计师轻率的创意作品。只有当我们认为,城市规划、城市更新和城市设计是一项涉及正义分配的制度设计时,是一项涉及利益平衡的公共政策时,是一项关于良好公共生活的供给时,城市规划才能真正地回答城市发展与社会生活的双重命题。

今天的中国正进入快速城市化的时期,许多激进主义的地方政府都在构思一个关于大型城市的政治设想。但是今天的中国城市发展,同时面临着住宅产业过剩的尴尬,这些让我们重新反思城市规划背后的政治学答案。城市规划为什么失败?"'规划'(plan)的目的是创造更大规模的整体化,这种整体化对于提供大范围的秩序与组织是不可缺少的。"① 今天比比皆是的"空城"和"鬼城"正在告诉我们一个缺乏整体主义的城市规划是如何失去了秩序的支撑。

在 20 世纪 20 年代,美国出现了三种区域规划组织:一种是区域规划机构,其中以纽约大都市区的区域规划协会(RPA)最为著名,这类机构完全没有官方的支持;第二种是由州立法机构建立的权力机构并行使部分政府权力;第三种是政府联合会。② 这些机构的成立起码证明了一个简单的结论:整体性的城市规划并不排斥政府之外的力量参与,事实上城市规划恰恰涉及多重的利益调整,这种利益既包括国家层面、也包括地方政府;既包括市场方面,也包括社会层面;既包括单一的城市,也包括城市所在的区域。

伴随着经济全球化的深入,城市体系进入了一个新的阶段,同时进入全球体系的还有国家和社会。每一个城市的发展都面临着国家、社会和资本的三重压力。在这样的一个时期,中国的城市化既要回答世界城市史的普遍问题,更要解决中国城市化阶段性问题。在解决这些阶段性问题的时候,还要对中国的城市发展的历史方位有个清醒的认识。事实上,中国不同区域、不同城市面临着不同的城市化阶段,因此在不同地区,城市问题的表现也各有差异,但是不同的城市化阶段面临着同样的城市政治过程,即动态的国家、资本与社会共同参与城市规划与城市治理的过程。

---

① 〔美〕C. 亚历山大、H. 奈斯、A. 安尼诺、I. 金:《城市设计新理论》,陈治业、童丽萍译,北京:知识产权出版社 2002 年版,第 32—33 页。
② 参见〔美〕约翰·M. 利维:《现代城市规划》,孙景秋等译,北京:中国人民大学出版社 2003 年版,第 306 页。

余论
面向城市发展的政治理论

在马克思看来,人的本质是社会关系的总和,人们"只有以一定的方式共同活动和互相交换其活动,才能进行生产。为了进行生产,人们相互之间便发生一定的联系和关系;只有在这些社会联系和社会关系的范围内,才会有他们对自然界的影响,才会有生产。"① 人类高度聚居的城市,由于其社会关系的变迁对人类自身的价值的实现的重要意义,必然成为各个学科的研究重点。

联合国人居署 1996 年发布的《伊斯坦布尔宣言》中有这样的一句陈述:"我们的城市必须成为人类能过上有尊严、身体健康、安全、幸福和充满希望、生活美满的地方。"在 2012 年,中国的城市化率已经突破 50%,有一半以上的中国人口居住在城市。同时,大量农村人口开始涌入城市尤其是东部的城市,但是由于中国城市发展的制度性不足,中国的城市既无法解决大量人口涌入的问题,也无法为迅速到来的现代城市治理买单。在一些超大型城市,户籍刚性制度仍然限制着人口的自由流动,于是造就了制度意义上的城乡分裂:虽然城市人口中包含了大量来自农村的人口,但是后者并无法真正从制度上融入城市。城市空间的隔绝阻断了人类的交往,也干扰了社会形态的自我完善。

从世界范围来看,现代城市是贸易与工业革命的产物;在中国,城

---

① 《马克思恩格斯选集》第 1 卷,北京:人民出版社 1995 年版,第 344 页。

市主要是行政区划的结果。在不同地区,中国的城市化进程也有差异,东部地区一些重要城市已经进入再城市化或逆城市化阶段,而在中西部的城市化起步地区,人口的大量流失正在困扰这些地区的城市化进程;在城市内部,在同一城市的不同区域,资源分配的不平等、社区隔绝、交通拥挤、生态恶化等仍然深刻地压迫着城市政府和城市社会,也压迫着城市治理的全部过程。因此,当越来越多的人口进入城市生活时,构建何种社会生活于是成为理论研究的必须。需要看到的是,今天的城市研究越来越涉及城市科学、经济学、社会学、哲学、地理学等多种学科,并取得了积极的学术成果,但是,在中国城市化的进程中,由于城市政治学的缺位,如何优化城市政治结构和过程则成为众多城市政府首先要面临的理论问题。

我国需要什么样的城市,取决于我们如何看待今天的城市发展,也取决于我们如何看待今天城市体系中的政治结构。在政治学的视野中,中国的城市研究首先是一个城市与政治双重发展的过程。在中国快速城市化的进程中,既要规范政治权力,又要平衡市场和社会权利;同时,中国的城市研究还必须放在世界城市历史的范畴中来加以进行,既体现城市发展的一般规律,还要观照中国城市发展的特定阶段。在中国,城市长期以来只不过是单一制国家的政治单元,但是市场经济体制的日益完善、市民共同的利益表达同时催生了城市社会公共生活的生成和城市社区的权力上升,正是国家、市场和社会的权力此消彼长,日益影响着中国城市发展的基本方向。

主要参考文献

一、中文著作

1. 李强:《自由主义》,长春:吉林出版集团有限责任公司2007年版。
2. 孙笑侠:《法的现象与观念》,济南:山东人民出版社2001年版。
3. 孙哲:《新人权论》,郑州:河南人民出版社1992年版。
4. 夏勇:《人权概念起源:权利的历史哲学》,北京:中国政法大学出版社2001年版。
5. 袁祖社:《权力与自由:市民社会的人学考察》,北京:中国社会科学出版社2003年版。
6. 张凤阳等:《政治哲学关键词》,南京:南京大学出版社2006年版。
7. 张桂华:《西方道德难题九章》,济南:山东人民出版社2010年版。
8. 洪涛:《逻各斯与空间:古代希腊政治哲学研究》,上海:上海人民出版社1998年版。
9. 刘创楚、杨庆堃:《中国社会:从不变到巨变》,香港:中文大学出版社2001年版。
10. 朱力:《转型期中国社会问题与化解》,北京:中国社会科学出版社2012年版。
11. 王丰:《分割与分层:改革时期中国城市的不平等》,马磊译,杭州:浙江人民出版社2013年版。
12. 刘建娥:《中国乡—城移民的城市社会融入》,北京:社会科学文献出版社2011年版。
13. 柯兰君、李汉林主编:《都市里的村民——中国大城市的流动人口》,北京:

中央编译出版社 2001 年版。

14. 周大鸣、周建新、刘志军：《"自由"的都市边缘人——中国东南沿海散工研究》，广州：中山大学出版社 2007 年版。

15. 林广、张鸿雁：《成功与代价——中外城市化比较新论》，南京：东南大学出版社 2000 年版。

16. 柴彦威：《城市空间》，北京：科学出版社 2000 年版。

17. 陈友华：《中国人口与发展：问题与反思》，北京：中国社会科学出版社 2012 年版。

18. 叶南客：《都市社会的微观再造：中外城市社区比较新论》，南京：东南大学出版社 2003 年版。

19. 詹和平编著：《空间》，南京：东南大学出版社 2006 年版。

20. 张鸿雁：《城市进化论——中国城市化进程中的社会问题与治理创新》，南京：东南大学出版社 2011 年版。

21. 黄亚生、李华芳主编：《真实的中国：中国模式与城市化变革的反思》，北京：中信出版社 2013 年版。

22. 张友伦等：《美国社会的悖论：民主、平等与性别、种族歧视》，北京：中国社会科学出版社 1999 年版。

23. 谢文蕙、邓卫编著：《城市经济学》，北京：清华大学出版社 1996 年版。

24. 轩明飞编著：《经营城市》，南京：东南大学出版社 2004 年版。

25. 周伟林等编著：《城市社会问题经济学》，上海：复旦大学出版社 2009 年版。

26. 陈秋华等：《体制转换·结构变迁与就业》，北京：中国财政经济出版社 2000 年版。

27. 陈劲松主编：《城市更新之市场模式》，北京：机械工业出版社 2004 年版。

28. 王宏伟等编著：《中国城市增长的动力学研究》，北京：中国城市出版社 2007 年版。

29. 沙安文、沈春丽主编：《地方政府与地方财政建设》，中信出版社 2005 年版。

30. 王乃耀：《英国都铎时期经济研究——英国都铎时期乡镇经济的发展与资本主义的兴起》，北京：首都师范大学出版社 1997 年版。

31. 党国英：《农村改革攻坚》，北京：中国水利水电出版社 2005 年版。

32. 高鉴国：《新马克思主义城市理论》，北京：商务印书馆 2006 年版。

33. 谭仲池主编：《城市发展新论》，北京：中国经济出版社 2006 年版。

34. 邓伟志主编：《当代"城市病"》，北京：中国青年出版社 2003 年版。

35. 北京市社会科学研究所城市研究室选编：《国外城市科学文选》，贵阳：贵州人民出版社 1984 年版。

36. 王建国：《城市设计》，南京：东南大学出版社 2011 年版。

37. 丁旭等：《城市设计：理论与方法》（上），杭州：浙江大学出版社 2010 年版。

38. 齐康：《城市环境规划设计与方法》，北京：中国建筑工业出版社 1997 年版。

39. 阳建强、吴明伟编著：《现代城市更新》，南京：东南大学出版社 1999 年版。

40. 李国平编著：《网络化大都市：杭州市域空间发展战略》，北京：中国建筑工业出版社 2009 年版。

41. 刘捷：《城市形态的整合》，南京：东南大学出版社 2004 年版。

42. 刘志峰主编：《城市对话：国际性大都市建设与住房探究》，北京：企业管理出版社 2007 年版。

43. 聂炳华、王恩献主编：《中心镇：小城镇建设的新趋势——山东中心镇建设的实践探索》，山东：山东人民出版社 1998 年版。

44. 唐建荣等：《智慧南京——城市发展新模式》，南京：南京师范大学出版社 2011 年版。

45. 宛素春等编著：《城市空间形态解析》，北京：科学出版社 2004 年版。

46. 王放：《中国城市化与可持续发展》，北京：科学出版社 2000 年版。

47. 王圣学：《城市化与中国城市化分析》，西安：陕西人民出版社 1992 年版。

48. 张京祥：《体制转型与中国城市空间重构》，南京：东南大学出版社 2007 年版。

49. 吴建伟等：《大规划：商务·商业·服务与居住》，北京：中国建筑工业出版社 2011 年版。

50. 吴志强、李德华主编：《城市规划原理》，北京：中国建筑工业出版社 2010 年版。

51. 徐新等编著：《紧凑城市：宜居、多样和可持续的城市发展》，上海：格致出版社 2010 年版。

52. 赵海涛等主编:《中外建筑史》,上海:同济大学出版社 2010 年版。

53. 周一星:《城市地理学》,北京:商务印书馆 1995 年版。

54. 党为:《美国新清史三十年:拒绝汉中心的中国史观的兴起与发展》,上海:上海人民出版社 2012 年版。

55. 张帆:《中国古代简史》,北京:北京大学出版社 2001 年版。

56. 全汉升:《中国行会制度史》,天津:百花文艺出版社 2007 年版。

57. 田昌五、臧知非:《周秦社会结构研究》,西安:西北大学出版社 1996 年版。

58. 王俊敏:《青城民族:一个边疆城市民族关系的历史演变》,天津:天津人民出版社 2001 年版。

59. 王守中:《近代山东城市变迁史》,济南:山东教育出版社 2001 年版。

60. 张承安编著:《城市发展史》,武汉:武汉大学出版社 1985 年版。

61. 张海林:《苏州早期城市现代化研究》,南京:南京大学出版社 1999 年版。

62. 马正林编著:《中国城市历史地理》,济南:山东教育出版社 1998 年版。

63. 齐思和、林幼琪选译:《中世纪晚期的西欧》,北京:商务印书馆 1962 年版。

64. 齐涛主编:《世界通史教程(古代卷)》,济南:山东大学出版社 2008 年版。

65. 朱寰主编:《世界古代中世纪史》,北京:北京大学出版社 1993 年版。

66. 萧国亮、隋福民编著:《世界经济史》,北京:北京大学出版社 2007 年版。

67. 赵克毅、辛益编著:《意大利统一史》,开封:河南大学出版社 1987 年版。

68. 冯卓慧:《罗马私法进化论》,西安:陕西人民出版社 1992 年版。

69. 王旭:《美国城市史》,北京:中国社会科学出版社 2000 年版。

70. 张京详编著:《西方城市规划思想史纲》,南京:东南大学出版社 2005 年版。

71. 丛日云:《西方政治文化传统》,哈尔滨:黑龙江人民出版社 2002 年版。

72. 浦兴祖、洪涛主编:《西方政治学说史》,上海:复旦大学出版社 1999 年版。

73. 邹谠:《二十世纪中国政治》,香港:牛津大学出版社 2012 年版。

74. 王浦劬等:《政治学基础》(第二版),北京:北京大学出版社 2006 年版。

75. 方雷、王元亮主编:《政治科学研究方法概论》,北京:北京大学出版社 2011 年版。

76. 许崇德主编:《城市政治学》,光明日报出版社 1988 年版。

77. 杨帆:《城市规划政治学》,南京:东南大学出版社2008年版。

78. 范进学:《权利政治论:一种宪政民主理论的阐释》,济南:山东人民出版社2003年版。

79. 黄百炼等:《政治稳定与发展的社会分析——政治社会学导论》,武汉:武汉出版社1993年版。

80. 常健:《当代中国权利规范的转型》,天津:天津人民出版社2000年版。

81. 张质君:《人类社会与民族国家论》,上海:商务印书馆1946年版。

82. 王希恩:《民族过程与国家》,兰州:甘肃人民出版社1998年版。

83. 王永红:《美国贫困问题与扶贫机制》,上海:上海人民出版社2011年版。

84. 熊光清:《中国流动人口中的政治排斥问题研究》,北京:中国人民大学出版社2009年版。

85. 徐勇:《非均衡的中国政治:城市与乡村比较》,北京:中国广播电视出版社1992年版。

86. 张涛、王向民、陈文新:《中国城市基层直接选举研究》,重庆:重庆出版社2008年版。

87. 江荣海等:《行署管理》,北京:中国广播电视出版社1995年版。

88. 李普者编著:《当代国外行政制度》,昆明:云南科技出版社2005年版。

89. 教军章等:《公共行政组织论》,哈尔滨:黑龙江人民出版社2005年版。

90. 卓越等:《行政发展研究》,福州:福建人民出版社2000年版。

91. 刘君德等:《中外行政区划比较研究》,上海:华东师范大学出版社2002年版。

92. 王佃利、张莉萍、高原主编:《现代市政学》(第二版),北京:中国人民大学出版社2008年版。

93. 顾丽梅:《治理与自治:城市政府比较研究》,上海:三联书店2006年版。

94. 何艳玲主编:《变迁中的中国城市治理》,上海:格致出版社、上海人民出版社2013年版。

二、中文译著

1. 《马克思恩格斯选集》第1卷,北京:人民出版社1995年版。

2. 《马克思恩格斯全集》第46卷上,北京:人民出版社1979年版。

3.〔古希腊〕亚里士多德:《政治学》,吴寿彭译,北京:商务印书馆1965年版。

4.〔古希腊〕亚里士多德:《尼各马科伦理学》,苗力田译,北京:中国社会科学出版社1990年版。

5.〔荷〕斯宾诺莎:《伦理学》,贺麟译,北京:商务印书馆1983年版。

6.〔荷〕斯宾诺莎:《神学政治论》,温锡增译,北京:商务印书馆1963年版。

7.〔法〕卢梭:《论人类不平等的起源和基础》,李常山译,北京:商务印书馆1962年版。

8.〔德〕康德:《纯粹理性批判》,邓晓芒译,北京:人民出版社2004年版。

9.〔英〕罗素:《西方哲学史》(下卷),马元德译,北京:商务印书馆1976年版。

10.〔美〕罗伯特·L.西蒙主编:《社会政治哲学》,陈喜贵译,北京:中国人民大学出版社2009年版。

11.〔德〕马克斯·韦伯:《经济与社会》(下卷),林荣远译,北京:商务印书馆1997年版。

12.〔德〕马克斯·韦伯:《儒教与道教》,洪天富译,南京:江苏人民出版社1995年版。

13.〔以〕S.N.艾森斯塔特:《反思现代性》,旷新年、王爱松译,北京:生活·读书·新知三联书店2006年版。

14.〔加拿大〕艾伦·梅克森斯·伍德主编:《民主反对资本主义——重建历史唯物主义》,吕薇洲、刘海霞、邢文增译,重庆:重庆出版社2007年版。

15.〔德〕麦克斯·施蒂纳:《唯一者及其所有物》,金海民译,北京:商务印书馆1989年版。

16.〔英〕汉默顿:《伟大的思想:塑造人类文明的力量Ⅰ》(哲学社会科学卷),罗卫平译,贵阳:贵州人民出版社2004年版。

17.〔英〕安东尼·吉登斯:《社会学》(第五版),李康译,北京:北京大学出版社2009年版。

18.〔美〕乔治·萨拜因:《政治学说史》(第四版)(上卷),邓正来译,上海:上海人民出版社2008年版。

19.〔英〕约翰·格雷:《自由主义》,曹海军、刘训练译,长春:吉林人民出版社2005年版。

20.〔美〕迈克尔·罗斯金等:《政治科学》,林震等译,北京:华夏出版社2001

年版。

21.〔英〕安德鲁·海伍德:《政治学核心概念》,吴勇译,天津:天津人民出版社 2008 年版。

22.〔意〕加埃塔诺·莫斯卡:《政治科学要义》,任军锋、宋国友译,上海:上海人民出版社 2005 年版。

23.〔美〕罗伯特·A.达尔:《谁统治》,范春辉、张宇译,南京:江苏人民出版社 2011 年版。

24.〔奥〕斯蒂芬·茨威格:《异端的权利》,任晓晋、方红、尹锐译,北京:光明日报出版社 2007 年版。

25.〔日〕大塚久雄:《共同体的基础理论》,于嘉云译,台北:联经出版事业公司 1999 年版。

26.〔英〕戴维·M.沃克:《牛津法律大词典》,邓正来等译,北京:光明日报出版社 1988 年版。

27.〔美〕尼尔·K.考默萨:《法律的限度》,申卫星、王琦译,北京:商务印书馆 2007 年版。

28.〔美〕庞德:《通过法律的社会控制》,沈宗灵、董世忠译,北京:商务印书馆 1984 年版。

29.〔美〕海涅曼等:《政策分析师的世界:理论、价值观念和政治》(第三版),李玲玲译,北京:北京大学出版社 2011 年版。

30.〔美〕罗伯特·诺奇克:《无政府、国家和乌托邦》,姚大志译,北京:中国社会科学出版社 2008 年版。

31.〔英〕帕特里克·邓利维、布伦登·奥利里:《国家理论:自由民主的政治学》,欧阳景根、尹冬华、孙云竹译,杭州:浙江人民出版社 2007 年版。

32.〔法〕蒲鲁东:《什么是所有权或对权利和政治的原理的研究》,孙署冰译,北京:商务印书馆 1963 年版。

33.〔法〕托克维尔:《论美国的民主》(上卷),董果良译,北京:商务印书馆 2004 年版。

34.〔美〕托马斯·戴伊:《谁掌管美国——卡特年代》(第二版),梅士、王殿宸译,北京:世界知识出版社 1980 年版。

35.〔美〕爱德华·格莱泽:《城市的胜利》,刘润泉译,上海:上海社会科学院出版社2012年版。

36.〔古罗马〕奥古斯丁:《上帝之城》,庄陶、陈维振译,上海:复旦大学出版社2011年版。

37.〔美〕保罗·诺克斯、史蒂文·平奇:《城市社会地理学导论》,柴彦威、张景秋等译,北京:商务印书馆2005年版。

38.〔美〕保罗·E.彼得森:《城市极限》,罗思东译,上海:格致出版社,上海人民出版社2012年版。

39.〔美〕布赖恩·贝利:《比较城市化——20世纪的不同道路》,顾朝林等译,北京:商务印书馆2010年版。

40.〔英〕大卫·路德林、尼古拉斯·福克:《营造21世纪的家园:可持续的城市邻里社区》,王健、单燕华译,北京:中国建筑工业出版社2005年版。

41.〔美〕戴维·R.摩根、罗伯特·E.英格兰、约翰·P.佩里塞罗:《城市管理学:美国视角》,杨宏山、陈建国译,北京:中国人民大学出版社2011年版。

42.〔美〕戴维·哈维:《叛逆的城市》,叶茂齐、倪晓晖译,北京:商务印书馆2014年版。

43.〔英〕戴维·贾奇、格里·斯托克、〔美〕哈罗德·沃尔曼编:《城市政治学理论》,刘晔译,上海:上海人民出版社2009年版。

44.〔美〕汤普逊:《中世纪经济社会史》(下册),耿淡如译,北京:商务印书馆1963年版。

45.〔美〕丹尼斯·米都斯等:《增长的极限》,李宝恒译,长春:吉林人民出版社1997年版,英文版序。

46.〔美〕埃里克·弗鲁博顿、〔德〕鲁道夫·芮切特:《新制度经济学:一个交易费用分析范式》,姜建强、罗长远译,上海:上海人民出版社2006年版。

47.〔美〕理查德·伊尔斯、克拉伦斯·沃尔顿编著:《城市和城市问题》,古潜译,香港:今日世界出版社1977年版。

48.〔英〕立特尔:《城市科学》,吴廉铭译,上海:中华书局1939年版。

49.〔美〕刘易斯·芒福德:《城市文化》,宋俊岭、李翔宁、周鸣浩译,北京:中国建筑工业出版社2009年版。

50.〔美〕马克·戈特迪纳、〔英〕莱斯利·巴德:《城市研究核心概念》,邵文实译,南京:江苏教育出版社2013年版。

51.〔美〕尼科斯·A.萨林加罗斯:《反建筑与解构主义新论》,李春青、傅凡、张晓燕、李宝丰译,北京:中国建筑工业出版社2010年版。

52.〔美〕帕克、麦肯齐:《城市社会学》,宋俊岭、吴建华译,北京:华夏出版社1987年版。

53.〔英〕乔纳森·S.戴维斯、〔美〕戴维·L.英布罗肖主编:《城市政治学理论前沿》(第二版),何艳玲译,上海:格致出版社、上海人民出版社2013年版。

54.〔日〕山鹿诚次:《城市地理学》,朱德泽译,武汉:湖北教育出版社1986年版。

55.〔英〕约翰·伦尼·肖特:《城市秩序:城市、文化与权力导论》,郑娟、梁捷译,上海:上海人民出版社2011年版。

56.〔美〕詹姆斯·C.斯科特:《国家的视角》,王晓毅译,北京:社会科学文献出版社2004年版。

57.《底特律自由新闻报》编:《美国黑人生活》,李延宇译,北京:新华出版社1987年版。

58.〔日〕大渊宽、森冈仁:《经济人口学》,张真宁等译,北京:北京经济学院出版社1989年版。

59.〔美〕汉克·V.萨维奇、保罗·康特:《国际市场中的城市:北美和西欧城市发展中的政治经济学》,叶林译,上海:格致出版社、上海人民出版社2013年版。

60.〔英〕迈克尔·萨维奇、艾伦·沃德:《都市社会学》,孙青山译,台北:五南图书出版股份有限公司2004年版。

61.〔俄〕娜·卡美尼娜、爱·沃林斯卡娅:《俄国房地产市场的出现与住房问题》,载陈光庭主编:《21世纪城市与住宅发展——第六届国际住宅问题研讨会论文精选》,北京科学技术出版社1995年版。

62.〔美〕施坚雅:《中国农村的市场和社会结构》,史建云、徐秀丽译,北京:中国社会科学出版社1998年版。

63.〔意〕L.贝纳沃罗:《世界城市史》,薛钟灵等译,北京:科学出版社2000年版。

64.〔英〕R.罗伯特·布鲁格曼:《城市蔓延简史》,吕晓惠等译,北京:中国电力出版社2009年版。

65.〔英〕彼得·克拉克、保罗·斯莱克:《过渡期的英国城市(1500—1700

年)》,薛国中译,武汉:武汉大学出版社1992年版。

66. 〔比〕亨利·皮雷纳:《中世纪的城市:经济和社会史评论》,陈国樑译,北京:商务印书馆1985年版。

67. 〔美〕坚尼·布鲁克尔:《文艺复兴时期的佛罗伦萨》,朱龙华译,北京:生活·读书·新知三联书店1985年版。

68. 〔加拿大〕简·雅各布斯:《美国大城市的死与生》,金衡山译,南京:译林出版社2005年版。

69. 〔俄〕柯金:《中国古代社会》,岑纪译,上海:黎明书局1933年版。

70. 〔英〕昆廷·斯金纳:《意大利城市共和国》,载〔英〕约翰·邓恩编著:《民主的历程》,林猛等译,长春:吉林人民出版社,1999年。

71. 〔美〕刘易斯·芒福德:《城市发展史——起源、演变和前景》,宋俊岭、倪文彦译,北京:中国建筑工业出版社2005年版。

72. 〔美〕路易斯·亨利·摩尔根:《古代社会》(上),杨东莼、马雍等译,北京:商务印书馆1977年版。

73. 〔美〕乔尔·科特金:《全球城市史》,王旭等译,北京:社会科学文献出版社2014年版。

74. 〔巴基斯坦〕赛义德·菲亚兹·马茂德:《伊斯兰教简史》,吴云贵等译,北京:中国社会科学出版社1981年版。

75. 〔法〕瑟诺博斯:《法国史》(上),沈炼之译,北京:商务印书馆1964年版。

76. 美国时代—生活图书公司编著:《欧罗巴的浪漫时代:欧洲》,刘生译,济南:山东画报出版社2003年版。

77. 〔法〕索布尔:《法国革命(1789—1799)》,端木正译,北京:生活·读书·新知三联书店1956年版。

78. 〔古希腊〕希罗多德:《历史》(上册),王以铸译,北京:商务印书馆1959年版。

79. 〔日〕星野芳郎:《未来文明的原点》,毕晓辉、董守义译,哈尔滨:哈尔滨工业大学出版社1985年版。

80. 〔美〕詹姆斯·E.万斯:《延伸的城市:西方文明中的城市形态学》,凌霓、潘荣译,北京:中国建筑工业出版社2007年版。

81. 〔英〕埃蒙·坎尼夫:《城市伦理——当代城市设计》,秦红岭、赵文通译,北京:中国建筑工业出版社 2013 年版。

82. 〔法〕福柯:《不同空间的正文与上下文》,载包亚明:《后现代性与地理学的政治》,上海:上海教育出版社 2001 年版。

83. 〔美〕凯文·林奇:《城市形态》,林庆怡等译,北京:华夏出版社 2001 年版。

84. 〔美〕迈克尔·索斯沃斯、伊万·本-约瑟夫:《街道与城镇的形成》,李凌宏译,北京:中国建筑工业出版社 2006 年版。

85. 〔英〕帕西昂主编:《当代城市的困扰和出路——世界十六个大城市的问题与规划》,王松涛、孙以芳等译,重庆:重庆出版社 1989 年版。

86. 〔美〕斯皮罗·科斯托夫:《城市的组合——历史进程中的城市形态的元素》,邓东译,北京:中国建筑工业出版社 2007 年版。

三、英文著作

1. Wang Yebin, General Balance Theory, Salt Lake City: Academic Press Corporation, 2003.

2. Harvey Molotch, The City as a Growth Machine, American Journal of Sociology, 1976.

3. Anne Meredith Nyborg, Gentrified barrio: Gentrification and the Latino community in San Francisco's Mission District, University of California Press, San Diego, 2008.

4. Edwins S. Mills, Studies in the Structure of the Urban Economy. Baltimore: The John Hopkins University Press, 1972.

5. Alberto Alesina, Reza Baqir, William Easterly, Public Goods and Ethnic Divisions, The Quarterly Journal of Economics, November 1999.

6. Stephen Elkin, City and Regime in the American Republic. University of Chicago Press, 1987.

7. Clarence Stone, Regime Politics: Governing Atlanta, 1946—1988 [M]. Kansas: The University Press of Kansas, 1989.

8. Keith Dowding, Explaining Urban Regimes, International Journal of Urban and Regional Research (Mar 2001) Vol. 25, Issue 1.

9. N. Fainstein, and S. Fainstein, Regime Strategies, Communal Resistance and

Economic Forces, in S. Fainstein, R. C. Hill, D. Judd and M. Smith(eds), Restructuring the City: the Political Economy of Urban Development, Longman, New York. 1986, pp. 159—168.

10. Clarence Stone, Urban regimes and the capacity to govern: A political economy approach, Journal of Urban Affairs 1993. 15: 1—28.

11. David L. Imbroscio, Reformulation Urban Regime Theory: The Division of Labor Between State and Market Reconsidered, Journal of Urban Affairs, Vol. 20, No. 3, 1998, pp. 233—248.

后　记

　　田园城市理论歌颂着那种遥远的美好："苍穹笼罩、微风吹拂、阳光送暖、雨露滋润下的我们的美丽土地,体现着上苍对人类的热爱。使人民返回土地的解决办法,肯定是一把万能钥匙,因为它能打开入口。由此,即或是入口微开,就能看到在解脱酗酒、过度的劳累、无休止的烦恼和难忍的贫困等问题方面有着光明的前景。"①这一理论也告诉我们,城市发展是一个复杂的过程;城市治理既涉及权力的行使,也涉及正义的供给与权利的捍卫。

　　事实上,现代城市发展与治理仍然无法摆脱政府的主导性,政府自社会中产生以来,就显示其社会异化物与公共性并存的双重特征。在人类社会发展过程中,在中国工业化和现代化并行的特定阶段,在人口大流动与社会保障完善的过渡时期,中国的城市政治已经显示其愈发重要的治理特征,而如何消除社会空间隔绝,完善社会治理的公共性,确保人类自由的实现则成为超大国家必须面对的复杂问题。正是在这样的条件下,政治学在城市研究中,尤其是中国城市研究的话语补位,既是中国城市发展与政治发展的阶段性任务,也是实现美好城市生活的理论必需。

　　真诚地感谢城市科学、城市社会学、城市经济学、城市地理学等领域的诸多学者,我在参加一些学术会议和写作的过程中结识了他们,在

---

① 〔英〕埃比尼泽·霍华德:《明日的田园城市》,金经元译,北京:商务印书馆2000年版,第5页。

对他们著作的学习中收益颇丰。承蒙浙江大学公共管理学院吴金群博士的邀请，2013年11月在浙江大学举办的"区域治理与政府间关系"学术研讨会上，我对城市政治研究做了初步的发言，并与南京大学孔繁斌教授、天津师范大学曹海军博士等学者进行了简短的学术讨论，这些对我的研究有很大的启发。感谢《学术界》《学习与探索》《甘肃社会科学》《晋阳学刊》等学术期刊，本书中的一些观点和章节已经在这些杂志上先期发表。非常荣幸的是，本研究被列入2014年度上海市教委科研创新重点项目，在出版过程中还得到了上海市公共管理一流学科项目的经费支持，没有这些支持，本书的出版就不会如此顺利。当然，限于本人学识，本书的内容与框架一定还很粗浅，真诚地欢迎来自各位专家学者的批评与建议。

姚尚建
2015年8月30日